精品课程配套教材
21世纪高职高专规划教材
“双创”型人才培养优秀教材

财务会计
项目化教程

主　编　银　峰
副主编　柴沛晨　袁剑霖　李　颖
　　　　赵莉梅　崔如菲　张书慧
　　　　佟　威　姜　婷　余再敏
　　　　徐　曦　褚志姣

CAIWU KUAIJI
XIANGMUHUA
JIAOCHENG

東北大學出版社
Northeastern University Press

图书在版编目（CIP）数据

财务会计项目化教程/ 银峰主编. -- 沈阳 ：东北大学出版社，2015. 1（2021. 5 重印）

ISBN 978-7-5517-0915-6

Ⅰ. ①财… Ⅱ. ①银… Ⅲ. ①财务会计-教材 Ⅳ. ①F234. 4

中国版本图书馆 CIP 数据核字（2015）第 040727 号

出 版 者：东北大学出版社
地　址：沈阳市和平区文化街三号巷 11 号
邮　编：110819
电　话：024-83680267（社务室）　83687331（营销部）
传　真：024-83687332（总编室）　83680180（营销部）
网　址：http：//www. neupress. com
E-mail：neuph@ neupress. com
印 刷 者：北京俊林印刷有限公司
发 行 者：东北大学出版社
幅面尺寸：185mm×260mm
印　张：17
字　数：379 千字
印刷时间：2021 年 5 月第 2 次印刷
责任编辑：孙　锋
责任校对：赵沫涵
封面设计：尤　岛
责任出版：唐敏志

ISBN 978-7-5517-0915-6　定价：45. 00 元

精品课程配套教材
“双创”型人才培养优秀教材 编写委员会

前　言

财务会计是会计专业的一门核心课程，掌握和应用财务会计的基本理论和基本方法，是对会计专业学生最基本的要求，也为会计专业学生以后从事会计实际工作打下坚实的基础。

本教材依据《中华人民共和国会计法》、《企业会计准则》、《财务通则》及有关政策法规，结合我国会计改革的实践，并参考同类教材的优点编撰而成。在内容安排上，以会计岗位为主线，对各会计要素的确认、计量和报告进行了全面、系统的阐述，同时对实际工作中一些特殊经济业务事项的会计处理也进行了介绍，使教材具有较强的通用性。本教材共分为十二个教学项目，项目设置了学习目标、岗位基本工作规范及工作内容、内容小结，方便阅读和掌握。

本教材在编写过程中，得到了编审者所在院校领导的大力支持，在此表示感谢！

由于编者水平有限，对书中不足和遗漏之处，恳请同行专家和读者批评指正。

编者

目录 Contents

项目一　财务会计概论

学习目标

①了解财务会计的目标。

②理解财务会计信息质量要求。

③了解财务会计基本假设。

④掌握财务会计基本要素及确认。

⑤掌握财务会计要素计量属性。

模块一　财务会计的目标

一、财务会计目标概述

企业财务会计的目的，是为了通过向外部使用者、会计信息使用者提供有用的信息，帮助使用者做出相关决策。承担这一信息载体和功能的是企业编制的财务报告，它是财务会计确认和计量的最终结果，是沟通企业管理层与外部信息使用者之间的桥梁和纽带。

我国企业财务报告的目标，是向财务报告使用者提供企业财务状况、经营成果和现金流量等有关的会计信息，反映企业管理层受托责任履行情况，有助于财务报告使用者做出经济决策。

财务报告外部使用者主要包括投资人、债权人、政府及其有关部门和社会公众等。满足投资者的信息需要，是企业财务报告编制的首要出发点。将投资者作为企业财务报告的首要使用者，凸显了投资者的地位，体现了保护投资者利益的要求，是市场经济发展的必然。如果企业在财务报告中提供的会计信息与投资者的决策无关，那么财务报告就失去了其编制的意义。基于对投资者决策有用这一目标，财务报告所提供的信息应当如实反馈企业所拥有或者控制的经济资源、对经济资源的要求权以及经济资源及其要求权的变化情况；如实反映企业的各项收入、费用、利润和损失的金额及其变动情况；如实反映企业各项经营活动、投资活动和筹资活动等所形成的现金流入和现金流出情况等，从而有助于现在的或者潜在的投资者正确评价企业的资产质量、偿债能力、赢利能力和营运效率等；有助于投资者根据相关会计信息做出理性的投资决策；有助于投资者评估与投资有关的未来现金流量金额、实践和风险等。除了投资者之外，企业财务报告的外部使用者还有债权人、政府及有关部门、社会公众等。由于投资者是企业资本的主要提供者，通常情况下，如果财务报告能够满足这一群体的会计信息需求，也可以满足其他使用者的大部分信息需求。

二、财务会计目标的实现载体

财务报告，是企业对外提供的反映企业某一特定日期财务状况和某一会计期间经营成果、现金流量等会计信息的文件。

财务报告包括财务报表和其他应当在财务报告中披露的相关信息和资料。其中，财务报表由报表本身及其附注两部分构成。附注是财务报表的有机组成部分，而报表至少应当包括资产负债表、利润表和现金流量表等报表。考虑到大多小企业规模较小、外部信息需求相对较低，因此，小企业编制的报表可以不包括现金流量表。

1. 资产负债表

资产负债表是反映企业在某一特定日期的财务状况的会计报表。企业编制资产负债表的目的，是通过如实反映企业资产、负债和所有者权益金额及其结构情况，从而有助于使用者评价企业资产的质量以及短期偿债能力、长期偿债能力、利润分配能力等。

2. 利润表

利润表是反映企业在一定会计期间的经营成果的会计报表。企业编制利润表的目的是通过如实反映企业取得的收入、发生的费用以及应当计入当期利润的利得和损失等金额及其结构情况，从而有助于使用者分析评价企业的赢利能力及其构成与质量。

3. 现金流量表

现金流量表是反映企业在一定会计期间的现金和现金等价物流入和流出的会计报表。企业编制现金流量表的目的，是通过如实反映企业各项活动的现金流入、流出情况，从而有助于使用者评价企业的现金流和资金周转情况。

4. 附注

附注是对在会计报表中列示项目所做的进一步说明，以及对未能在这些报表中列示的项目的说明等。企业编制附注的目的，是通过对财务报表本身做补充说明，以更加全面、系统地反映企业财务状况、经营成果和现金流量的全貌，从而有助于向使用者提供更为有用的决策信息，帮助其做出更加合理的决策。

财务报表是财务报告的核心内容，但是除了财务报表之外，财务报告还应当包括其他相关信息，具体可以根据有关法律、法规的规定和外部使用者的信息需求而定。如企业可以在财务报告中披露其承担的社会责任、可持续发展能力等信息。

模块二　会计信息质量要求

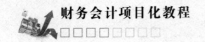

会计信息质量要求，是对企业财务报告中所提供的会计信息质量的基本要求，是使财

务报告中所提供的会计信息对投资者等使用者决策有用应具备的基本特征。根据基本准则规定，它包括可靠性、相关性、可理解性、可比性、实质重于形式、重要性、谨慎性和及时性。

一、可靠性

可靠性要求企业应当以实际发生的交易或者事项为依据进行确认、计量和报告，如实反映符合确认和计量要求的各项会计要素及其他相关信息，保证会计信息真实可靠、内容完整。

二、相关性

相关性要求企业提供的会计信息应当与投资者等财务报告使用者的经济决策需要相关，以有助于投资者等财务报告使用者对企业过去、现在或未来的情况做出评价和预测。会计信息应在可靠性的前提下，尽可能地做到相关性，以满足投资者等财务报告使用者的决策需要。

三、可理解性

可理解性要求企业提供的会计信息应当清晰明了，便于投资者等财务报告使用者理解和使用。只有这样，才能提高会计信息的有用性，实现财务报告的目标，满足向投资者等财务报告使用者提供对其决策有用的信息的要求。

四、可比性

可比性要求企业的会计信息应当相互可比，这主要包括两层含义。

1. 同一企业不同时期可比

这样有助于投资者等财务报告使用者了解企业财务状况、经营成果以及现金流量的变化趋势，比较企业不同时期的财务报告会计信息，分期、客观地评价过去、预测未来，从而做出决策。

2. 不同企业相同会计期间可比

不同企业同一会计期间发生的相同或者相似的交易或者事项，应当采用规定的同一会计政策，确保会计信息口径一致、相互可比，以使不同企业按照一致的确认、计量和报告要求提供有关会计信息。

五、实质重于形式

实质重于形式要求企业应当按照交易或者事项的经济实质进行会计确认、计量和报告，不应仅以交易或者事项的法律形式作为依据。

企业发生的交易或者事项，在多数情况下其经济实质和法律形式是一致的，但在有些情况下也会出现不一致。例如，企业按照销售合同销售商品但又签订了售后回购合同协议，虽然从法律形式上看实现了收入，但如果企业没有把商品所有权上的主要风险和报酬转移给购货方、没有满足收入确认的各项条件，即使签订了商品销售合同或者已经将商品交付给购买方，也不应当确认销售收入。

六、重要性

重要性要求企业提供的会计信息应当反映与企业财务状况、经营成果和现金流量有关的所有重要交易或者事项。

重要性的应用需要依赖职业判断，企业应当根据其所处环境和实际情况，从项目的性质和金额大小两方面加以判断。

七、谨慎性

谨慎性要求企业对交易或者事项进行会计确认、计量和报告时要保持应有的谨慎，不应高估资产或者收益、低估费用或者成本。

例如，要求企业对售出商品所提供的产品质量保证确认一项预计负债，就体现了会计信息质量的谨慎性要求。

八、及时性

及时性要求企业对于已经发生的交易或者事项，应当及时进行确认、计量和报告，不得提前或者延后。会计信息的价值在于帮助所有者或者其他方面在做出经济决策时，具有时效性。

模块三　会计基本假设

会计基本假设，是企业会计确认、计量和报告的前提，是对会计核算所处时间、空间环境等所做的合理设定。会计基本假设包括会计主体、持续经营、会计分期和货币计量。

一、会计主体

会计主体，是指企业会计确认、计量和报告的空间范围。为了向财务报告使用者反映企业的财务状况、经营成果和现金流量，提供对其决策有用的信息，会计核算和财务报告的编制应当集中反映特定对象的活动，并将其与其经济实体区别开来，才会实现财务报告的目标。

在会计主体假设下，企业应当对其本身发生的交易或者事项进行会计确认、计量和报告，反映企业本身所从事的各项生产经营活动。

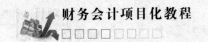

会计主体不同于法律主体。一般来说，法律主体必然是一个会计主体。例如，一个企

业作为一个法律主体，应当建立财务会计系统，独立反映其会计状况、经营成果和现金流量。但是，会计主体不一定是法律主体。例如，就企业集团而言，母公司拥有若干子公司，母、子公司虽然是不同的法律主体，但是母公司对子公司拥有控制权。为了全面反映企业集团的财务状况、经营成果和现金流量，有必要将企业集团作为一个会计主体，编制合并财务报表，在这种情况下，尽管企业集团不属于法律主体，但它是会计主体。

二、持续经营

持续经营，是指在可预见的未来，企业将会按照当前的规模和状态继续经营下去，不会停业，也不会大规模地削减业务。在持续经营的前提下，会计确认、计量和报告应当以企业持续、正常的生产经营活动为前提。

三、会计分期

会计分期，是指将一个企业持续经营的生产经营活动划分为一个个连续的、长短相同期间。会计分期的目的，在于通过会计期间的划分，将持续经营的生产经营活动划分成连续、相等期间，据以结算盈亏、按期编报财务报告，从而及时向财务报告使用者提供有关企业财务状况、经营成果和现金流量的信息。

在会计分期假设下，企业应当划分会计期间，分期结算账目和编制财务报告。会计期间通常分为年度和中期。中期，是指短于一个完整的会计年度的报告期间。

四、货币计量

货币计量，是指会计主体在财务会计确认、计量和报告时以货币计量、反映会计主体的生产经营活动。

在会计的确认、计量和报告过程中，之所以选择货币为基础进行计量，是由货币本身的属性决定的。货币是商品的一般等价物，是衡量一般商品价值的共同尺度，具有价值尺度、流通手段、储藏手段和支付手段等特点。其他计量单位，如重量、长度、容积、台、件等，只能从一个侧面反映企业的生产经营情况，无法在量上进行汇总和比较，不便于会计计量和经营管理。

模块四　会计要素及其确认与计量

会计要素，是根据交易或者事项的经济特征所确认的财务会计对象的基本分类。会计要素按照其性质分为资产、负债、所有者权益、收入、费用和利润，其中，资产、负债和所有者权益要素侧重于反映企业的财务状况，收入、费用和利润要素侧重于反映企业的经营成果。

一、资产的定义及其确认条件

1. 资产的定义

资产是指企业过去的交易或者事项形成的、由企业拥有或者控制的、预期会给企业带来经济利益的资源。根据资产的定义，资产的特征有以下几点：

（1）资产应为企业拥有或者控制的资源

资产作为一项资源，应当由企业拥有或控制，具体是指企业享有某项资源的所有权，或者虽然不享有某项资源的所有权，但该资源能被企业所控制。

（2）资产预期会给企业带来经济利益

资产预期会给企业带来经济利益，是指资产直接或间接导致现金和现金等价物流入企业的潜力。这种潜力可以来自企业日常的生产经营活动，也可以是非日常活动；带来经济利益可以是现金或现金等价物形式，也可以是能转化为现金或现金等价物的形式，或者是可以减少现金或现金等价物流出的形式。

（3）资产是由企业过去的交易或者事项形成的

资产应当由过去的交易或者事项所形成，过去的交易或者事项包括购买、生产、建造行为或者其他交易或者事项。例如，企业有购买某存货的意愿或者计划，但是购买行为尚未发生，就不符合资产的定义，不能因此而确认存货资产。

2. 资产的确认条件

将一项资源确认为资产，需要符合资产的定义，还应同时满足以下两个条件：

（1）与该资源有关的经济利益很有可能流入企业

如果根据编制财务报表时所取得的证据，与资源有关的经济利益很可能流入企业，那么就应当将其作为资产予以确认；反之，不能确认为资产。

（2）该资源的成本或者价值能够可靠计量时，资产才能予以确认

在实务中，企业取得的许多资产都发生了实际成本的。例如，企业购买或者生产的存货、企业购置的厂房或者设备等。对于这些资产，只要实际发生的购买成本或者生产成本能够可靠计量，就视为符合了资产确认的可计量条件。

二、负债的定义及其确认条件

1. 负债的定义

负债是指企业过去发生的交易或者事项形成的，预期会导致经济利益流出企业的现时义务。根据负债的定义，负债的特征有以下几点：

（1）负债是企业承担的现时义务

负债必须是企业承担的现时义务，这是负债的一个基本特征。其中，现时义务是指企业在现行条件下承担的义务。未来发生的交易或者事项形成的义务，不属于现时义务，不应当确认为负债。

（2）负债预期会导致经济利益流出企业

预期会导致经济利益流出企业，也是负债的一个本质特征。只有企业在履行义务时会导致经济利益流出企业的，才符合负债的定义。在履行现时义务清偿负债时，导致经济利益流出企业的形式多种多样。例如，用现金偿还或以实物资产形式偿还；以提供劳务形式偿还；以部分转移资产、部分提供劳务形式偿还；将负债转为资本等。

（3）负债是由企业过去的交易或者事项形成的

负债应当由企业过去的交易或者事项所形成。企业将在未来发生的承诺、签订的合同等交易或者事项，不形成负债。

2. 负债的确认条件

将一项现时业务确认为负债，需要符合负债的定义，还应当同时满足以两个条件。

（1）与该义务有关的经济利益很可能流出企业

如果有确凿的证据表明，与现时义务有关的经济利益很可能流出企业，就应当将其作为负债予以确认；反之，如果企业承担了现时义务，但是导致经济利益流出企业的可能性已不复存在，就不符合负债的确认条件，不应将其作为负债予以确认。

（2）未来流出的经济利益的金额能够可靠地计量

负债的确认在考虑经济利益流出企业的同时，对于未来流出的经济利益的金额应当能够可靠计量。对于与法定义务有关的经济利益流出金额，通常可以根据合同或者法律规定的金额予以确认。考虑到经济利益流出的金额通常在未来期间，有时未来时间较长，有关金额的计量需要考虑货币时间价值等因素的影响。对于与推定义务有关的经济利益流出金额，企业应当根据履行相关义务所须支出的最佳估计数进行估计，并综合考虑有关货币时间价值、风险等因素的影响。

三、所有者权益的定义及其确认条件

1. 所有者权益的定义

所有者权益，是指企业扣除负债后，由所有者享有的剩余利益。公司的所有者权益又称为股东权益。所有者权益是所有者对企业资产的剩余索取权，它是企业资产中扣除债权人权益后应由所有者享有的部分，既可反映所有者投入资本的保值增值情况，又体现了保护债权人权益的理念。

2. 所有者权益的来源构成

所有者权益的来源构成，包括所有者投入的资本、直接计入所有者权益的利得和损失、留存收益等，通常由实收资本（或股本）、资本公积（含资本溢价或股本溢价、其他资本公积）、盈余公积和未分配利润构成。

所有者投入的资本，是指所有者投入企业的资本部分，它既包括构成企业注册资本或者股本部分的金额，也包括投入资本超过注册资本或者股本部分的金额，即资本溢价或者股本溢价。

直接计入所有者权益的利得和损失，是指不应计入当期损益、会导致所有者权益发生增减变动的、与所有者投入资本或者向所有者分配利润无关的利得或者损失。其中，利得是指由企业非日常活动所形成的、会导致所有者权益增加的、与所有者投入资本无关的经济利益的流入。损失是指由企业非日常活动所发生的、会导致所有者权益减少的、与向所有者分配利润无关的经济利益的流出。直接计入所有者权益的利得和损失，主要包括债权投资的公允价值变动额、现金流量套期中套期工具公允价值变动额（有效套期部分）等。

留存收益是企业历年实现的净利润留存于企业的部分，主要包括累计计提的盈余公积和未分配利润。

3. 所有者权益的确认条件

所有者权益体现的是所有者在企业中的剩余利益，因此，所有者权益的确认主要依赖其他会计要素，尤其是资产和负债的确认；所有者权益金额的确定也主要取决于资产和负债的计量。例如，企业接受投资者投入的资产，在该资产符合企业资产确认条件时，就相应地符合了所有者权益的确认条件；当该资产能够可靠的计量时，所有者权益的金额也就可以确定。

四、收入的定义及其确认条件

1. 收入的定义

收入是指企业在日常活动中所形成的、会导致所有者权益增加的、与所有者投入资本无关的经济利益的总流入。根据收入的定义，收入的特征有以下两点：

（1）收入是企业在日常活动中形成的

日常活动是指企业为完成其经营目标所从事的经营性活动以及与之相关的活动。例如，工业企业制造并销售产品、商业企业销售商品、保险公司签发保单、咨询公司提供咨询服务、软件企业为客户开发软件、安装公司提供安装服务、出租公司提供出租资产等，均属于企业的日常活动。

（2）收入会导致所有者权益的增加

与收入相关的经济利益的流入，应当会导致所有者权益的增加，不会导致所有者权益增加的经济利益的流入不符合收入的定义，不应确认为收入。例如，企业向银行借入款项，尽管也导致了企业经济利益的流入，但该流入并不导致所有者权益的增加，不应将其确认为收入，应该确认为一项负债。

（3）收入是与所有者投入资本无关的经济利益的总流入

收入会导致经济利益的流入，从而导致资产的增加。例如，企业销售商品，应当收到现金或者在未来有权收到现金，才表明该交易符合收入的定义。但是，经济利益的流入有时是所有者投入资本的增加所导致的，所有者投入资本的增加不应当确认为收入，应当将其直接确认为所有者权益。

2. 收入的确认条件

企业收入的来源渠道多种多样，不同收入来源的特征有所不同，其收入确认条件也往往存在差别，如销售商品、提供劳务、让渡资产使用权等。收入的确认至少应当符合以下条件：一是与收入相关的经济利益应当很可能流入企业；二是经济利益流入企业的结果会导致资产的增加或者负债的减少；三是经济利益的流入额能够可靠计量。

五、费用的定义及其确认条件

1. 费用的定义

费用是指企业在日常活动中发生的、会导致所有者权益减少的、与向所有者分配利润无关的经济利益的总流出。根据费用的定义，费用的特征有以下几点：

(1) 费用是企业在日常活动中形成的

费用必须是企业在日常活动中形成的，通常包括销售成本（营业成本）、管理费用等。

(2) 费用会导致所有者权益的减少

与费用相关的经济利益的流出，应当会导致所有者权益的减少，不会导致所有者权益减少的经济利益的流出不符合费用的定义，不应确认为费用。

(3) 费用是与所有者分配利润无关的经济利益的总流出

费用的发生应当会导致经济利益的流出，从而导致资产的减少或者负债的增加（最终也会导致资产的减少）。其表现形式包括现金或者现金等价物的流出，存货、固定资产和无形资产等的流出或者消耗等。鉴于企业向所有者分配利润也会导致经济利益的流出，而该经济利益的流出显然属于所有者权益的抵减项目，不应确认为费用，应当将其排除在费用的定义之外。

2. 费用的确认条件

费用的确认条件至少应当符合以下条件：一是与费用相关的经济利益应当很可能流出企业；二是经济利益的流出会导致企业资产的减少或者负债的增加；三是经济利益的流出额能够可靠计量。

六、利润的定义及其确认条件

1. 利润的定义

利润是指企业在一定会计期间的经营成果。通常情况下，如果企业实现了利润，表明企业的所有者权益将增加，业绩得到提升；反之，如果企业发生了亏损（及利润为负数），表明企业的所有者权益减少，业绩下滑了。

2. 利润的来源构成

利润包括收入减去费用的净额、直接计入当期利润的利得和损失等。其中收入减去费用的净额反映的是企业日常活动的经营业绩，直接计入当期利润的利得和损失反映的是企业非日常活动的业绩。直接计入当期利润的利得和损失是指应当计入当期损益、最终会引起所有者权益发生增减变动的、与所有者投入资本或者向所有者分配利润无关的利得和损失。

3. 利润的确认条件

利润反映的是收入减去费用、利得减去损失后的净额的概念，因此，利润的确认主要依赖收入和费用以及利得和损失的确认，其金额的确认也取决于收入、费用、利得、损失的金额的计量。

七、会计要素计量属性

1. 会计要素的计量属性

会计计量，是为了将符合确认条件的会计要素登记入账，并列报于财务报表而确定金额的过程。企业应当按照规定的会计计量属性进行计量，确定相关金额。从会计角度而言，计量属性反映的是会计要素金额的确定基础，主要包括历史成本、重置成本、可变现净值、现值和公允价值等。

（1）历史成本

历史成本，又称实际成本，就是取得或制造某项财产物资时所实际支付的现金或其他等价物。在历史成本计量下，资产按照其购置时支付的现金或现金等价物的金额，或者按照购置资产时所付出的对价的公允价值计量。负债按照其承担现时义务而实际收到的款项或者资产的金额，或者承担现时义务合同金额，或者按照现实活动中为偿还负债预期需要支付的现金或者现金等价物的金额计量。

（2）重置成本

重置成本，又称现行成本，是指按照当前市场条件，重新取得一项资产所须支付的现金或现金等价物的金额。在重置成本计量下，资产按照现在购买相同或者相似资产所需要支付的现金或现金等价物金额计量。负债按照现在偿付该项债务所须支付的现金或现金等价物金额计量。在实务中，盘盈的固定资产采用重置成本计量。

（3）可变现净值

可变现净值，是指在正常生产经营过程中，以预计售价减去进一步加工的成本和预计销售的费用以及相关税费后的净值。在可变现净值计量下，资产按照其正常对外销售所能收到的现金或现金等价物的金额扣除该资产至完工时估计将要发生的成本、估计的相关费用以及相关税费后的金额计量。可变现净值通常应用于存货的期末计价。

（4）现值

现值是指对未来现金流量以恰当折现率进行折现后的价值，是考虑货币时间价值的一种计量属性。在现值计量下，资产按照预计从其持续使用和最终处置中所产生的未来净现金流入量的折现金额计量。负债按照预计期限内需要偿还的未来净现金流出量的折现金额计量。现值通常用于非流动资产可收回金额和以摊余成本计量的金融资产价值的确定等。

（5）公允价值

公允价值，是指在公平交易中，熟悉情况的交易双方自愿进行资产交换和债务清偿的金额。在公允价值计量下，资产和负债按照在公平交易中熟悉情况的交易双方自愿进行资产交换或者债务清偿的金额计量。公允价值主要应用于交易性金融资产、债权投资的计量等。

2. 计量属性的应用原则

基本准则规定，企业在对会计要素进行计量时，一般应当采用历史成本；采用重置成本、可变现净值、现值、公允价值计量的，应当保证所确定的会计要素金额能够取得并可靠计量。

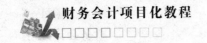

内容小结

本章重点阐述了企业财务会计目标、会计信息质量要求、会计基本假设、会计要素及其确认、会计计量属性的构成和会计计量属性的应用原则等财务会计概念。通过本章的学习，掌握财务会计的基本概念框架，对于学习财务会计的具体处理将起到统领全局的作用。

项目二　出纳岗

学习目标

①了解国家财经政策和会计核算要求，了解出纳的岗位职责、核算任务与有关的管理规定。

②了解各种结算方式的特点及适用范围，熟悉银行各类结算业务的工作流程；能及时、准确、真实地根据经济业务进行财务收支的核算。

③掌握各种货币资金的会计处理方法，掌握货币资金清查的方法及处理。能够根据经济业务记好现金和银行存款日记账。能够对现金和银行存款进行清查并会根据清查结果进行相应的账务处理，会编制银行存款余额调节表。

模块一　出纳岗岗位基本工作规范及工作内容

出纳，作为会计名词，运用在不同的场合有着不同的含义。从不同角度讲，出纳一词至少有出纳工作、出纳人员两种含义。出纳工作，顾名思义，“出”即支出，“纳”即收入，出纳工作是管理货币资金、票据、有价证券进出的一项工作。具体地说，出纳是按照有关规定和制度，办理本单位的现金收付、银行结算及有关账务，保管库存现金、有价证券、财务印章及有关票据等工作的总称。从广义上讲，只要是票据、货币资金和有价证券的收付、保管、核算，就都属于出纳工作。

一、出纳岗岗位基本工作规范

出纳是会计工作的重要环节，涉及的是现金收付、银行结算等活动，而这些又直接关系到职工个人、单位乃至国家的经济利益，工作出了差错，就会造成不可挽回的损失。因此，为了正确使用和保证资金周转，不断提高企业资金的利用率，需要出纳岗位工作者执行以下几点工作规范：

①根据有关制度，对原始凭证进行复核，及时认真做好各类费用的现金收付和转账收付工作。

②在办理各项收付工作时，认真审查原始凭证的合法性、完整性、正确性。

③根据每日发生的收付凭证，及时登记现金、银行存款日记账，做到日清月结，及时

查询未达账项。

④保管库存现金和有关印章，登记注销支票。库存现金不得超过人民银行规定的限额，不得以白条抵库，也不得保留账外公款。

⑤办理银行结算，规范使用支票。认真保管好存放各项重要单据凭证的保险柜钥匙，严守各项数字机密。

二、出纳岗岗位工作内容

出纳的日常工作主要包括货币资金核算、往来结算、工资核算三个方面的内容。

1. 货币资金核算

日常工作内容有以下几项：

（1）办理现金收付，审核审批收据

严格按照国家有关现金管理制度的规定，根据稽核人员审核签章的收付款凭证，进行复核、办理款项收付。对于重大的开支项目，必须经过会计主管人员、总会计师或单位领导审核签章，方可办理。收付款后，要在收付款凭证上签章，并加盖“收讫”“付讫”戳记。

（2）办理银行结算，规范使用支票，严格控制签空白支票

如因特殊情况确须签发不填写金额的转账支票时，必须在支票上写明收款单位名称、款项用途、签发日期、规定限额和报销期限，并由领用支票人在专设登记簿上签章。逾期未用的空白支票应交给签发人。对于填写错误的支票，必须加盖“作废”戳记，与存根一并保存。支票遗失时要立即向银行办理挂失手续。不准将银行账户出租、出借给任何单位或个人办理结算。

（3）认真登日记账，保证日清月结

根据已经办理完毕的收付款凭证，逐笔顺序登记现金和银行存款日记账，并结出余额。现金的账面余额要及时与银行对账单核对。月末要编制银行存款余额调节表，使账面余额与对账单上的余额调节相符。对于未达账款，要及时查询。要随时掌握银行存款余额。

（4）保管库存现金，保管有价证券

对于现金和各种有价证券，要确保其安全和完整无缺。库存现金不得超过银行核定的限额，超过部分要及时存入银行。不得以“白条”抵充现金，更不得任意挪用现金。如果发现库存现金有短缺或盈余，应查明原因，根据情况分别处理，不得私下取走或补足。如有短缺，要负赔偿责任。要保守保险柜密码的秘密，保管好钥匙，不得任意转交他人。

（5）保管有关印章，登记注销支票

出纳人员所管的印章必须妥善保管，严格按照规定用途使用。但签发支票的各种印章，不得全部交由出纳一人保管。对于空白收据和空白支票必须严格管理，专设登记簿登记，认真办理领用注销手续。

（6）复核收入凭证，办理销售结算

认真审查销售业务的有关凭证，严格按照销售合同和银行结算制度，及时办理销售款

项的结算，催收销售货款。发生销售纠纷，货款被拒付时，要通知有关部门及时处理。

2. 往来结算

往来结算的日常工作内容有以下两项：

（1）办理往来结算，建立清算制度

办理其他往来款项的结算业务。现金结算业务的内容，主要包括以下几点：企业与内部核算单位和职工之间的款项结算；企业与外部单位不能办理转账手续和个人之间的款项结算；低于结算起点的小额款项结算；根据规定可以用于其他方面的结算。对购销业务以外的各种应收、暂付款项，要及时催收结算；应付、暂收款项，要抓紧清偿。对确实无法收回的应收账款和无法支付的应付账款，应查明原因，按照规定报经批准后处理。

实行备用金制度的企业，要核定备用金定额，及时办理领用和报销手续，加强管理。对预借的差旅费，要督促其及时办理报销手续，收回余额、不得拖欠、不准挪用。建立其他往来款项清算手续制度。对购销业务以外的暂收、暂付、应收、应付、备用金等债权债务及往来款项，要建立清算手续制度，加强管理、及时清算。

（2）核算其他往来款项，防止坏账损失

对购销业务以外的各项往来款项，要按照单位和个人分户设置明细账，根据审核后的记账凭证逐笔登记，并经常核对余额。年终要抄列清单，并向领导或有关部门报告。

3. 工资核算

工资核算的日常工作内容有以下三项：

（1）执行工资计划，监督工资使用

根据批准的工资计划，会同劳动人事部门，严格按照规定掌握工资和奖金的支付，分析工资计划的执行情况。对于违反工资政策，滥发津贴、奖金的，要予以制止或向领导和有关部门报告。

（2）审核工资单据，发放工资奖金

根据实有职工人数、工资等级和工资标准，审核工资奖金计算表，办理代扣款项（包括计算个人所得税、住房基金、劳保基金、失业保险金等），计算实发工资。按照车间和部门归类，编制工资、奖金汇总表，填制记账凭证；经审核后，会同有关人员提取现金、组织发放。发放的工资和奖金，必须由领款人签名或盖章。发放完毕后，要及时将工资和奖金计算表附在记账凭证后或单独装订成册，并注明记账凭证编号、妥善保管。

（3）负责工资核算，提供工资数据

按照工资总额的组成和支付工资的来源，进行明细核算。根据管理部门的要求，编制有关工资总额报表。

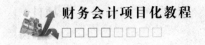

模块二　货币资金的核算

一、货币资金概述

货币资金是指在企业生产经营过程中以货币形态存在的那部分资产，是指可以立即投入流通，用以购买商品或劳务，或用以偿还债务的交换媒介物。

在流动资产中，货币资金的流动性最强，并且是唯一能够直接转化为其他任何资产形态的流动性资产，也是唯一能够代表企业现实购买力水平的资产。为了确保生产经营活动的正常进行，企业必须拥有一定数量的货币资金，以便购买材料、交纳税金、发放工资、支付利息及股利或进行投资等。企业所拥有的货币资金量是分析判断企业偿债能力与支付能力的重要指标。

根据货币资金存放地点和用途的不同，货币资金分为库存现金、银行存款和其他货币资金。

二、库存现金

（一）现金管理的主要内容

现金是指存放于企业，流动性最强的一种货币性资产，可以随时用于购买所需物资、支付有关费用、偿还债务，也可以随时存入银行。现金有狭义和广义之分。狭义的现金指企业的库存现金；广义的现金是指除了库存现金外，还包括银行存款和其他符合现金定义的票据。本节现金指狭义的现金。

企业要想很好地生存与发展，就必须加强现金的管理。根据国务院颁布的《现金管理暂行条例》中规定的现金管理的内容，可以概括为以下四方面：

1. 现金的使用范围

企业可以使用现金的范围主要包括以下几点：

①职工工资、津贴。

②个人劳务报酬。

③根据国家规定颁发给个人的科学技术、文化艺术、体育等各种奖金。

④各种劳保、福利费用以及国家规定的对个人的其他支出等。

⑤向个人收购农副产品和其他物资的价款。

⑥出差人员必须随身携带的差旅费。

⑦结算起点（现行规定为1 000元）以下的零星支出。

⑧中国人民银行确定需要支付现金的其他支出。

凡是不属于现金结算范围的，应通过银行进行转账结算。

2. 库存现金限额

企业的库存现金限额由其开户银行根据实际需要核定，一般为3~5天的零星开支需要量。边远地区和交通不便地区的企业，库存现金限额可以多于5天，但不能超过15天的日常零星开支量。企业必须严格按照规定的限额控制现金结余量，超过限额的部分，必须及时送存银行。

3. 现金日常收支管理

现金日常收支管理的内容主要有以下几点：

①现金收入应于当日送存银行，如当日送存银行确有困难的由银行确定送存时间。

②企业可以在现金使用范围内支付现金或从银行提取现金，但不得从本单位的现金收入中直接支付（坐支）。因特殊情况需要坐支现金的，应当事先报经开户银行审查批准，由开户银行核定坐支范围和限额。企业应定期向开户银行报送坐支金额和使用情况。

③企业从银行提取现金时，应当在取款凭证上写明具体用途，并由财会部门负责人签字盖章后，交开户银行审核后方可支取。

④因采购地点不固定、交通不便、生产或者市场急需、抢险救灾以及其他情况必须使用现金的，企业应当提出申请，经开户银行审核批准后，方可支付现金。

4. 现金账目管理

企业必须建立健全现金账目，逐笔登记现金收入和支出，做到账目日清月结、账款相符。企业必须设置“现金日记账”，按照现金业务发生的先后顺序逐笔序时登记。

（二）库存现金的核算

为了详细反映现金收支及结存的具体情况，企业除了设置“库存现金”科目对现金进行总分类核算以外，还必须设置库存现金日记账进行序时记录。现金日记账一般采用三栏式订本账格式，由出纳人员根据审核以后的收付款凭证逐日逐笔序时登记，每日营业终了计算当日现金收入、现金支出及现金结存额，并与现金实存额核对相符。

月末，现金日记账余额应与现金总账余额核对一致。

1. 库存现金收付的核算

企业的现金收入主要包括从银行提取现金、收取不足转账起点的小额销货款、职工交回的多余出差借款等。企业收到现金时，应根据审核无误的会计凭证，借记“库存现金”科目，贷记有关科目。

企业的现金支出包括现金开支范围以内的各项支出。企业实际支付现金时，应根据审核无误的会计凭证，借记有关科目，贷记“库存现金”科目。

【例2-1】 甲公司20×1年7月发生如下经济业务，企业根据发生的有关现金收付业务，编制会计分录如下：

①企业签发现金支票，从银行提取现金9 000元备用：

借：库存现金	9 000	
贷：银行存款		9 000

②业务员李一因出差预借差旅费2 000元：

借：其他应收款	2 000	

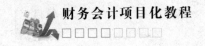

贷：库存现金　2 000

③总务部门报销办公费用 160 元：

借：管理费用　160

贷：库存现金　160

2. 备用金制度及其核算

备用金是指为了满足企业内部各部门和职工生产经营活动的需要，而暂付给有关部门和人员使用的备用现金。备用金的使用方法是先借后用、凭据报销。企业可单独设置“备用金”账户进行备用金的核算，不设备用金账户的，可在“其他应收款——备用金”账户中核算。

备用金按照管理方式的不同可分为定额备用金和非定额备用金两种。

（1）定额备用金

定额备用金是指根据使用部门和人员工作的实际需要，先核定其备用金定额并依此拨付备用金，使用后再拨付现金，补足其定额的制度。实行定额备用金制度的企业，一般应事先由会计部门根据实际需要拨付一笔金额固定的备用金。备用金的使用，应由专人进行管理。管理人员应将备用金使用的凭证收据、发票及各种报销凭证妥善保管，以便定期或在周转金快用完时，凭有关凭证向会计部门报销，补足备用金定额。备用金的额度一般应满足较短时间（约 1~2 周）内各项符合现金使用范围的零星开支之用。具体核算如下：

①根据核定的备用金定额拨付款项时：

借：备用金——×部门

贷：银行存款

②有关部门凭证报销时：

借：管理费用

贷：库存现金

（2）非定额备用金

非定额备用金是指企业内部单位或个人不按照固定定额持有的备用金。须预付，凭据报销，多退少补，一次结清。具体核算如下：

①向有关部门或个人预付款项时：

借：备用金——××

贷：库存现金

②凭有关单证报销时：

借：管理费用

贷：备用金——××

3. 库存现金的清查

为了确保账实相符，应对现金进行清查。现金清查包括两部分内容：一是出纳人员每日营业终了进行账款核对；二是清查小组进行定期或不定期的盘点和核对，现金清查的方法采用账实核对法。对现金实存额进行盘点，必须以现金管理的有关规定为依据，不得以白条抵库、不得超限额保管现金。对现金进行账实核对，如发现账实不符，应立即查明原因、及时更正。对发生的长款或短款，应查找原因，并按照规定进行处理，不得以今日长款弥补他日短款。现金清查和核对后，应及时编制“现金盘点报告表”，列明现金账存额、现金实存额、差异额及其原因，对无法确定原因的差异，应及时报告有关负责人。

现金清查中发现的长款或短款，应根据“现金盘点报告表”进行处理，以确保账实相符，并对长、短款做出处理。现金长款、短款一般通过“待处理财产损溢——待处理流动资产损益”科目进行核算，待查明原因后，再根据不同原因及处理结果，将其转入有关科目。

【例 2-2】 甲企业根据发生的有关现金清查业务，编制会计分录如下：

①企业进行现金清查，发现长款 110 元，原因待查：

借：库存现金	110	
贷：待处理财产损溢——待处理流动资产损益		110

②经反复核查，仍无法查明长款 110 元的具体原因，经单位领导批准，将其转为企业的营业外收入：

借：待处理财产损溢——待处理流动资产损益	110	
贷：营业外收入		110

③现金清查中发现有现金短款 400 元，原因待查：

借：待处理财产损溢——待处理流动资产损益	400	
贷：库存现金		400

④经核查，上述现金短款中 200 元系出纳人员责任造成应由出纳赔，200 元原因无法查明，经批准转为管理费用：

借：其他应收款——应收现金短缺款	200	
管理费用——现金短缺	200	
贷：待处理财产损溢——待处理流动资产损益		400

三、银行存款

（一）银行存款管理

银行存款是企业存入银行或其他金融机构的款项。银行存款的管理主要包括银行存款开户管理及结算管理两方面。

1. 银行存款开户的管理

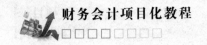

按照《银行结算办法》的规定，企业应在银行或其他金融机构开立账户，以办理存款、取款和转账结算等。企业开立账户，必须遵守有关银行账户管理的各项规定。企业开立账户，依其不同的用途可以分为基本存款户、一般存款户、临时存款户和专用存款户。基本存款户是企业办理日常结算及现金支取的账户，企业只能开立一个基本存款户，企业的工资、奖金等现金的支取，只能通过此账户办理；一般存款户是企业为了业务方便在银行或金融机构开立的基本存款户以外的账户，该账户不得支取现金；临时存款户是因企业的临时业务活动需要而开立的暂时性账户；专用存款户是根据企业的特定需要开立的具有特定用途的账户。

2. 银行存款结算管理

现金开支范围以外的各项款项收付，都必须通过银行办理转账结算。企业办理转账结算，账户内必须有足够的资金保证支付，必须以合法、有效的票据和结算凭证为依据；企业必须遵守“恪守信用、履约付款，谁的钱进谁的账、由谁支配，银行不予垫款”的结算纪律；根据业务特点，采用恰当的结算方式办理各种结算业务。

（二）转账结算方式

结算是指企业与国家、其他单位或个人之间由经济往来而引起的货币收付行为。结算按照其支付方式的不同分为现金结算和转账结算。

现金结算是指收付款双方直接用现金进行货币收付的结算业务；转账结算是收付款双方通知银行，以转账划拨方式进行货币收付的结算业务，也称非现金结算。

在我国，用于国内转账结算的方式主要有银行汇票、商业汇票、银行本票、支票、汇兑、委托收款和异地托收承付七种。各种结算方式均有相应的适用条件和结算程序。企业应按照《银行结算办法》及《中华人民共和国票据法》（以下简称《票据法》）的有关规定办理各项结算业务。

1. 支票

支票是出票人签发的，委托办理支票业务的银行或者其他金融机构在见票时无条件支付确定的金额给收款人或者持票人的票据。

（1）支票的种类

我国《票据法》按照支付票款方式的不同，将支票分为现金支票、转账支票和普通支票三种。支票上印有“现金”字样的为现金支票；支票上印有“转账”字样的为转账支票，转账支票只能用于转账；支票上未印有“现金”或“转账”字样的为普通支票，普通支票可以用于支取现金，也可以用于转账。在普通支票左上角划两条平行线的，为划线支票，划线支票只能用于转账，不得支取现金。

（2）支票结算的有关规定

①支票结算的方式适用于单位和个人在同一票据交换区域的各种款项结算。

②支票的提示付款期限为自出票日起10天内，中国人民银行另有规定的除外。

③转账支票可以根据需要在票据交换区域内背书转让。

④签发支票时，出票人在开户银行的存款应足以支付支票金额，银行见票即付。采用支票结算方式时，收款单位应在收到支票当日填制进账单，连同支票送交银行，根据银行盖章退回的进账单回执和有关的原始凭证编制收款凭证。付款单位应根据付款支票存根和有关的原始凭证编制付款凭证。

2. 银行汇票

银行汇票是由出票银行签发的，由其在见票时按照实际结算金额无条件支付给收款人或持票人的票据。

（1）银行汇票的特点

银行汇票的特点是适用范围广泛，单位和个人支付各种款项都可以使用；票随人到，使用灵活和兑现性强等。

(2) 银行汇票结算的有关规定

①单位和个人的各种款项结算，均可使用银行汇票。

②提示付款期自出票日起一个月。

③银行汇票的收款人也可以将银行汇票背书转让给他人。可以用于转账，填明“现金”字样的银行汇票也可以用于支取现金。

(3) 银行汇票的结算程序

①应按照规定填写“银行汇票申请书”交出票银行。

②银行收妥款项后向申请人签发银行汇票。

③申请人持银行汇票向收款单位办理结算。

④收款人开户银行审核无误后，办理转账。

⑤收款人开户银行与付款人开户银行之间清算资金有多余款的，由申请人开户银行主动收入申请人账户中。

3. 银行本票

银行本票是银行签发的，承诺自己在见票时无条件支付确定的金额给收款人或者持票人的票据。

(1) 银行本票的特点

无论单位和个人凡需要在同一票据交换区域支付各种款项的，都可以使用；由银行签发，保证兑付，信誉高，支付功能强。银行本票按照其金额记载方式的不同，分为定额和不定额本票两种。

(2) 银行本票结算的有关规定

①银行本票可以用于转账，注明“现金”字样的银行本票可以用于支取现金。

②申请人或收款人为单位的，银行不得为其签发现金银行本票。

③银行本票的提示付款期限自出票日起最长不得超过两个月。可以在票据交换区域内将银行本票背书转让。

(3) 银行本票的结算程序

①申请人应向银行提交“银行本票申请书”。

②出票银行受理银行本票申请书，收妥款项后签发银行本票。

③申请人取得银行本票后，即可向填明的收款单位办理结算。

④收款企业在将收到的银行本票向开户银行提示付款时，应填写进账单连同银行本票一并交开户银行办理转账。

4. 商业汇票

商业汇票是由出票人签发的委托付款人在指定日期无条件支付确定的金额给收款人或者持票人的票据。

(1) 商业汇票结算的有关规定

①在银行开立存款账户的法人以及其他组织之间须具有真实的交易关系或债权债务关系，才能使用商业汇票。

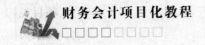

②出票人是交易中的收款人或付款人。

③商业汇票须经承兑人承兑。

④商业汇票的付款期限由交易双方商定，但最长不得超过 6 个月。

⑤提示付款期限自汇票到期日起 10 日内。

⑥商业汇票可以背书转让。

（2）商业汇票的种类

商业汇票按照承兑人不同分为商业承兑汇票和银行承兑汇票。

①商业承兑汇票。商业承兑汇票是指由收款人签发、付款人承兑，或由付款人签发并承兑的票据。商业承兑汇票的承兑人是付款人，也是交易中的购货单位。采用商业承兑汇票结算方式，收款单位将要到期的商业承兑汇票送交银行办理收款，在收到银行的收账通知后，编制收款凭证。应当注意的是，如果商业承兑汇票到期，购货企业的存款不足以支付票款，开户银行应将汇票退还销货企业，银行不负责付款，由购销双方自行处理。

②银行承兑汇票。银行承兑汇票是指由在承兑银行开立存款账户的存款人（承兑申请人）签发，并由承兑申请人向开户银行申请，经银行审查同意承兑的票据。银行承兑汇票的出票人是购货企业，承兑人和付款人是购货企业的开户银行。银行承兑汇票的出票人应于汇票到期前将票款足额交存银行。承兑银行应在汇票到期日支付票款。如果出票人于汇票到期日未能足额交存票款的，承兑银行凭票向持票人无条件付款。

5. 汇兑

汇兑是汇款人委托银行将其款项支付给收款人的结算方式。按照款项划转方式的不同可分为信汇和电汇两种。信汇是指汇款人委托银行通过邮寄方式将款项划转给收款人。电汇是指汇款人委托银行通过电报方式将款项划转给收款人。

汇兑结算方式便于汇款人向异地的收款人主动付款，其手续简便、划款迅速、应用广泛，单位和个人各种款项的结算均可使用汇兑结算方式。

采用汇兑结算方式，付款单位汇出款项时，填写银行印发的汇款凭证送达开户银行后，根据经银行办理汇款的汇款回执编制付款凭证。收汇银行将汇款收进单位存款账户后，向收款单位发出收款通知，收款单位根据收到的银行收账通知编制收款凭证。

6. 委托收款

委托收款是收款人委托银行向付款人收取款项的结算方式。无论是单位还是个人都可凭已承兑商业汇票、债券、存单等付款人债务证明，采用该结算方式办理款项的结算。委托收款便于收款人主动收款，在同城异地均可以办理，且不受金额限制。委托收款按照结算款项的划回方式不同，分为邮寄和电报两种，由收款人选用。付款期为 3 天。

7. 托收承付

托收承付是根据购销合同由收款人发货后委托银行向异地付款人收取款项，并由付款人向银行承认付款的结算方式。

（1）托收承付的适用范围

①使用该结算方式的单位必须是国有企业、供销合作社以及经营管理较好，并经开户银行审查同意的城乡集体所有制工业企业。

②办理结算的款项必须是商品交易以及因商品交易而产生的劳务供应的款项。

（2）托收承付结算的有关规定

①收付双方使用托收承付结算必须签有符合《中华人民共和国经济合同法》的购销合同。

②收款人办理托收，必须具有商品确已发运的证件。

③收付双方办理托收承付结算，必须重合同、守信用。

（三）银行存款的核算

企业根据“送款单”或“进账单”的回单联或银行收账通知单填制记账凭证，借记“银行存款”，贷记“库存现金”等有关科目；从银行提取或支出款项时，应签发支票或银行根据支付结算办法的规定，主动将款项从企业存款账户中划出，根据现金支票存根等，借记“库存现金”“应付账款”等有关科目，贷记“银行存款”。

企业可按开户银行和其他金融机构、存款种类等设置“银行存款日记账”，根据收付款凭证，按照业务的发生顺序逐笔登记。每日终了，应结出余额。

外埠存款、银行汇票存款、银行本票存款、信用证保证金存款、信用卡存款和存出投资款等，不在“银行存款”账户核算，而应在“其他货币资金”账户核算。

【例 2-3】乙企业根据发生的有关银行存款收付业务，编制会计分录如下：

①企业销售产品，销售收入 20 000 元，增值税 2 600 元。共计 22 600 元，收到支票存入银行：

借：银行存款	22 600	
贷：主营业务收入		20 000
应交税费——应交增值税（销项税额）		2 600

②企业预收销货款 2 000 元存入银行：

借：银行存款	2 000	
贷：合同负债		2 000

③收回上月销售产品的货款 58 500 元存入银行：

借：银行存款	58 500	
贷：应收账款		58 500

④企业购进原材料 80 000 元，支付进项税 10 400 元，货款共计 90 400 元，以转账支票付讫：

借：原材料	80 000	
应交税费——应交增值税（进项税额）	10 400	
贷：银行存款		90 400

⑤以银行存款支付销售产品的运费 500 元：

借：销售费用	500	
贷：银行存款		500

⑥从银行提取现金 4 500 元备用：

借：库存现金	4 500	

贷：银行存款　4 500

（四）银行存款的清查

企业每月至少应将银行存款日记账与银行对账单核对一次，以检查银行存款收付及结存情况。企业进行账单核对时，往往出现银行存款日记账余额与银行对账单同日余额不符的情况。究其原因主要有三点：一是计算错误；二是记账错漏；三是未达账项。

计算错误是企业或银行对银行存款结存额的计算发生运算错误；记账错漏是指企业或银行对存款的收入、支出的错记或漏记；未达账项是指银行和企业之间，由于结算凭证传递的时间不一致而造成的一方已收到凭证并登记入账，而另一方尚未接到凭证未入账的款项。未达账项主要有以下四种情况：

①企业已经收款入账，银行尚未收款入账的款项；

②企业已经付款入账，银行尚未付款入账的款项；

③银行已经收款入账，企业尚未收款入账的款项；

④银行已经付款入账，企业尚未付款入账的款项。

银行存款日记账余额与银行对账单余额不符，必须查明原因。对于未达账项，通过编制“银行存款余额调节表”来进行调节，如果调节后余额一致，一般表明没有记账错误。如果调节后余额仍不一致，表明企业或银行一方出现了记账错误，应立即查明错误所在。属于银行方面的原因，应及时通知银行更正；属于本单位原因，应按照错账更正办法进行更正。

银行存款余额调节表有多种编制方法，会计实务中一般采用“补记式”余额调节法。其基本原理是：假设未达账项全部入账，银行存款日记账与银行对账单的余额应相等。其编制方法是：在双方现有余额的基础上，各自加上对方已收、本方未收账项，减去对方已付、本方未付账项，计算调节双方应有余额。

编制银行存款余额调节表后，不须进行账簿记录的调整，只有等到有关单据到达，才可进行账务处理。

【例 2-4】甲企业 20×1 年 6 月 30 日“银行存款日记账”账面余额为 226 600 元，“银行对账单”余额为 269 700 元。经核对存在未达账项如下：

①6 月 29 日，企业销售产品，收到转账支票一张，金额 23 000 元，银行尚未入账；

②6 月 29 日，企业开出转账支票一张，支付购买材料款 58 500 元，持票单位尚未向银行办理手续；

③6 月 30 日，银行代收销货款 24 600 元，企业尚未收到收款通知；

④6 月 30 日，银行代付电费 17 000 元，企业尚未收到付款通知。

根据以上资料编制“银行存款余额调节表”。

表 2-1 银行存款余额调节表

20×1 年 6 月 30 日 单位：元

项 目	金 额	项 目	金 额
企业银行存款账户余额	226 600	银行对账单余额	269 700
加：银行已收、企业未收	24 600	加：企业已收、银行未收	23 000
减：银行已付、企业未付	17 000	减：企业已付、银行未付	58 500
调整后的余额	234 200	调整后的余额	234 200

四、其他货币资金

1. 其他货币资金的性质与范围

其他货币资金是指除现金、银行存款以外的其他各种货币资金。其他货币资金同现金和银行存款一样，是企业可以作为支付手段的货币。其他货币资金同现金和银行存款相比，有其特殊的存在形式和支付方式，在管理上有别于现金和银行存款，应单独进行会计核算。

其他货币资金主要包括外埠存款、银行汇票存款、银行本票存款、信用卡存款、信用证保证金存款和存出投资款等。

2. 其他货币资金的核算

其他货币资金以“其他货币资金”科目进行核算，并按照其他货币资金的内容设置明细科目进行明细核算。

（1）外埠存款

企业在外埠开立临时账户，须经开户地银行批准。银行对临时采购户一般实行半封闭式管理的办法，即只付不收、付完清户。除采购人员差旅费用可以支取少量现金外，其他支出一律转账。

【例 2-5】甲企业根据发生的有关外埠存款收付业务，编制会计分录如下：

①企业在外埠开立临时采购账户，委托银行将 500 000 元汇往采购地：

借：其他货币资金——外埠存款　　500 000

　　贷：银行存款　　500 000

②采购员以外埠存款购买材料，材料价款 400 000 元，增值税 52 000 元，货款共计 452 000 元，材料入库：

借：原材料　　400 000

　　应交税费——应交增值税（进项税额）　　52 000

　　贷：其他货币资金——外埠存款　　452 000

③外埠采购结束，将外埠存款清户，收到银行转来收账通知，余款 32 000 元收妥投入账：

借：银行存款　　32 000

贷：其他货币资金——外埠存款 32 000

（2）银行汇票存款

企业办理银行汇票，须将款项交存开户银行。未用汇票存款应及时办理退款。其账务处理与外埠存款基本相同。

【例 2-6】乙企业根据发生的有关银行汇票存款收付业务，编制会计分录如下：

①企业申请办理银行汇票，将银行存款 30 000 元转为银行汇票存款：

借：其他货币资金——银行汇票存款 30 000

贷：银行存款 30 000

②收到收款单位发票等单据，采购材料付款 28 250 元，其中，材料价款 25 000 元，增值税 3 250 元，材料入库：

借：原材料 25 000

应交税费——应交增值税（进项税额） 3 250

贷：其他货币资金——银行汇票存款 28 250

③收到多余款项退回通知，将余款 1 750 元收妥入账：

借：银行存款 1 750

贷：其他货币资金——银行汇票存款 1 750

（3）银行本票存款

企业办理银行本票，须将款项交存开户银行。本票存款实行全额结算，本票存款额与结算金额的差额一般采用支票或其他方式结清。其账务处理与银行汇票存款基本相同。

（4）信用卡存款

企业对于信用卡存款的核算主要包括办理信用卡存款、以信用卡支付有关费用、收取信用卡存款利息收入等。

【例 2-7】某企业根据发生的有关信用卡存款收付业务，编制会计分录如下：

①将银行存款 50 000 元存入信用卡：

借：其他货币资金——信用卡存款 50 000

贷：银行存款 50 000

②信用卡支付业务招待费 1 500 元：

借：管理费用 1 500

贷：其他货币资金——信用卡存款 1 500

③收到信用卡存款的利息 60 元：

借：其他货币资金——信用卡存款 60

贷：财务费用 60

（5）存出投资款

存出投资款是指企业已存入证券公司但尚未转为金融资产或投资的款项。

企业向证券公司存入资金时，应按照实际存入的金额，借记“其他货币资金——存出投资款”科目，贷记“银行存款”科目；购买股票、债券时，按照公允价值或实际投资金额，借记“交易性金融资产”等科目，贷记“其他货币资金——存出投资款”科目。

内容小结

在流动资产中，货币资金的流动性最强，为了确保生产经营活动的正常进行，企业必须拥有一定数量的货币资金。货币资金分为库存现金、银行存款和其他货币资金。本项目主要阐述了现金、银行存款收付的账务处理，现金、银行存款有关的管理规定；还介绍了现金、银行存款清查的方法及核算以及银行存款余额调节表的编制。另外，其他货币资金的账务处理也是本项目的重要内容。

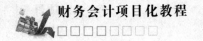

项目三　往来结算岗

学习目标

①了解往来结算岗岗位的职责和核算任务。

②了解“商业折扣”和“现金折扣”，掌握其处理方法；会进行票据贴现的计算；能明确判断坏账损失，会进行坏账损失的处理。

③掌握应收账款、应收票据的计价及核算；掌握坏账损失的确认及备抵法下坏账损失的核算；掌握预收账款、预付账款及其他应收款的核算内容。

模块一　往来结算岗岗位基本工作规范及工作内容

往来结算岗主要负责应收及暂付款中的应收、应付款账户的登记和管理工作。在实际工作中，往来款项的结算分为两种类型：一是债权类，包括应收账款、其他应收款、预付账款的结算、发出商品和分期发出商品的结算；二是债务类，包括应付账款、其他应付款、预收账款的结算。

一、往来结算岗岗位基本工作规范

往来结算会计在日常工作中要遵守的岗位职责有以下几点：

①按照国家有关制度规定建立往来结算清算制度，及时清理、核对往来款项，防止坏账损失。对购销业务以外的暂收、暂付、应收、应付、备用金等债权债务及往来款项，要建立清算手续制度，加强管理及时清算；定期对应收款进行账龄分析，对长期未处理的往来款项应及时向财务负责人汇报，对确实无法收回的应收款和无法支付的应付款，应查明原因，按照有关规定报批后处理，为计提坏账准备提供必要信息。企业应定期进行其他应收款、其他应付款等账款的清查核对，在年末编制决算报表前，要普遍进行清查，编制清查报告表，对客户的信用情况进行整理和分析，发现问题、查明原因，并针对问题和原因，提出加强往来款项管理的建议或措施。

②根据有关制度，及时认真做好各类往来款项的结算工作。对购销业务以外的各种应收、暂付款项，要及时催收结算；应付、暂收款项，要抓紧清偿。对确实无法收回的应收账款和无法支付的应付账款，应查明原因，按照规定报经批准后处理。

③根据每日发生的往来款项的记账凭证，及时准确地登记各种债权债务明细账。严格审核往来款项的真实性，正确使用会计科目，并按照收付单位、个人设置往来明细账，负责往来结算的明细核算，根据凭证逐笔登记核销，做到记账清楚、余额准确、账表相符，并按照规定编报季、年度的债权债务方面的报表。

④在办理各项往来款项时，认真审核原始凭证的合法性、完整性和正确性。该岗位负责办理企业与各方面的往来结算业务，对购销业务以外的各项往来款项，要按照单位和个人分户设置明细账，根据审核后的记账凭证逐笔登记，并经常核对余额。年终要抄列清单，并向领导或有关部门报告。

二、往来结算岗岗位工作内容

往来结算岗主要是记录本单位和外单位所发生的债权债务，如果有必要，还会和对方单位对账，来核实双方业务的发生记录是否一致，因此，它在单位会计管理体制中的地位越来越重要。一个单位的发展壮大，要与外单位之间发生经济往来，经济越发展，单位的规模越大，这种经济往来就越频繁。作为往来结算岗会计，其工作内容概括为反映、核算、监督和管理四方面。

1. 反映方面

往来结算会计应按照《会计基础工作规范》和《会计准则》的要求，结合本单位的实际情况，合理设置会计账簿，及时、完整、正确地登记往来明细账，反映往来账中的往来情况；同时把应收账款、应收票据、预付账款、应付账款、应付票据、预收账款、应付利息等账户的金额情况和账龄情况及时地上报有关领导，为决策者制定科学的信用政策提供经济信息。

2. 核算方面

往来结算会计的核算方面是指对往来账户进行正确的登记、记录和核算，对应收票据利息的计算，对贴现期限和贴现额的计算及应收票据到期面值的计算，对应收账款入账价值的确定及选择合理计提坏账准备的方法（如余额百分比法、账龄分析法、销货百分比法等，报批后计算提取坏账准备）。

3. 监督方面

往来结算会计要对往来账中的经济业务进行监督，审查原始凭证的合法、合理及有效性以及经济业务的真实性，以保证单位资产的安全，防止舞弊现象的发生。

4. 管理方面

往来结算会计的管理方面包括对往来账户的管理；与客户及供应商之间的对账；催收各种应收及暂付款；按照应付账项的期限长短，列出还款计划，清偿应付、暂收款项。

模块二　应收款项的核算

一、应收账款

1. 应收账款的性质与范围

应收账款是指企业因销售商品、产品、提供劳务等业务，应向购货单位或接受劳务的单位收取的款项，包括应收取的货款、应收取的增值税销项税额、代购货单位垫付的运杂费等。

从应收账款的回收期来看，应收账款是指应在一年（可跨年度）内收回的短期债权。在资产负债表上，应收账款应列为流动资产项目。

从会计实务来看，企业的应收账款不包括各种非主要经营业务发生的应收款项，例如存出的保证金和押金、购货的预付定金、对职工或股东的预付款、预付分公司款、应收认股款、与企业的主要经营业务无关的应收款项、超过一年的应收分期销货款以及采用商业汇票结算方式销售商品的债权等，均不属于应收账款范围。

应收账款应于收入实现时予以确认。

2. 应收账款的计价

应收账款的计价就是确定应收账款的入账金额。一般来说，应收账款应按照买卖双方成交时的实际发生额入账。在确认应收账款的入账价值时，还要考虑商业折扣和现金折扣等因素。下面分别说明商业折扣与现金折扣对应收账款入账金额的影响。

（1）商业折扣

商业折扣是指对商品价目单所列的价格给予一定的折扣，实际上是对商品报价进行的折扣。一般来说，商业折扣可用百分比来表示，如5%、10%、20%等，也可用金额表示，如100元、200元等。商品报价并不是企业对某一具体客户的应收款项，不能将其计入应收客户款，只有业务发生时的成交价才能以应收客户款入账。也就是说，企业发生销货、提供劳务等主要经营业务行为时，商业报价扣除商业折扣以后的实际成交价格才是应收账款的入账金额。由此可知，商业折扣对会计核算不产生任何影响。

（2）现金折扣

现金折扣是指销货企业为了鼓励客户在一定期间内早日偿还货款，对销售价格所给予的一定比率的扣减。现金折扣对销货企业来说，称为销货折扣；对购货企业来说，则称为购货折扣。现金折扣一般用2/10、1/20、n/30等表示，其内容分别为10天内付款给予2%的折扣、20天内付款给予1%的折扣、30天内付款无折扣。现金折扣使得企业应收账款的实收数额，在规定的付款期限内，随着顾客付款时间的推延而增加，因而对会计核算产生影响。在存在现金折扣的情况下，应收账款入账金额的确认有总价法和净价法两种。我国规定应收账款采用总价法入账。

总价法是将未减去现金折扣前的金额作为实际售价、作为“应收账款”的入账价值，而现金折扣只有客户在折扣期内支付货款时，才予以确认。这种方法把给客户的现金折扣视为融资的理财费用，会计上作为“财务费用”处理。在计算折扣金额时，可以按照含税金额折扣，也可以按照不含税金额折扣，在实际工作中，按照双方约定计算折扣。

（3）应收账款的核算

“应收账款”账户借方反映应收账款的增加金额，贷方反映应收账款的减少金额（即已收回或已结转坏账损失、转作商业汇票的数额），余额一般在借方，表示期末企业尚未收回的款项。该账户按照客户名称设置明细账户进行明细核算。

【例 3-1】 甲公司向乙企业销售商品一批，售价 80 000 元，增值税税率为 13%，商业折扣为 10%，货款尚未收到，已办妥委托银行收款手续。甲公司应做如下会计处理：

借：应收账款——乙企业　　81 360
　　贷：主营业务收入　　72 000
　　　　应交税费——应交增值税（销项税额）　　9 360

甲公司收到款时：

借：银行存款　　81 360
　　贷：应收账款——乙企业　　81 360

【例 3-2】 甲公司向乙企业赊销一批商品，售价 50 000 元，增值税税率为 13%，付款条件是“2/10、n/30”。采用“总价法”进行会计核算（按照不含税金额折扣）。

①赊销时：

借：应收账款——乙企业　　56 500
　　贷：主营业务收入　　50 000
　　　　应交税费——应交增值税（销项税额）　　6 500

②10 内收款时：

借：银行存款　　55 500
　　财务费用——现金折扣　　1 000
　　贷：应收账款——乙企业　　56 500

③第 25 日收款时：

借：银行存款　　56 500
　　贷：应收账款——乙企业　　56 500

二、应收票据

1. 应收票据的性质与分类

（1）应收票据的性质

在我国会计实务中，支票、银行本票及银行汇票均为见票即付的票据，无须将其列为应收票据予以处理。因此，我国的应收票据仅指商业汇票，是指企业因销售商品或产品、提供劳务等而收到的、尚未到期兑现的商业票据，是一种流动资产。

（2）应收票据的分类

在会计实务中，商业汇票可以按照不同的标准进行分类。

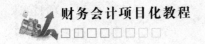

①按照票据是否带息分类，商业汇票分为带息票据和不带息票据两种。带息票据是指商业汇票到期时，承兑人除向收款人或被背书人支付票面金额款外，还应按票面金额和票据规定的利息率支付自票据生效日起至票据到期日止的利息的商业汇票。不带息票据是指商业汇票到期时，承兑人只按票面金额向收款人或被背书人支付款项的票据。

②按照票据承兑人的不同进行分类，商业汇票分为银行承兑汇票和商业承兑汇票两种。承兑是汇票付款人承诺在汇票到期日支付汇票金额的票据行为。商业汇票必须经承兑后方可生效。银行承兑汇票的承兑人是承兑申请人的开户银行，商业承兑汇票的承兑人是付款人。

③按照票据是否带有追索权分类，商业汇票分为带追索权的商业汇票和不带追索权的商业汇票两种。追索权是指企业在转让应收款项的情况下，接受应收款项转让方在应收款项遭拒付或逾期时，向该应收款项转让方索取应收金额的权利。在我国，商业票据可背书转让，持票人可以对背书人、出票人以及票据的其他债务人行使追索权。

一般来说，负债的不确定性称为或有负债。因此，转让应收款项而产生的被追索的不确定性也属于一种或有负债，但并不是所有应收款项的转让都会产生或有负债。在我国的会计实务中，仅就应收票据贴现而言，银行承兑汇票的贴现不会使企业被追索，企业也就不会因汇票贴现而发生或有负债；商业承兑汇票的贴现会使企业被追索，企业也就会因汇票贴现而发生或有负债。

2. 应收票据的计价

我国商业票据的期限一般较短（6 个月），利息金额相对来说不大，用现值记账不但计算麻烦而且其折价还要逐期摊销、过于烦琐。因此，应收票据一般按照其面值计价。即企业收到应收票据时，应按照票据的面值入账。

3. 应收票据到期日的确定

商业汇票的持票人在票据到期日可向承兑人收取票据款。商业汇票自承兑日起生效，其到期日是由票据有效期限的长短来决定的。在实务中，票据的期限一般有按月表示和按日表示两种。

①票据期限按月表示时，票据的期限不考虑各月份实际天数的多少，统一按次月对日为整月计算。当签发承兑票据的日期为某月月末时，统一以到期月份的最后一日为到期日。票据期限按月表示时，带息票据的利息应按票面金额、票据期限（月数）和月利率计算。

②票据期限按日表示时，票据的期限不考虑月数，统一按票据的实际天数计算。按日计算的票据，应从出票日起按实际天数计算，习惯上出票日和到期日只能算其中一天，即“算头不算尾”或“算尾不算头”。例如，3 月 1 日出票的期限为 3 个月的票据，到期日为 6 月 1 日，如果期限为 90 天，则到期日为 5 月 30 日。票据期限按日表示时，带息票据的利息应按票面金额、票据期限（天数）和日利率计算。

4. 应收票据的核算

应收票据账户中借方登记企业收到承兑的商业汇票的面值，贷方登记企业到期收回的商业汇票或未到期向银行申请贴现的商业汇票以及已背书转让给其他单位的商业汇票，期末余额在借方，反映企业持有的商业汇票的面值。该账户还应按照对方单位名称设置明细分类账进行核算。企业对于收到的商业汇票应设置“应收票据登记簿”。

（1）取得应收票据

企业收到承兑的商业汇票时，应按照票面金额借记“应收票据”科目，并根据不同的业务内容分别贷记“主营业务收入”“应交税费”“应收账款”等科目。

【例 3-3】 甲企业根据发生的有关收到应收票据的业务，编制会计分录如下：

①向乙公司销售产品一批，价款为 6 000 元，增值税为 780 元，收到由乙公司承兑的商业承兑汇票一张，金额为 6 780 元：

借：应收票据　　6 780

　贷：主营业务收入　　6 000

　　　应交税费——应交增值税（销项）　　780

②原向乙公司销售产品的应收货款为 56 500 元（其中产品价款为 50 000 元，增值税为 6 500 元），经双方协商，采用商业汇票方式结算，并收到银行承兑汇票一张：

借：应收票据　　56 500

　贷：应收账款　　56 500

（2）应收票据的到期

企业对持有的即将到期的商业汇票，应匡算划款时间，提前委托开户银行收款。商业汇票到期时，应按照实际收到的金额，借记“银行存款”科目；按照商业汇票的票面金额，贷记“应收票据”。因付款人无力支付票款，收到银行退回的商业承兑汇票、委托收款凭证、未付票款通知书或拒绝付款证明等，按照商业汇票的票面金额，借记“应收账款”科目，贷记“应收票据”。

（3）应收票据的背书转让

企业将持有的商业汇票背书转让以取得所需物资时，按应计入取得物资成本的金额，借记“材料采购”或“原材料”“库存商品”等科目；按可抵扣的增值税额，借记“应交税费——应交增值税（进项税额）”科目；按商业汇票的票面金额，贷记“应收票据”，如有差额，借记或贷记“银行存款”等科目。

（4）应收票据的贴现

企业可以持未到期的商业汇票到银行申请贴现。将商业汇票贴现后，企业可以从银行取得贴现款。贴现款的计算方法如下：

贴现息＝票据到期价值×贴现率×贴现期

贴现所得金额＝票据到期价值－贴现息

贴现期是指自贴现日起至票据到期日止的实际天数，也采用“算头不算尾”或“算尾不算头”的方法计算确定。在贴现日和票据到期日这两天中，只计算其中的一天。例如：如果 2 月 10 日将 1 月 31 日（当年 2 月为 28 天）签发承兑的期限为 30 天、60 天和 90 天，到期日分别为 3 月 2 日、4 月 1 日和 5 月 1 日的商业汇票贴现，其贴现天数分别为 20 天、50 天和 80 天。

企业持未到期的应收票据向银行贴现，应按照实际收到的金额（即减去贴现息后的净额)，借记“银行存款”科目；按照贴现息部分，借记“财务费用”等科目；按照商业汇票的票面金额，贷记“应收票据”（适用满足金融资产转移准则规定的金融资产终止确认条件的情形）或“短期借款”科目（适用不满足金融资产转移准则规定的金融资产终止确认条件的情形）。

贴现的商业承兑汇票到期，因承兑人的银行存款账户不足支付，申请贴现的企业收到银行退回的商业承兑汇票时（限适用于贴现企业没有终止确认原票据的情形），按照商业汇票的票面金额，借记“短期借款”科目，贷记“银行存款”科目。申请贴现企业的银行存款账户余额不足，应按照商业汇票的票面金额，借记“应收账款”科目，贷记“应收票据”；银行做逾期贷款处理。

【例 3-4】20×1 年 4 月 1 日，甲公司销售一批商品给乙公司，开出的增值税专用发票上注明销售价款为 40 万元，增值税销项税额为 5.2 万元，乙公司签发并承兑了一张商业汇票，票面值为 45.2 万元，期限为 6 个月。20×1 年 6 月 1 日，甲公司因急需流动资金，经与中国银行协商，甲公司将此票据贴现给银行，银行支付 42 万元的贴现款，但甲公司对此票据的如期偿付不承担连带责任。甲公司的账务处理如下：

①4 月 1 日销售实现时：

借：应收票据——乙公司	452 000	
贷：主营业务收入		400 000
应交税费——应交增值税（销项税）		52 000

②6 月 1 日取得贴现款时：

借：银行存款	420 000	
财务费用	32 000	
贷：应收票据——乙公司		452 000

三、预付账款

预付账款是指企业按照购货合同的规定，预先以货币资金或以货币等价物支付供应单位的货款。对于预付账款业务，企业应设置“预付账款”科目进行核算，按照对方单位的名称设置明细科目进行明细核算。

预付账款账户中借方登记企业预付的货款和补付的货款，贷方登记企业收到采购货物时，按照发票金额冲销的预付货款数和退回多付的货款，本科目期末若为借方余额，反映企业预付的款项；期末若为贷方余额，反映企业尚未补付的款项。在会计实务中，预付账款业务不多时，可以通过“应付账款”科目核算预付账款业务。将预付的货款直接记入“应付账款”账户的借方。

企业因购货而预付的款项，借记“预付账款”，贷记“银行存款”等科目。收到所购物资时，按照应计入购入物资成本的金额，借记“材料采购”或“原材料”“库存商品”等科目；按照可抵扣的增值税额，借记“应交税费——应交增值税（进项税额）”科目；按照应付金额，贷记“预付账款”。补付的款项，借记“预付账款”，贷记“银行存款”等科目；退回多付的款项，借记“银行存款”等科目，贷记“预付账款”。

【例 3-5】根据与甲公司的购销合同规定，乙公司为购买甲材料以银行存款向该厂预付700 万元货款的 80%，计 560 万元。

借：预付账款　　5 600 000

　　贷：银行存款　　5 600 000

若乙公司收到该钢厂发运来的甲材料，已验收入库。有关发票账单记载，该批货物的货款 700 万元，增值税额 91 万元，所欠款项以银行存款付讫。

①材料入库时：

借：原材料——甲材料　　7 000 000

　　应交税费——应交增值税（进项税额）　　910 000

　　贷：预付账款　　7 910 000

②补付货款时：

借：预付账款　　2 310 000

　　贷：银行存款　　2 310 000

四、其他应收款

1. 其他应收款的概述

其他应收款是指除应收账款、应收票据、应收股利、预付账款、应收利息等以外的其他各种应收、暂付款项。包括以下几点：

①应收的各种赔款、罚款。

②应收出租包装物租金。

③应向职工收取的各种垫付款项。

④备用金。

⑤存出保证金，如租入包装物支付的押金。

⑥预付账款转入。

2. 其他应收款的核算

设置“其他应收款”账户，本科目应当按照其他应收款的项目和对方单位（或个人）进行明细核算。

①企业发生各种应收、暂付款项时：

借：其他应收款

　　贷：库存现金/银行存款

②收回、核销其他应收款时：

借：库存现金/银行存款

　　贷：其他应收款

五、坏账损失

（一）坏账损失及其确认

企业的应收账款、应收票据、应收股利、预付账款、应收利息、其他应收款等应收款项可能会因债务人破产、死亡、拒付等原因而无法收回。这类无法收回的应收款项就是坏账。由于发生坏账而造成的损失称为坏账损失。

当企业的应收款项被证实很可能无法收回且金额能够合理估计时，应确认为坏账。确认标准是：有证据表明债务单位的偿债能力已经发生困难或有迹象表明应收款项的可收回数小于其账面余额。包括以下两点：

①因债务人破产、资不抵债、现金流量不足等原因导致不能收回的应收账款。

②债务人逾期未履行偿债义务，有确凿证据表明应收款项不能收回或收回的可能性不大或逾期但无确凿证据表明能收回。

（二）坏账损失的核算

1. 坏账损失的核算方法

坏账损失的核算方法一般有两种：直接转销法和备抵法。我国现行制度规定，对于确认的坏账损失，企业应采用备抵法进行会计核算。备抵法是指采用一定的方法按期估计坏账损失，记入当期损益，同时建立坏账准备，当实际发生坏账时，应根据其金额冲减已计提的坏账准备，同时转销相应的应收款项的一种方法。

2. 坏账损失的核算

在备抵法下，企业应设置“坏账准备”账户。“坏账准备”账户贷方登记每期提取的坏账准备数额，借方登记实际发生的坏账损失和冲减的坏账准备数额，期末余额一般在贷方，反映企业已经提取尚未转销的坏账准备数额。可按照应收款项的类别进行明细核算。

资产负债表日，企业确定应收款项发生减值的，按应减记的金额，借记“资产减值损失”科目，贷记“坏账准备”科目。本期应计提的坏账准备大于其账面余额的，应按其差额计提；应计提的金额小于其账面余额的差额做相反的会计分录。

对于确实无法收回的应收款项，按管理权限报经批准后作为坏账损失，转销应收款项，借记“坏账准备”科目，贷记“应收票据”“应收账款”“预付账款”“应收利息”“其他应收款”“长期应收款”等科目。

已确认并转销的应收款项以后又收回的，应按实际收回的金额，借记“应收票据”“应收账款”“预付账款”“应收利息”“其他应收款”“长期应收款”等科目，贷记“坏账准备”科目；同时，借记“银行存款”科目，贷记“应收票据”“应收账款”“预付账款”“应收利息”“其他应收款”“长期应收款”等科目。

估计各会计期间坏账损失的方法有三种，即应收账款余额百分比法、账龄分析法和赊销百分比法。

（1）应收账款余额百分比法

应收账款余额百分比法是根据期末应收账款的余额乘以估计坏账率即为当期应估计的

坏账损失，据此提取坏账准备。估计坏账率可以按照以往的数据资料加以确定。

在不同的国家，估计坏账损失的应收款项的范围也不尽相同。在我国会计实务中，一般只按应收账款的余额估计坏账损失。

采用应收账款余额百分比法对坏账损失进行会计处理的要点有以下几点：

①首次计提坏账准备时，借记“资产减值损失”科目，贷记“坏账准备”科目。计提坏账准备的数额，根据会计期末应收账款的余额，按照规定的提取比例计算。需要指出的是，这里所讲的应收账款期末余额与“应收账款”总账科目的期末余额是不同的。应收账款余额是企业按照编制会计报表的方法计算确定的应收账款数额，即根据“应收账款”“预收账款”科目的明细科目的借方余额加总计算；“应收账款”总账科目的期末余额直接从“应收账款”总账科目取得。

②发生坏账时，按照实际发生的坏账数额，借记“坏账准备”科目，贷记“应收账款”科目。

③已经确认坏账的应收账款又收回时，根据收回数额，借记“应收账款”科目，贷记“坏账准备”科目；同时借记“银行存款”等科目，贷记“应收账款”科目。

④会计期末估计的坏账损失与“坏账准备”科目的余额有差异时，应对“坏账准备”科目的余额进行调整，使调整后“坏账准备”科目的贷方余额与估计的坏账损失数额一致。调整“坏账准备”科目余额时，有以下三种情况：

一是调整前的“坏账准备”科目为借方余额。这时应按照本期估计的坏账损失加上调整前“坏账准备”科目的借方余额之和作为计提坏账准备的数额，借记“资产减值损失”科目，贷记“坏账准备”科目。

二是调整前的“坏账准备”科目为贷方余额，而且该贷方余额小于本期估计的坏账损失额。这时应按照“坏账准备”科目贷方余额小于本期估计坏账损失数额的差额作为计提坏账准备的数额，借记“资产减值损失”科目，贷记“坏账准备”科目。

三是调整前的“坏账准备”科目为贷方余额，而且该贷方余额大于本期估计的坏账数额。这时应按照“坏账准备”科目贷方余额大于本期估计的坏账损失数额的差额冲减多计提的坏账准备，借记“坏账准备”科目，贷记“资产减值损失”科目。

需要指出的是，“坏账准备”科目作为“应收账款”的备抵调整科目，会计期末的贷方余额应单独以“应收账款”项目的减项列报。但由于企业一般在会计年度终了时才对“坏账准备”科目的余额进行调整，平时不予调整，致使企业编制月份或季度报表时，“坏账准备”科目可能出现借方余额，这时应将该余额作为应收账款的加项列示于资产负债表内。

【例 3-6】 甲企业按照应收账款余额的 5‰计提坏账准备，根据发生的经济业务，编制会计分录如下：

①第一年首次计提坏账准备时，应收账款的年末余额为 200 000 元：

估计坏账损失 = 200 000×5‰ = 1 000（元）

借：资产减值损失　　1 000

　　贷：坏账准备　　1 000

②第二年实际发生坏账 400 元：

借：坏账准备　　400

　　贷：应收账款　　400

③已经确认为坏账的 400 元收回了 200 元：

借：应收账款　　200

　　贷：坏账准备　　200

同时，

借：银行存款　　200

　　贷：应收账款　　200

④第二年末，应收账款余额为 100 000 元，调整“坏账准备”科目余额第二年末估计的坏账损失为 500（即 100 000×5‰）元，应冲销多余的坏账准备 300（即 800-500）元。

借：坏账准备　　300

　　贷：资产减值损失　　300

如果第二年发生坏账 1 200 元，后又收回其中的 400 元。则收回已经确认为坏账的 400 元应收账款后，“坏账准备”科目的贷方余额为 200（即 1 000-1 200+400）元，第二年末应补提坏账准备 300（即 500-200）元。

借：资产减值损失　　300

　　贷：坏账准备　　300

（2）账龄分析法

账龄分析法是指按照应收账款账龄的长短，根据以往的经验确定坏账损失百分比，并据以估计坏账损失的方法。这里所指的账龄是指客户所欠账款超过结算期的时间。虽然应收账款能否收回及其回收的程度与应收账款的过期长短并无直接联系，但一般来说，账龄越长，账款不能收回的可能性越大。账龄分析法就是依据这一前提来估计坏账损失的。采用这种方法可以比较客观地反映应收账款的估计可变现净值。

在采用账龄分析法时，各期估计的坏账损失应同账面上原有的坏账准备进行比较，并调整“坏账准备”科目余额，使之与估计坏账损失数额一致。

采用账龄分析法对坏账的核算原理与应收账款余额百分比法相同，两者的区别仅在于估计坏账的方法有所不同。

（3）赊销百分比法

赊销百分比法是以赊销金额的一定百分比估计坏账损失的方法。百分比一般根据以往的经验，按照赊销金额中平均发生坏账损失的比率加以计算确定。

模块三　应付款项的核算

一、应付账款

1. 应付账款的概述

应付账款是指企业在生产过程中因购买材料、商品、物资或接受劳务供应等业务应支付给供应者的款项。这是由于买卖双方在购销活动中取得物资与支付货款时间上的不一致而产生的负债。一般来说，应付账款应在与所购买物资所有权有关的风险和报酬已经转移或劳务已经接受时确认。在实际工作中，应区别如下情况进行处理：

①在物资和发票账单同时到达的情况下，如果物资验收入库的同时支付货款的，不通过“应付账款”科目核算；如果物资验收入库后仍未付款的，则根据发票账单登记入账。

②在物资和发票账单不同时到达的情况下，在发票账单已到、物资未到而且没有及时付款的情况下，应当直接根据发票账单入账；在发票账单未到、物资已到，无法确定实际成本的情况下，于月末按暂估价确认物资和应付账款，待下月初再用红字冲回。

为了核算和监督企业应付账款的发生及偿还情况，应设置“应付账款”账户。该账户贷方登记企业因购货、接受劳务供应而产生的应付款项以及因无款支付到期商业汇票转入的应付票据款；借方登记企业偿还、抵付的应付账款以及转销无法支付的应付账款；余额一般在贷方，表示企业尚未支付的应付账款。该账户应按照供应单位设置明细账，进行明细分类核算。

2. 应付账款的核算

（1）应付账款发生时的核算

企业在购买材料、商品或接受劳务时所产生的应付账款，应按照应付账款金额入账；按照有关凭证记载的实际价款或暂估价值，借记“原材料”“材料采购”等科目；按照可以抵扣的增值税额，借记“应交税费——应交增值税（进项税额）”科目，贷记“应付账款”科目。

（2）偿还应付账款的核算

企业偿还应付账款或开出商业汇票抵付应付账款时，借记“应付账款”科目，贷记“银行存款”“应付票据”等科目。

（3）转销应付账款

应付账款由于债权单位撤销或其他原因无法支付时，借记“应付账款”科目，贷记“营业外收入”科目。

（4）附有现金折扣的应付账款

应付账款附有现金折扣的，应按照扣除现金折扣前的应付款总额入账。因在折扣期限内付款而获得的现金折扣，应在偿付应付账款时冲减财务费用。

【例 3-7】甲公司为一般纳税人，存货按实际成本计价核算。20×1 年 5 月 5 日，向乙公司购入原材料一批，取得的增值税专用发票上注明的价款为 50 000 元，增值税税额为 6 500元，乙公司代垫运杂费 2 000 元，发票账单等结算凭证已经收到，材料已验收入库，但货税款尚未支付。其会计处理如下：

①收到发票账单等结算凭证，购买材料入库时：

借：原材料　　52 000

　　应交税费——应交增值税（进项税额）　　6 500

　　贷：应付账款——应付乙公司　　58 500

②5 月 12 日，开出转账支票支付所欠乙公司货税款 58 500 元：

借：应付账款——应付乙公司　　58 500

　　贷：银行存款　　58 500

③若信用期满公司存款不足，无法支付款项，经协商改为票据结算：

借：应付账款——应付乙公司　　58 500

　　贷：应付票据　　58 500

④若乙公司已撤销，无法支付这笔款项，应将其转销

借：应付账款　　58 500

　　贷：营业外收入　　58 500

【例 3-8】甲百货商场 20×1 年 7 月 2 日，从乙公司购入一批家电产品并已验收入库。增值税专用发票上列明，该批家电的价款为 10 万元，增值税为 1.3 万元。按照购货协议的规定，百货商场如在 15 天内付清货款，将获得 1%的现金折扣（假定计算现金折扣时需考虑增值税）。百货商场的有关会计分录如下：

借：库存商品　　100 000

　　应交税费——应交增值税（进项税额）　　13 000

　　贷：应付账款——乙公司　　113 000

本例中，百货商场对乙公司的应付账款附有现金折扣，应按照扣除现金折扣前的应付款总额 113 000 元记入“应付账款”科目。

假设百货商场在 7 月 12 日付清了货款，有关分录如下：

借：应付账款——乙公司　　113 000

　　贷：银行存款　　111 870

　　　　财务费用　　1 130

二、应付票据

1. 应付票据的概述

应付票据是指企业购买材料、商品和接受劳务供应等而开出、承兑的商业汇票。应付票据是一种商业凭证，是付款人允诺在一定时期内支付一定金额给收款人或持票人的书面证明。

应付票据按照承兑人的不同，分为商业承兑汇票和银行承兑汇票。

应付票据按照是否带息来划分，分为带息票据和不带息票据。不带息票据按面值归

还；带息票据按面值加利息的合计数归还。

2. 应付票据的核算

为了总括地核算和监督企业商业汇票的签发、承兑和支付情况，应设置“应付票据”账户，贷方登记企业签发、承兑商业汇票的面值和带息票据已计算的应付利息；借方登记企业到期支付（或结转）票款数额；余额在贷方，表示企业尚未到期的应付票据本息。

（1）应付票据发生的核算

企业开出并承兑商业汇票购货时，借记“材料采购”“应交税费——应交增值税（进项税额）”等科目，贷记“应付票据”科目。若企业开出承兑的是银行承兑汇票，须按票面金额支付一定的手续费，借记“财务费用”科目，贷记“银行存款”科目。

（2）应付票据到期偿还本息的核算

商业汇票到期，如期付款时，借记“应付票据”科目，贷记“银行存款”科目。若为带息票据，应于期末计算应付利息，按应计利息借记“财务费用”科目，贷记“应付票据”科目。票据到期支付本息时，按票据账面余额，借记“应付票据”科目；按应计但未计的利息，借记“财务费用”科目；按实际支付的金额，贷记“银行存款”科目。

（3）应付票据到期无力偿还的核算

应付票据到期，如企业无力支付票款，属商业承兑汇票的，应按应付票据账面余额，借记“应付票据”科目，贷记“应付账款”科目；属银行承兑汇票的，应按应付票据账面余额，借记“应付票据”科目，贷记“短期借款”科目。

【例 3-9】甲公司为增值税一般纳税人，于 20×1 年 7 月 5 日开出一张面值为 56 500 元、期限为 4 个月的不带息商业汇票，用于采购材料，原材料已入库。增值税专用发票上注明的材料价款为 50 000 元，增值税额为 6 500 元。其会计处理如下：

①收到增值税专用发票，购买材料入库时：

借：原材料　　50 000

　　应交税费——应交增值税（进项税额）　　6 500

　　贷：应付票据　　56 500

②假设上例中的商业汇票为银行承兑汇票，甲公司已交纳承兑手续费 35 元：

借：财务费用　　35

　　贷：银行存款　　35

③20×1 年 11 月 5 日，甲公司开出的商业汇票到期。甲公司通知其银行支付票款：

借：应付票据　　56 500

　　贷：银行存款　　56 500

④如果商业汇票为银行承兑汇票，到期时甲公司无力支付票款：

借：应付票据　　56 500

　　贷：短期借款　　56 500

⑤如果商业汇票为商业承兑汇票，到期时甲公司无力支付票款：

借：应付票据　　56 500

　　贷：应付账款　　56 500

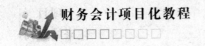

三、预收款项的核算

预收款项是企业按照合同规定向购货单位预收的款项。它是买卖双方协议商定，由供货方或提供劳务方预先向购货方或接受劳务方收取一部分货款或定金而形成的一项负债。这项负债需要用以后的商品、劳务等偿付。

为了核算和监督预收款项的形成及结算情况，企业应设置“预收账款”和“合同负债”账户，二者的区别是在与客户签订合同前收到的款项记入“预收账款”。合同一旦正式成立则记入“合同负债”账户。该账户贷方登记企业收到购货方预付的货款及补付的货款，借方登记企业实际发出产品的价税款及退回的余额。期末贷方余额，表示企业向购货单位预收的款项；期末如为借方余额，表示应由购货单位补付的款项，即应收款项。该账户应按照购货单位设置明细账，进行明细分类核算。

预收账款情况不多的企业，也可以不设置“预收账款”科目，而直接将预收账款并入“应收账款”科目进行核算。

企业向购货单位预收的款项，借记“银行存款”科目，贷记“预收账款”科目；销售实现时，按照实现的收入，借记“预收账款”科目，贷记“主营业务收入”“应交税费——应交增值税（销项税额）”等科目。退还多收的预收账款时，借记“预收账款”账户，贷记“银行存款”账户；收到购货单位补付的款项时，借记“银行存款”账户，贷记“预收账款”账户。

【例 3-10】甲公司为增值税一般纳税人。按照合同规定，6 月 8 日，公司收到乙公司预付的货款 70 000 元。6 月 15 日，甲公司向乙公司发出产品 200 件，售价为 100 000 元，应交增值税 13 000 元，其余款项乙公司于 6 月 25 日补付。其会计处理如下：

①6 月 8 日公司收到乙公司预付的货款时：

借：银行存款　　70 000
　　贷：合同负债——乙公司　　70 000

②6 月 15 日公司向乙公司发出商品时：

借：合同负债——乙公司　　70 000
　　应收账款——乙公司　　43 000
　　贷：主营业务收入　　100 000
　　　　应交税费——应交增值税（销项税额）　　13 000

③6 月 25 日企业收到乙公司补付的货款时：

借：银行存款　　43 000
　　贷：应收账款——乙公司　　43 000

四、其他应付款

其他应付款是指企业除应付票据、应付账款、应付职工薪酬、应付利润等以外的应付、暂收其他单位或个人的款项。通常情况下，该科目只核算企业应付其他单位或个人的零星款项，如应付经营租入固定资产和包装物的租金、存入保证金、应付统筹退休金等。

企业应设置“其他应付款”账户，贷方反映企业发生的应付、暂收款项，借方反映企业支付应付及暂收款项。月末，余额为贷方反映企业应付、暂收的结存金额。本账户按照应付和暂收等款项的类别和单位或个人设置明细账。

企业发生其他各种应付、暂收款项时，借记“管理费用”等科目，贷记“其他应付款”科目；支付或退回其他各种应付、暂收款项时，借记“其他应付款”科目，贷记“银行存款”等科目。

【例 3-11】 甲公司从 20×1 年 1 月 1 日起，以经营租赁方式租入管理用办公设备一批，每月租金 3 500 元，按季支付。3 月 31 日，甲公司以银行存款支付应付租金。其会计处理如下：

①1 月 31 日计提应付租赁方式租入固定资产租金：

借：管理费用	3 500	
贷：其他应付款		3 500

2 月底计提应付租赁方式租入固定资产租金同上。

②3 月 31 日支付租金时：

借：其他应付款	7 000	
管理费用	3 500	
贷：银行存款		10 500

内容小结

本章主要介绍了应收票据、应收账款、其他应收款、预付账款的计量及核算，介绍了坏账损失的确认及核算方法。同时也重点介绍了购买货物形成的应付账款、应付票据等。应收账款应按照买卖双方成交时的实际发生额入账。在确认应收账款的入账价值时，还要考虑商业折扣和现金折扣等因素。企业应采用备抵法对坏账损失进行核算。估计各会计期间坏账损失的方法有三种，即应收账款余额百分比法、账龄分析法和赊销百分比法。应收票据是指收到的经承兑人承兑的商业汇票。收到应收票据时，应按照票据的面值入账。企业可以持未到期的商业汇票到银行申请贴现。由于发生坏账而造成的损失称为坏账损失。应付票据是指企业购买材料商品和接受劳务供应而开出承兑的商业汇票。应付票据按照承兑人的不同分为商业承兑汇票和银行承兑汇票。合同负债和预付账款是企业按照合同规定向购货单位预收和预付的款项。

项目四　投资岗

学习目标

①能识记《企业会计准则第22号——金融工具确认和计量》《企业会计准则第39号——公允价值计量》中相关金融资产业务会计处理的有关规定。

②能熟悉金融资产会计核算岗位职责，能运用所学知识根据原始凭证分析经济业务，进行企业交易性金融资产、其他权益工具投资、债权投资等业务的会计处理。

③能运用会计基本理论知识解释交易性金融资产、其他权益工具投资、债权投资等相关业务信息生成过程。

④能运用会计基本理论知识解释长期股权投资相关业务信息生成过程。

⑤能解决相关金融资产业务会计处理过程中的常见问题。

⑥能初步具有相应的会计职业判断意识。

⑦能严格按照《企业会计准则》等政策法规要求规范操作。

模块一　投资岗岗位基本工作规范及工作内容

一、投资岗岗位基本工作规范

①制定投资部的工作制度、工作规划，报批后执行。

②贯彻执行集团各项规章制度。

③编制投资预算、投资计划及投资项目可行性报告，报批后实施。

④进行股票、证券的投资运作。

⑤集团融资活动的计划、组织、实施。

二、投资岗岗位工作内容

①拟订集团内外投资部计划，报批后实施。

②负责集团对外的固定资产及股票证券投资。

③定期向投资部经理报告股票证券投资的情况。

④收集企业外部投资对象的资料及信息，对投资对象进行评估。

⑤拟定投资项目的可行性分析报告，上报投资部经理。

⑥负责填写长短期投资账户，报会计部进行核算。

⑦负责投资立项、调研、可行性分析及整体运作。

⑧与有关咨询机构联系，取得投资运作的技术支持。

模块二　金融资产的计量

金融资产属于企业资产的重要组成部分，有广义和狭义之分。广义的金融资产，是指资产负债表中除了实物资产和无形资产之外的资产。具体包括库存现金、应收账款、应收票据、贷款、垫款、其他应收款、应收利息、债权投资、股权投资、基金投资、衍生金融资产等。狭义的金融资产，是指《企业会计准则第22号——金融工具确认和计量》中所规范的金融资产。企业应当根据其管理金融资产的业务模式和金融资产的合同现金流量特征，对金融资产进行合理的分类。

金融资产一般划分为以下三类：

（1）以摊余成本计量的金融资产；

（2）以公允价值计量且其变动计入其他综合收益的金融资产；

（3）以公允价值计量且其变动计入当期损益的金融资产。

一、金融资产的初始计量

企业初始确认金融资产时，应当按照公允价值计量。对于以公允价值计量且其变动计入当期损益的金融资产，相关交易费用应当直接计入当期损益；对于其他类别的金融资产，相关交易费用应当计入初始确认金额。其中，金融资产的公允价值，应当以市场交易价格为基础确定。

交易费用，是指可直接归属于购买、发行或处置金融工具新增的外部费用。新增的外部费用，是指企业不购买、发行或处置金融工具就不会发生的费用，包括支付给代理机构、咨询公司、券商等的手续费和佣金及其他必要支出，不包括债券溢价、折价、融资费用、内部管理成本及其他与交易不直接相关的费用。交易费用构成实际利率的组成部分。

企业取得金融资产所支付的价款中包含的已宣告但未发放的债券利息或现金股利，应当单独确认为应收项目进行处理。

二、公允价值的确认

公允价值，是指在公平交易中，熟悉情况的交易双方自愿进行资产交换或者债务清偿的金额。在公平交易中，交易双方应当是持续经营企业，不打算或不需要进行清算、重大缩减经营规模，或在不利条件下仍进行交易。

企业应当采用适当且可获得足够数据的方法来计量公允价值，而且要尽可能使用相关的可观察输入值，尽量避免使用不可观察输入值。

公允价值在计量时应分为三个层次：第一个层次是企业在计量日能获得相同资产或负债在活跃市场上报价的，以该报价为依据确定公允价值；第二个层次是企业在计量日获得类似资产或负债在活跃市场上的报价，或相同或类似资产或负债在非活跃市场上的报价的，以该报价为依据做必要调整确定公允价值；第三个层次是企业无法获得相同或类似资产可比市场交易价格的，以其他反映市场参与者对资产或负债定价时所使用的参数为依据确定公允价值。

1. 存在活跃市场的金融资产公允价值的确定

存在活跃市场的金融资产，活跃市场中的报价应当用于确定其公允价值。活跃市场中的报价是指易于定期从交易所、经纪商、行业协会、定价服务机构等获得的价格，且代表了在公平交易中实际发生的市场交易的价格。

①在活跃市场上，企业已持有的金融价格的报价，应当是现行出价；企业拟购入的金融资产的报价，应当是现行要价。

②企业持有可抵消市场风险的资产时，可采用市场中间价确定可抵消市场风险头寸的公允价值；同时，用出价或要价作为确定净敞口的公允价值。

③金融资产没有现行出价或要价，但最近交易日后经济环境没有发生重大变化的，企业应当采用最近交易的市场报价确定该金融资产的公允价值。最近交易日后经济环境发生了重大变化时，企业应当参考类似金融资产的现行价格或利率，调整最近交易的市场报价，以确定该金融资产的公允价值。

企业有足够的证据表明最近交易市场报价不是公允价值的，应当对最近交易的市场报价做出适当的调整，以确定该金融资产的公允价值。

④金融资产组合的公允价值，应当根据该组合内单项金融资产的数量与单位市场报价共同确定。

2. 不存在活跃市场的金融资产公允价值的确定

金融资产不存在活跃市场的，企业应当采用估值技术确定公允价值。采用估值技术得出的结果，应当反映估值日在公平交易中可能采用的交易价格。估值技术包括参考熟悉情况并自愿交易的各方最近进行的市场交易中使用的价格、参照实质上相同的其他金融资产的当前公允价值、现金流量折现法和期权定价模型等。

企业应当选择市场参与者普遍认同，且被以往市场实际交易价格验证具有可靠性的估值技术确定金融工具的公允价值。

①采用估值技术确定金融资产的公允价值时，应当尽可能地使用市场参与者在金融资产定价时考虑的所有市场参数，包括无风险利率、信用风险、外汇汇率、商品价格、股价或股价指数、金融工具价格未来波动率、提前偿还风险、金融资产或金融负债的服务成本等，尽可能不使用与企业特定相关的参数。

②企业应当定期使用没有经过修正或重新组合的金融资产公开交易价格校正所采用的估值技术，并测试该估值技术的有效性。

③金融资产的交易价格应当作为其初始确认时的公允价值的最好证据，但有客观证据

表明相同金融资产公开交易价格更公允，或采用仅考虑公开参数的估值技术确定的结果更公允的，不应当采用交易价格作为初始确认时的公允价值，而应当采用更公允的交易价格或估值结果确定公允价值。

④初始取得或源生的金融资产应当以市场交易价格作为确定其公允价值的基础。

⑤估值技术中的折现率应当区别以下情况确定：

一是债务工具的公允价值，应当根据取得日或发行日的市场情况和当前市场情况，或其他类似债务工具（即有类似的剩余期限、现金流量模式、标价币种、信用风险、担保和利率基础等）的当前市场利率确定。

二是债务人的信用风险和适用的信用风险贴水在债务工具发行后没有改变的，可使用基准利率估计当前市场利率确定债券工具的公允价值。债务人的信用风险和相应的信用风险贴水在债务工具发行后发生改变的，应当参考类似债务工具的当期价格或利率，并考虑金融工具之间的差异调整，确定债务工具的公允价值。

三是企业采用未来现金流量折现法确定金融资产公允价值的，应当使用合同条款和特征在实质上相同的其他金融资产的市场收益率作为折现率。金融资产合同的条款和特征，包括金融资产本身的信用质量、合同规定采用固定利率计息的剩余期间、支付本金的剩余期间以及支付时采用的货币等。

⑥没有标明利率的短期应收款项的现值与实际交易价格相差很小的，可以按照实际交易价格计量。

⑦在活跃市场中没有报价的权益工具投资，以及与该权益工具挂钩并须通过交付该权益工具结算的衍生工具，满足下列条件之一的，表明其公允价值能够可靠计量：该金融工具公允价值合理估计数的变动区间很小；该金融工具公允价值变动区间内，各种用于确定公允价值估计数的概率能够合理的确定。

三、金融工具的后续计量

1. 金融资产后续计量原则

金融资产的后续计量与金融资产的分类密切相关。企业应当按照以下原则对金融资产进行后续计量：

①以公允价值计量且其变动计入当期损益的金融资产，应当按照公允价值计量，且不扣除将来处置该金融资产时可能发生的交易费用；

②债权投资，应当采用实际利率法，按摊余成本计量；

③贷款和应收款项，应当采用实际利率法，按摊余成本计量；

④其他权益投资，应当按照公允价值计量，且不扣除将来处置该金融资产时可能发生的交易费用。

2. 实际利率法及摊余成本

（1）实际利率法

实际利率法，是指按照金融资产或金融负债（含一组金融资产或金融负债）的实际利率计算其摊余成本及各期利息收入或利息费用的方法。

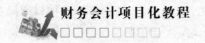

①实际利率，是指将金融资产或金融负债在预期存续期间或适用的更短期间内的外来现金流量，折现为该金融资产或金融负债当前账面价值所使用的利率。

②企业在初始确认以摊余成本计量的金融资产或金融负债时，就应当计算确定实际利率，并在相关金融资产或金融负债预期存续期间或适用的更短期间内保持不变。

在确定实际利率时，应当在考虑金融资产或金融负债所有合同条款（包括提前还款权、看涨期权、类似期权等）的基础上预计未来现金流量，但不应考虑未来信用损失。

金融资产或金融负债合同各方之间支付或收取的、属于实际利率组成部分的各项费用、交易费用及溢价或折价等应当在确定实际利率时予以考虑。金融资产或金融负债的未来现金流量或存续期间无法可靠预计时，应当采用该金融资产或金融负债在整个合同期内的现金流量。

（2）摊余成本

金融资产或金融负债的摊余成本，是指该金融资产或金融负债的初始确认金额经以下几点调整后的结果：

①扣除已偿还的本金。

②加上或减去采用实际利率法将该初始确认金额与到期日金额之间的差额进行摊销形成的累计摊销额。

③扣除已发生的减值损失（仅适用于金融资产）。

需要说明的是，对于要求采用实际利率法摊余成本进行后续计量的金融资产或金融负债，如果有客观证据表明该金融资产或金融负债按实际利率计算的各期利息收入或利息费用与名义利率计算的相差很小，也可以采用名义利率摊余成本进行后续计量。

3. 金融资产相关利得或损失的处理

①对于按照公允价值进行后续计量的金融资产，其公允价值变动形成利得或损失，除与套期保值有关外，应当按照下列规定处理：

一是以公允价值计量且其变动计入当期损益的金融资产公允价值变动形成的利得或损失，应计入当期损益；

二是以公允价值变动且其变动进入其他综合收益的金融资产公允价值变动形成的利得或损失，除减值损失和外币货币性金融资产形成的汇兑差额外，应当直接计入所有者权益，在该金融资产终止确认时转出，计入当期损益。

其中如有外币性金融资产形成的汇兑差额，应当计入当期损益。采用实际利率法计算的债权投资的利息收入，应当计入当期损益；可供出售权益工具投资的现金股利，应当在被投资单位宣告发放股利时计入当期损益。

②以摊余成本计量的金融资产，在发生减值、摊销或终止确认时产生的利得或损失，应当计入当期损益。但是，该金融资产被指定为被套期项目的，相关的利得和损失的处理，适用《企业会计准则第 24 号——套期保值》。

模块三　交易性金融资产

一、交易性金融资产的内容

交易性金融资产主要是指企业为了近期内出售而持有的金融资产，如企业以赚取差价为目的从二级市场购入的股票、债券、基金等。

二、交易性金融资产的账务处理

1. 交易性金融资产核算应设置的会计科目

为了反映和监督交易性金融资产的取得、收取现金股利或利息、出售等情况，企业应当设置“交易性金融资产”“公允价值变动损益”“投资收益”等科目进行核算。

“交易性金融资产”科目核算企业为交易目的所持有的债券投资、股票投资、基金投资等交易性金融资产的公允价值。企业持有的直接指定为以公允价值计量且其变动计入当期损益的金融资产也在“交易性金融资产”科目核算。“交易性金融资产”科目的借方登记交易性金融资产的取得成本、资产负债表日其公允价值高于账面余额的差额等；贷方登记资产负债表日其公允价值低于账面余额的差额，以及企业出售交易性金融资产时结转的成本和公允价值变动。企业应当按照交易性金融资产的类别和品种，分别设置“成本”“公允价值变动”等明细科目进行核算。

“公允价值变动损益”科目核算企业交易性金融资产等公允价值变动而形成的应计入当期损益的利得或损失。“公允价值变动损益”科目的借方登记资产负债表日企业持有的交易性金融资产等的公允价值低于账面余额的差额；贷方登记资产负债表日企业持有的交易性金融资产等的公允价值高于账面余额的差额。

“投资收益”科目核算企业持有交易性金融资产等期间内取得的投资收益以及出售交易性金融资产等实现的投资收益或投资损失，借方登记企业出售交易性金融资产等发生的投资损失，贷方登记企业持有交易性金融资产等期间内取得的投资收益以及出售交易性金融资产等实现的投资收益。

2. 交易性金融资产的取得

企业取得交易性金融资产时，应当按照该金融资产取得时的公允价值作为其初始入账金额。公允价值，是指在公平交易中，熟悉情况的交易双方自愿进行资产交换或者债务清偿的金额。金融资产的公允价值，应当以市场交易价格为基础加以确定。

企业取得交易性金融资产所支付价款中包含了已宣告但尚未发放的现金股利或已到付息期但尚未领取的债券利息的，应当单独确认为应收项目，不构成交易性金融资产的初始入账金额。

企业取得交易性金融资产所发生的相关交易费用应当在发生时作为投资收益进行会计

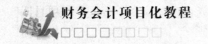

处理。交易费用是指可直接归属于购买、发行或处置金融工具新增的外部费用，包括支付给代理机构、咨询公司、券商等的手续费和佣金及其他必要支出。

企业取得交易性金融资产，应当按照该金融资产取得时的公允价值，借记“交易性金融资产——成本”科目；按照发生的交易费用，借记“投资收益”科目；按照已到付息期但尚未领取的利息或已宣告但尚未发放的现金股利，借记“应收利息”或“应收股利”科目；按照实际支付的金额，贷记“其他货币资金”等科目。

【例 4-1】 20×2 年 1 月 20 日，甲公司从上海证券交易所购入 A 上市公司股票 1 000 000股，并将其划分为交易性金融资产。该笔股票投资在购买日的公允价值为 10 000 000元。另支付相关交易费用金额为 25 000 元。甲公司应编制如下会计分录

①购买 A 上市公司股票时：

借：交易性金融资产——A 上市公司——成本　　10 000 000
　　贷：其他货币资金——存出投资款　　10 000 000

②支付相关交易费用时：

借：投资收益　　25 000
　　贷：其他货币资金——存出投资款　　25 000

在本例中，取得交易性金融资产所发生的相关交易费用 25 000 元，应当在发生时记入“投资收益”科目，而不记入“交易性金融资产——成本”科目。

3. 交易性金融资产的持有

第一，企业持有交易性金融资产期间对于被投资单位宣告发放的现金股利或企业在资产负债表日按分期付息、一次还本债券投资的票面利率计算的利息收入，应当确认为应收项目，并计入投资收益。

企业在持有交易性金融资产期间，取得被投资单位宣告发放的现金股利，或在资产负债表日按分期付息、一次还本债券投资的票面利率计算的利息收入，借记“应收股利”或“应收利息”科目，贷记“投资收益”科目。

【例 4-2】 20×2 年 1 月 1 日，甲公司购入 B 公司发行的公司债券，该笔债券于 20×1 年 7 月 1 日发行，面值为 25 000 000 元，票面利率为 4%。上年债券利息于下年初支付。甲公司将其划分为交易性金融资产，支付价款为 26 000 000 元（其中包含已到付息期但尚未领取的债券利息 500 000 元），另支付交易费用 300 000 元。20×2 年 1 月 8 日，甲公司收到该笔债券利息 500 000 元。20×3 年初，甲公司收到债券利息 1 000 000 元。甲公司应编制如下会计分录：

①20×2 年 1 月 1 日购入 B 公司的公司债券时：

借：交易性金融资产——B 公司债券——成本　　25 500 000
　　应收利息　　500 000
　　投资收益　　300 000
　　贷：其他货币资金——存出投资款　　26 300 000

②20×2 年 1 月 8 日，收到购买价款中包含的已到付息期但尚未领取的债券利息时：

借：其他货币资金——存出投资款　　500 000

贷：应收利息　　　　500 000

③20×2 年 12 月 31 日，确认 B 公司的公司债券利息收入 1 000 000（25 000 000×4%）元时：

借：应收利息　　　　1 000 000

贷：投资收益　　　　1 000 000

④20×3 年初，收到持有 B 公司的公司债券利息时：

借：其他货币资金——存出投资款　　　　1 000 000

贷：应收利息　　　　1 000 000

在本例中，取得交易性金融资产所支付价款中包含的已到付息期但尚未领取的债券利息 500 000 元，应当记入“应收利息”科目，而不记入“交易性金融资产——成本”科目。取得交易性金融资产所支付的价款 26 000 000 元扣除已到付息期但尚未取得的债券利息 500 000 元后的余额 25 500 000 元，应当记入“交易性金融资产——成本”科目。

第二，资产负债表日，交易性金融资产应当按照公允价值计量，公允价值与账面余额之间的差额计入当期损益。

企业应当在资产负债表日按照交易性金融资产公允价值高于其账面余额的差额，借记“交易性金融资产——公允价值变动”科目，贷记“公允价值变动损益”科目；公允价值低于其账面余额的差额做相反的会计分录。

【例 4-3】 承接【例 4-2】，假定 20×2 年 6 月 30 日，甲公司购买的 B 公司债券的公允价值（市价）为 27 800 000 元；20×2 年 12 月 31 日，甲公司购买的 B 公司债券的公允价值（市价）为 25 600 000 元。甲公司应编制如下会计分录：

①20×2 年 6 月 30 日，确认 B 公司债券的公允价值变动损益时：

借：交易性金融资产——B 公司债券——公允价值变动　　　　2 300 000

贷：公允价值变动损益——B 公司债券　　　　2 300 000

②20×2 年 12 月 31 日，确认 B 公司债券的公允价值变动损益时：

借：公允价值变动损益——B 公司债券　　　　2 200 000

贷：交易性金融资产——B 公司债券——公允价值变动　　　　2 200 000

在本例中，20×2 年 6 月 30 日，B 公司债券的公允价值为 27 800 000 元，账面余额为 25 500 000 元，公允价值大于账面余额 2 300 000 元，应记入“公允价值变动损益”科目的贷方；20×2 年 12 月 31 日，B 公司债券的公允价值为 25 600 000 元，账面余额为 27 800 000 元，公允价值小于账面余额 2 200 000 元，应记入“公允价值变动损益”科目的借方。

4. 交易性金融资产的出售

企业出售交易性金融资产时，应当将该金融资产出售时的公允价值与其账面余额之间的差额作为投资损益进行会计处理，同时，将原计入公允价值变动损益的该金融资产的公允价值变动转出，由公允价值变动损益转为投资收益。

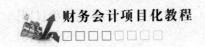

企业出售交易性金融资产，应当按照实际收到的金额，借记“其他货币资金”等科目；按照该金融资产的账面余额，贷记“交易性金融资产——成本、公允价值变动”科

目；按照其差额，贷记或借记“投资收益”科目。同时，将原计入该金融资产的公允价值变动转出，借记或贷记“公允价值变动损益”科目，贷记或借记“投资收益”科目。

【例 4-4】承接【例 4-3】，假定 20×3 年 1 月 15 日，甲公司出售了所持有的 B 公司债券，售价为 25 650 000 元。甲公司应编制如下会计分录：

借：其他货币资金——存出投资款　25 650 000
　贷：交易性金融资产——B 公司债券——成本　25 500 000
　　　　　　　　　　——B 公司债券——公允价值变动　100 000
　　投资收益　50 000

同时：

借：公允价值变动损益　100 000
　贷：投资收益　100 000

在本例中，企业出售交易性金融资产的售价 25 650 000 元与其账面余额 25 600 000 元之间的差额 50 000 元应当作为投资收益，记入“投资收益”科目。企业出售交易性金融资产时，还应将原计入该金融资产的公允价值变动转出，即出售交易性金融资产时，应按“公允价值变动”明细科目的贷方余额 100 000 元，借记“公允价值变动损益”科目，贷记“投资收益”科目。

模块四　债权投资

一、债权投资的概述

债权投资，是指到期日固定、回收金额固定或可确定，且企业有明确意图和能力持有至到期的非衍生金融资产。通常情况下，能够划分为债权投资的金融资产，主要是债券性投资，比如从二级市场购入的固定利率国债、浮动金融利率债券等。

企业不能将下列非衍生金融资产划分为债权投资：

①在初始确认时即被指定以公允价值计量且其变动计入当期损益的非衍生金融资产。

②在初始确认时被指定为可供出售的非衍生金融资产。

③符合贷款和应收款项定义的非衍生金融资产。

企业在将金融资产划分为债权投资时，该金融资产应具有以下特征：

1. 到期日固定、回收金额固定或可确定

“到期日固定、回收金额固定或可确定”是指相关合同明确了投资者在确定期间内获得或应收取的现金流量（如投资利息和本金等）的金额和时间。因此从投资者角度看，如果不考虑其他条件，在将某项投资划分为债权投资时，可以不考虑可能存在的发行方重大支付风险。

2. 有明确意图将该金融资产持有至到期

“有明确意图持有至到期”，是指投资者在取得投资时意图就是明确的，除非遇到一些

企业不能控制、预期不会发生且难以合理预计的独立事件，否则将持有至到期。

存在下列情况之一的，表明企业没有明确意图将金融资产投资持有至到期：

①持有该金融资产的期限不确定。

②发生市场利率变化、流动性需要变化、替代投资机会及其投资收益率变化、融资来源和条件变化、外汇风险等变化情况时，将出售该金融资产，但是，无法控制、预期不会重复发生且难以合理预计的独立事项引起的金融资产出售除外。

③该金融资产的发行方可以按照明显低于其摊余成本的金额清偿。

④其他表明企业没有明确意图将该金融资产持有至到期的情况。

据此，对于发行方可以赎回的债务工具，如发行方行使赎回权，投资者人可以收回几乎所有初始净投资（含支付的溢价和交易费用），那么投资者可以将此类投资划分为债权投资。但是，对于投资者有权要求发行方赎回的债务工具投资，投资者不能将其划分为债权投资。

3. 企业有能力将该金融资产持有至到期

"有能力持有至到期"，是指企业有足够的财务资源，并不受外部因素影响将投资持有至到期。

存在下列情况之一的，表明企业没有能力将具有固定期限的金融资产投资持有至到期：

①没有可利用的财务资源持续地为该金融资产投资提供支持，以使该金融资产投资持有至到期。

②受法律、行政法规的限制，使企业难以将该金融资产投资持有至到期。

③其他表明企业没有能力将具有固定期限的金融资产投资持有至到期的情况。

企业应当于每个资产负债表日对可债权投资的意图和能力进行评价。发生变化的，应当将其重分类为债权投资进行处理。

二、债权投资的核算

企业应设置"债权投资"的账户，核算债权投资的摊余成本。按照债权投资的类别和品种，分别按"成本""利息调整""应计利息"等进行明细核算。

1. 债权投资的取得

企业获得债权投资，应按该投资的面值，借记"债权投资——成本"账户；按支付的价款包含的已到付息期但尚未领取的利息，借记"应收利息"账户；按实际支付的金额，贷记"银行存款"等账户；按其差额，借记或贷记"债权投资——利息调整"账户。

【例 4-5】甲公司于20×1年1月1日购进乙公司于当日发行的面值为10万元、3年期到期还本付息的债券，共支付价款10.1万元，其中包括经纪人股佣金等费用1 000元。根据上述资料，编制会计分录如下：

借：债权投资——成本	100 000
债权投资——利息调整	1 000
贷：银行存款	101 000

2. 债权投资的后续计量

企业应当采用实际利率法，按摊余成本对债权投资进行后续计量。

其中，实际利率法，是指按照金融资产或金融负债（含一组金融资产或金融负债）的实际利率计算其摊余成本及各期利息收入或利息费用的方法。摊余成本，是指该金融资产的初始确认金额经下列调整后的结果：

①扣除已偿还的本金；

②加上或减去采用实际利率法将该初始确认金额于到期金额之间的差额进行摊销形成的累计摊销额；

③扣除已发生的减值损失（仅适用于金融资产）。

本期计提的利息＝期初摊余成本×实际利率

本期摊余成本即为上期期末摊余成本。

期末摊余成本＝期初摊余成本+本期计提的利息－本期收回的利息和本金－本期计提的减值准备

实际利率应当在取得债权投资时确定，实际利率与票面利率差别较小时，也可按票面利率计算利息收入，计入投资收益。

资产负债表日，债权投资为分期付息、一次还本债券投资的，应按票面利率计算确定的应收未收利息，借记“应收利息”账户；按债权投资摊余成本和实际利率将计算确定的利息收入，贷记“投资收益”账户；按其差额，借记或贷记“债权投资——利息调整”账户。

债权投资为一次还本付息债券投资的，应按票面利率计算确定的应收未收利息，借记“债权投资——应计利息”账户；按债权投资摊余成本和实际利率计算确定的利息收入，贷记“投资收益”账户；按其差额，借记或贷记“债权投资——利息调整”账户。

债券到期时，因利息调整金额已经摊销完毕，“债权投资”账户的余额为债券面值和应计利息。收回债券面值及应计利息时，借记“银行存款”账户，贷记“债权投资——成本、应计利息”账户。

【例 4-6】 20×1 年 1 月 1 日，甲公司支付价款 1 000 元（含交易费用）从活跃市场上购入 B 公司 5 年期债券，面值为 1 250 元，票面利率为 4. 72%。按年支付利息（即每年 59 元）本金债券到期时一次支付。合同约定，该债券的发行方在遇到特定情况时可以将债券赎回，且不需要为提前赎回支付额外款项。甲公司在购买该债券时，预计发行方不会提前赎回。甲公司将购入的该公司债券划分为债权投资，且不考虑所得税、减值损失等因素。

计算该债券的实际利率 r：

$59(1+r)^{-1}+59\times(1+r)^{-2}+59\times(1+r)^{-3}+59\times(1+r)^{-4}+(59+1\,250)\times(1+r)^{-5}=1\,000$ 元，由此得出，$r=10\%$，编制表 4-1。

表 4-1　　摊余成本表

单位：元

年份	期初摊余成本（A）	投资收益（$B=A\times r$）	应收利息（C）	利息调整（$D=B-C$）	期末摊余成本（$E=A+B-C$）
20×1	1 000	100	59	41	1 041
20×2	1 041	104	59	45	1 086
20×3	1 086	109	59	50	1 136
20×4	1 136	114	59	55	1 191
20×5	1 191	118	59	59	1 250

尾数调整 1 250+59−1 191＝118（元）

根据上述数据，甲公司的有关账务处理如下：

①20×1 年 1 月 1 日，购入债券：

借：债权投资——成本　　1 250

　贷：银行存款　　1 000

　　债权投资——利息调整　　250

②20×2 年 12 月 31 日，确认实际利息收入、收到票面利息等：

借：应收利息　　59

　债权投资——利息调整　　41

　贷：投资收益　　100

借：银行存款　　59

　贷：应收利息　　59

③20×2 年 12 月 31 日，确认实际利息收入、收到票面利息等：

借：应收利息　　59

　债权投资——利息调整　　45

　贷：投资收益　　104

④20×3 年 12 月 31 日，确认实际利息收入、收到票面利息等：

借：应收利息　　59

　债权投资——利息调整　　50

　贷：投资收益　　109

借：银行存款　　59

　贷：应收利息　　59

⑤20×4 年 12 月 31 日，确认实际利息、收到票面利息等：

借：应收利息　　59

　债权投资——利息调整　　55

　贷：投资收益　　114

借：银行存款　　59

贷：应收利息　59

⑥20×5 年 12 月 31 日，确认实际利息、收到本息等：

借：应收利息　59

　债权投资——利息调整　59

　贷：投资收益　118

借：银行存款　59

　贷：应收利息　59

借：银行存款　1 250

　贷：债权投资——成本　1 250

【例 4-7】上例中，假定甲公司购买的债券不是分次付息，而是到期一次还本付息，且利息不是以复利计算。

（59×5+1 250）×（1+r）$^{-5}$=1 000 元，由此得出 r≈9.05%，编制表 4-2：

表 4-2　摊余成本表

单位：元

年份	期初摊余成本（A）	投资收益（B=A×r）	应计利息（C）	利息调整（D=B−C）	期末摊余成本（E=A+B）
20×1	1 000	90. 5	59	31. 5	1 090. 5
20×2	1 090. 5	98. 69	59	39. 69	1 189. 19
20×3	1 189. 19	107. 62	59	48. 62	1 296. 81
20×4	1 296. 81	117. 36	59	58. 36	1 414. 17
20×5	1 414. 17	130. 83	59	71. 83	1 545

尾数调整：1 545−1 414. 17=130. 83（元）

根据上述数据，甲公司的账务处理如下：

①20×1 年 1 月 1 日，购入债券：

借：债权投资——成本　1 250

　贷：银行存款　1 000

　　债权投资——利息调整　250

②20×1 年 12 月 31 日，确认利息收入：

借：债权投资——应计利息　59

　——利息调整　31. 5

　贷：投资收益　90. 5

③20×2 年 12 月 31 日，确认实际利息收入：

借：债权投资——应计利息　59

　——利息调整　39. 69

　贷：投资收益　98. 69

④20×3 年 12 月 31 日，确认实际利息收入：

借：债权投资——应计利息　　59
　　　　　　——利息调整　　48.62
　贷：投资收益　　107.62

⑤20×4 年 12 月 31 日，确认实际利息收入：

借：债权投资——应计利息　　59
　　　　　　——利息调整　　58.36
　贷：投资收益　　117.36

⑥20×5 年 12 月 31 日，确认实际利息、收到本金和利息等：

借：债权投资——应计利息　　59
　　　　　　——利息调整　　71.83
　贷：投资收益　　130.83

借：银行存款　　1 545
　贷：债权投资——成本　　1 250
　　　　　　　——应计利息　　295

3. 债权投资的处置

出售债权投资，应按实际收到的金额，借记“银行存款”等账户；按其账面余额，贷记“债权投资——成本、利息调整、应计利息”账户；按其差额，贷记或借记“投资收益”账户。已计提减值准备的，还应同时结转减值准备。

【**例 4-8**】甲公司因急需资金，于 20×1 年 3 月 15 日将所持乙公司债券 1 000 张全部转让，取得转让收入 10.1 万元。因转让时尚未摊销利息调整为 1500 元（借方金额），因此转让时“债权投资”的账面价值为 10.15 万元（面值 10 万元，利息调整借方金额1 500 元）。甲公司做会计处理如下：

借：银行存款　　101 000
　　投资收益　　500
　贷：债权投资——成本　　100 000
　　　　　　　——利息调整　　1 500

模块五　公允价值计量且其变动计入其他综合收益的金融资产

一、以公允价值计量且其变动计入其他综合收益的金融资产概述

（一）其他债权投资概述

企业持有的普通债券的合同现金流量是到期收回本金及按约定利率在合同期间按时收取固定或浮动利息的权利。在没有其他特殊安排的情况下，普通债券的合同现金流量一般情况下可能符合仅为对本金和以未偿付本金金额为基础的利息支付的要求（业务模式 1）。

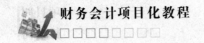

如果企业管理该债券的业务模式既以收取合同现金流量为目标又以出售该债券为目标（业务模式 2），则该债券应当分类为以公允价值计量且其变动计入其他综合收益的金融资产。

企业应当设置“其他债权投资”科目核算分类为以公允价值计量且其变动计入其他综合收益的金融资产。

（二）其他权益工具投资概述

企业可以将非交易性权益工具投资指定为以公允价值计量且其变动计入其他综合收益的金融资产，并按规定确认股利收入。该指定一经做出，不得撤销。企业投资其他上市公司股票或者非上市公司股权的，都可能属于这种情形。

初始确认时，企业可基于单项非交易性权益工具投资，将其指定为以公允价值计量且其变动计入其他综合收益的金融资产，其公允价值的后续变动计入其他综合收益，不须计提减值准备。除了获得的股利（明确代表投资成本部分收回的股利除外）计入当期损益外，其他相关的利得和损失（包括汇兑损益）均应当计入其他综合收益，且后续不得转入当期损益。当金融资产终止确认时，之前计入其他综合收益的累计利得或损失应当从其他综合收益中转出，计入留存收益。

二、以公允价值计量且其变动计入其他综合收益的金融资产的会计处理

（一）其他债权投资的会计处理

1. 初始成本的确定

其他债权投资的入账金额=购买价款-购买价款中包含的已到付息期但尚未领取的债券利息+交易费用

基本账务处理：

借：其他债权投资——成本（面值）

　　　　　　　　——应计利息（到期一次还本付息债券，实际付款中包含的利息）

　　应收利息（分期付息到期还本债券，已到付息期但尚未领取的利息）

　　贷：银行存款等

其他债权投资——利息调整（或借方）

【例 4-9】甲公司于 20×1 年 8 月 10 日从二级市场购入 A 种股票 100 万股，每股市价 10 元，手续费 20 000 元；初始确认时，该股票划分为其他权益投资。

借：其他权益投资——成本（公允价值与交易费用之和）　　10 020 000

　　贷：银行存款　　10 020 000

【例 4-10】甲公司于 20×1 年 1 月 1 日从二级市场购入乙公司发行的公司债券 1 100 万元。该债券的票面金额为 1 000 万元，票面利率为 12%，债券期限 3 年，债券按年付息。初始确认时，该股票划分为其他债权投资。

借：其他债权投资——成本（面值）　　10 000 000

　　其他债权投资——利息调整（差额）　　1 000 000

　　贷：银行存款　　11 000 000

2. 期末以公允价值进行后续计量，公允价值变动形成的利得或损失计入所有者权益(其他综合收益)

基本账务处理：

(1) 计提利息时：

借：应收利息（分期付息债券按票面利率计算的利息）

其他债权投资——应计利息（到期一次还本付息债券按票面利率计算的利息）

——利息调整（或贷方）

贷：投资收益（期初账面余额×实际利率）

(2) 资产负债表日公允价值正常变动

①公允价值上升

借：其他债权投资——公允价值变动

贷：其他综合收益——其他债权投资公允价值变动

②公允价值下降

借：其他综合收益——其他债权投资公允价值变动

贷：其他债权投资——公允价值变动

该金融资产计入各期损益的金额应当与视同其一直按摊余成本计量而计入各期损益的金额相等，即此公允价值的调整不影响每期计算的投资收益。

【例 4-11】 承接【例 4-9】的资料，甲公司购入 A 种股票 100 万股，20×1 年 12 月 31 日，A 种股票的市场价格为每股 12 元。20×2 年 6 月 30 日，A 种股票的市场价格为每股 9 元。

①20×1 年 12 月 31 日，确认 A 种股票的公允价值变动时：

A 种股票的公允价值变动额=100×12-100×10=200（万元）

借：其他权益投资——公允价值变动　　2 000 000

贷：其他综合收益　　2 000 000

②20×2 年 6 月 30 日，确认 A 种股票的公允价值变动时：

A 种股票的公允价值变动额=100×9-100×12=-300（万元）

借：其他综合收益　　3 000 000

贷：其他权益投资——公允价值变动　　3 000 000

3. 出售其他债权投资

该金融资产终止确认时，之前计入其他综合收益的累计利得或损失应当从其他综合收益中转出，计入当期损益（投资收益）。

基本账务处理：

借：银行存款等

贷：其他债权投资

投资收益（或借方）

同时：

借：其他综合收益

贷：投资收益

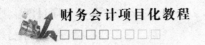

或做相反分录。

【例 4-12】 承接【例 4-11】的资料，甲公司将购入 A 种股票 100 万股，于 20×2 年 10 月 25 日出售，售价为每股 15 元，另支付交易费用 3 万元。假定不考虑其他因素，甲公司的会计分录如下：

借：银行存款　　14 970 000
　　其他债权投资——公允价值变动　　1 000 000
　　贷：其他债权投资——成本　　1 020 000
　　　　其他综合收益　　1 000 000
　　　　投资收益　　4 950 000

【例 4-13】 20×1 年 10 月，甲公司未解决资金紧张问题，将所持有的、原划分为其他权益工具投资的某公司债券于 11 月 1 日对外出售投资的额 10%，收取价款 120 000 元（即所出售债券的公允价值）。暂定 11 月 1 日该债券出售前的账面余额（成本）为 10 000 000 元，不考虑债券出售等其他相关因素的影响，则甲公司做会计分录如下：

借：银行存款　　1 200 000
　　贷：其他权益工具投资——成本　　1 000 000
　　　　投资收益　　200 000
借：其他债权投资——成本　　10 800 000
　　贷：其他权益工具投资——成本　　9 000 000
　　　　其他综合收益　　1 800 000

模块六　长期股权投资

一、长期股权投资的概述

长期股权投资是指企业准备长期持有的权益性投资。长期股权投资依据对被投资单位的影响，分为以下三种类型：

1. 控制

控制是指有权决定一个企业的财务和经营政策，并据此从该企业的经营活动中获取利益。投资企业能够对被投资企业实施控制的，被投资单位为其子公司。

2. 共同控制

共同控制是指按照合同约定对某项经济活动所共有的控制。合营各方均受到合营合同的限制和约束，任何一个合营方均不能单独控制合营企业的生产经营活动，涉及合营企业基本经营活动的决策需要各合营方一致同意。投资企业与其他合营方一同对被投资单位实施共同控制的，被投资单位为其合营企业。

3. 重大影响

重大影响是指对一个企业的财务和经营政策有参与决策的权力，但并不能够控制或者与其他方一起共同控制这些政策的制定。投资企业能够对被投资单位施加重大影响的，被投资单位为其联营企业。

二、长期股权投资的初始计量

长期股权投资在取得时应按照初始投资成本入账。长期股权投资的初始投资成本应分别按照企业合并和非企业合并两种情况确定。

1. 企业合并形成的长期股权投资

企业合并，是指将两个或两个以上单独的企业合并形成一个报告主体的交易或事项，根据参与合并的企业在合并前后是否受同一方或相同的多方最终控制，分为同一控制下的企业合并与非同一控制下的企业合并。

（1）同一控制下企业合并形成的长期股权投资

合并方以支付现金、转让非现金资产或承担债务方式作为合并对价的，应当在合并日按照取得被合并方所有者权益账面价值的份额作为长期股权投资的初始投资成本。长期股权投资的初始投资成本与支付的现金、转让的非现金资产及所承担的债务账面价值之间的差额，应当调整资本公积；资本公积不足冲减的，调整留存收益。

合并方以发行权益性证券作为合并对价的，应按照发行股份的面值总额作为股本；长期股权投资的初始投资成本与所发行股份面值总额之间的差额，应当调整资本公积；资本公积不足冲减的，调整留存收益。

同一控制下的企业合并中，合并方发生的审计、法律服务、评估咨询等中介费用以及其他相关管理费用，应当于发生时计入当期损益。

【例 4-14】 20×1 年 3 月，甲公司通过增发 4 000 万股普通股（每股面值一元）取得同一集团内 A 公司 80%的股权，并于当日起对 A 公司实施控制。按照增发前后的平均股价计算，该 4 000 万股股份的公允价值为 20 200 万元。合并日，A 公司所有者权益总额为 25 000万元。则甲公司长期股权投资的初始投资成本为 20 000 万元（25 000 万元×80%）。会计分录如下：

借：长期股权投资——A 公司	200 000 000	
贷：股本		40 000 000
资本公积——股本溢价		160 000 000

（2）非同一控制下企业合并形成的长期股权投资

非同一控制下的控股合并中，购买方应当按照确定的企业合并成本作为长期股权投资的初始投资成本。企业合并成本包括购买方付出的资产、发生或承担的负债、发行的权益性债券的公允价值。其中，支付非货币性资产为对价的，所支付非货币性资产在购买日的公允价值与其账面价值的差额应作为资产处置损益，计入企业合并当期的利润表。

通过多次交换交易，分步取得股权最终形成企业合并的，企业合并成本为每一单项交换交易的成本之和。

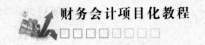

非同一控制下的企业合并中，购买方发生的审计、法律服务、评估咨询等中介费用以

及其他相关管理费用，应当于发生时计入当期损益。

【例 4-15】甲公司支付现金 5 000 万元和所持有的专利权作为对价，自乙公司的控股股东处购入乙公司 70%的股权，作为合并对价的专利的账面原值为 4 800 万元，累计摊销 1 000 万元，其目前市场价格为 7 000 万元。则企业合并成本即长期股权投资的初始投资成本为 12 000 万元。会计分录如下：

借：长期股权投资——乙公司	120 000 000	
累计摊销	10 000 000	
贷：银行存款		50 000 000
无形资产——专利权		48 000 000
营业外收入		32 000 000

2. 企业合并以外方式形成的长期股权投资

①以支付现金取得长期股权投资，应当按照实际支付购买价款作为初始投资成本。初始投资成本包括与取得长期股权投资直接相关的费用、税金及其他必要支出。

【例 4-16】甲公司于 20×1 年 2 月 1 日购入乙公司 20%的股份，实际支付价款 9 000 万元。另外，在购买过程中支付手续费等相关费用 400 万元。该股份取得后能够对乙公司施加重大影响。甲公司取得长期股权投资时，会计处理如下：

借：长期股权投资——乙公司	94 000 000	
贷：银行存款		94 000 000

②以发行权益性证券方式取得的长期股权投资，其成本为所发行权益性证券的公允价值。为发行权益性证券支付的手续费、佣金等应自权益性证券的溢价发行收入中扣除，溢价收入不足的，应冲减盈余公积和未分配利润。

【例 4-17】20×1 年 3 月，甲公司通过增发 1 000 万股普通股（每股面值 1 元）取得 B 公司 20%的股权，按照增发前后的平均股价计算，该 1 000 万股股份的公允价值为 5 200 万元。

该股份取得后能够对 B 公司施加重大影响。会计处理如下：

借：长期股权投资——B 公司	52 000 000	
贷：股本		10 000 000
资本公积——股本溢价		42 000 000

③投资者投入的长期股权投资，按照投资合同或协议约定的价值作为初始投资成本，但合同或协议约定的价值不公允的除外。

除上述方式外，以非货币性资产交换、债务重组等方式取得的长期股权投资，其初始投资成本的确定，见本书项目十一和项目十二相关内容。

企业取得长期股权投资，实际支付的价款或对价中包含的已宣告但尚未发放的现金股利或利润，作为应收项目处理，不构成取得长期股权投资成本。

三、长期股权投资成本法核算

长期股权投资在持续持有期间，视对被投资单位的影响程度等状况的不同，应分别采用成本法及权益法进行核算。

1. 成本法概述

成本法是指长期股权投资按照投资成本计价的方法。

(1) 成本法的适用范围

投资企业能够对被投资单位实施控制，即对子公司投资。

(2) 成本法的核算程序

①初始投资或追加投资时，按照初始投资或追加投资时的投资成本增加长期股权投资的账面价值。

②被投资单位宣告分派的利润或现金股利，投资企业应享有的部分，应当确认当期投资收益。

2. 成本法的账务处理

第一，初始投资或追加投资时，按照确定的初始投资成本增加长期股权投资的账面价值，借记“长期股权投资”账户，贷记“银行存款”账户。

【例 4-18】甲公司 20×1 年 1 月 3 日以每股 6 元的价格购入 A 公司每股面值为 1 元的股票 300 万股，占 A 公司总股本的 10%，准备长期持有，同时支付相关税费 3 万元。甲公司做会计分录如下：

借：长期股权投资——A 公司　　18 030 000

　　贷：银行存款　　18 030 000

【例 4-19】甲公司 20×1 年 4 月 2 日购入 B 公司股份 5 万股，每股价格 14 元（其中包含已对外宣告尚未发放的股利 0.2 元），另支付相关税费 3 000 元。甲公司购入 B 公司股份占 B 公司表决权资本的 3%，并准备长期持有。甲公司于 4 月 10 日 收到买价中包含的股利 1 万元。甲公司会计分录如下：

计算初始成本：50 000×（14−0.2）+3 000=693 000（元）

①20×1 年 4 月 2 日购入股份：

借：长期股权投资——B 公司　　693 000

　　应收股利　　10 000

　　贷：银行存款　　703 000

②20×1 年 4 月 10 日收到现金股利：

借：银行存款　　10 000

　　贷：应收股利　　10 000

第二，被投资单位宣告分派利润或现金股利时，将投资单位应享有的份额部分，借记“应收股利”账户，贷记“投资收益”账户。

【例 4-20】甲公司 20×1 年 1 月 1 日以银行存款购入 C 公司 10%的股份，并准备长期持有，按照成本法核算该项长期股权投资，实际投资成本为 110 万元。C 公司于 20×1 年 5 月 2 日宣告分派 20×1 年度的现金股利 100 万元。假设 C 公司 20×1 年实现净利润 400 万元；20×2 年 5 月 1 日宣告分派现金股利 300 万元。甲公司做会计分录如下：

①20×1 年 1 月 1 日宣告发放现金股利

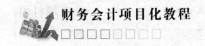

借：长期股权投资——C 公司　　1 100 000

　　贷：银行存款　　1 100 000

②20×1 年 5 月 2 日宣告发放现金股利

借：应收股利　　1 000 000

　　贷：投资收益　　1 000 000

③20×2 年 5 月 1 日宣告发放现金股利

借：应收股利　　3 000 000

　　贷：投资收益　　3 000 000

第三，企业处置长期股权投资时，按照实际取得的价款与长期股权投资的账面价值之间的差额确认为投资损益，并同时结转已计提的长期股权投资减值准备。

【例 4-21】承接【例 4-19】甲公司将其持有的 B 公司长期股权投资以每股 15 元的价格卖出，支付相关税费 5 000 元，取得价款 74. 5 万元，款项已存银行。假定没有计提减值准备。甲公司做会计分录如下：

借：银行存款　　745 000

　　贷：长期股权投资——B 公司　　693 000

　　　　投资收益　　52 000

四、长期股权投资权益法核算

1. 权益法概述

权益法，是指长期股权投资最初以初始投资成本计价，以后根据投资企业享有被投资单位所有者权益份额的变动对投资的账面价值进行调整的方法。

（1）权益法的适用范围

①投资企业对被投资单位具有共同控制，即对合营企业投资。

②投资企业对被投资单位能够施加重大影响，即对联营企业投资。

（2）权益法的核算程序

①初始投资或追加投资时，按照初始投资或追加投资时的投资成本增加长期股权投资的账面价值。比较初始投资成本与投资时应享有被投资单位可辨认净资产公允价值的份额，对于初始成本大于应享有被投资单位可辨认净资产公允价值份额的，不要求调整长期股权投资的成本；对于初始投资成本小于应享有被投资单位可辨认净资产公允价值份额的，应对长期股权投资的成本进行调整，计入取得投资当期的损益。

②投资持有期间，随着被投资单位所有者权益的变动，相应调整增加或减少长期股权投资的账面价值。

③被投资单位宣告分派现金股利或利润时，投照资企业按持股比例计算应分得的部分，一般应冲减长期股权投资的账面价值。

2. 权益法的账面处理

采用权益法核算时，企业应当设置“成本”“损益调整”“其他权益变动”明细账户，对长期股权投资账面余额的增减变动因素分别核算和反映。

(1) 初始投资成本的调整

初始投资成本小于投资时占被投资单位可辨认净资产公允价值份额之间的差额调整投资成本，同时计入营业外收入；初始投资成本大于投资时占被投资单位可辨认净资产公允价值份额之间的差额，不调整投资成本。

【例 4-22】甲公司以 2 000 万元取得 A 公司 30%的股权，取得投资时 A 公司可辨认净资产的公允价值为 6 000 万元。假定甲公司能够对 A 公司施加重大影响，则甲公司做会计分录如下：

借：长期股权投资——A 公司——成本　　20 000 000

　　贷：银行存款　　20 000 000

若投资时甲公司占 A 公司可辨认净资产公允价值的份额 2 100 万元（7 000 万元×30%），调整长期股权投资的账面价值，做会计分录如下：

借：长期股权投资——A 公司——成本　　10 000 000

　　贷：营业外收入　　10 000 000

(2) 投资损益调整

投资企业取得长期股权投资后，应当按照应享有或应分担被投资单位实现净利润或发生净亏损的份额，调整长期股权投资的账面价值，并确认当期投资收益或投资损失。确认投资收益时，借记“长期股权投资——损益调整”账户，贷记“投资收益”账户；确认投资损失时，做相反会计分录。

在确认应享有被投资单位的净利润或净亏损时，主要应考虑以下因素对被投资单位净利润的影响：

①投资企业在确认应享有被投资单位净损益的份额时，应当以取得投资时被投资单位各项可辨认资产的公允价值为基础，对被投资单位的净利润进行调整后确认。

②被投资单位采用的会计政策和会计期间与投资企业不一致时，应按照投资企业的会计政策和会计期间对被投资单位的财务报表进行调整，以调整后的净利润为基础计算确认投资损益。

投资企业无法合理确定取得投资时，被投资单位各项可辨认资产公允价值的；或者投资时被投资单位可辨认资产的公允价值与账面价值相比，两者之间的差额不具重要性的；或是无法取得对被投资单位净利润进行调整所需资料的，可以按照被投资单位的账面净利润与持股比例计算的结果直接确认为投资收益。

【例 4-23】甲公司于 20×1 年 1 月 1 日取得乙联营企业 30%的股权，取得投资时乙企业的固定资产公允价值为 1 000 万元，账面价值为 700 万元。假定固定资产的预计使用年限为 10 年、净残值为零，按照直线法计提折旧。乙企业 20×1 年度利润表中净利润为 600 万元。

乙企业当期利润表中已按照其账面价值计算扣除的固定资产折旧费用为 70 万元，按照取得资产时点上固定资产的公允价值计算确定的折旧费用为 100 万元。假定不考虑所得税影响，按照该固定资产的公允价值计算的净利润为 570 万元（600−30），甲公司按照持股比例计算确认当期投资收益为 171 万元（570×30%）。

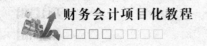

借：长期股权投资——乙企业——损益调整　　1 710 000

　　贷：投资收益　　1 710 000

③在确认投资收益时，对于投资企业与其联营企业和合营企业之间发生的未实现内部交易损益也应予以抵消。该未实现内部交易既包括顺流交易也包括逆流交易，其中，顺流交易是指投资企业向其联营企业或合营企业出售资产的交易，逆流交易是指联营企业或合营企业向投资企业出售资产的交易。当该未实现内部交易损益体现在投资企业或其联营企业、合营企业持有的资产账面价值中时，相关的损益在计算确认投资损益时应予以抵消。

【例 4-24】甲公司于20×1 年 1 月 1 日取得乙公司 20%的有表决权的股份，能够对乙公司施加重大影响。甲公司取得该项投资时，乙公司各项可辨认资产、负债的公允价值与其账面价值相同。20×1 年 8 月，乙公司将其成本为 1 000 000 元的某商品以 1 500 000 元的价格出售给甲公司，甲公司将取得的商品作为存货。至 20×1 年 12 月 31 日，甲公司仍未对外出售该存货。乙公司 20×1 年实现净利润 4 800 000 元。假定不考虑所得税因素，甲公司在按照权益法确认应享有乙公司 20×1 年净损益时，做会计分录如下：

借：长期股权投资——乙公司——损益调整　　860 000

　　贷：投资收益　　860 000

【例 4-25】甲公司持有乙公司 20%的有表决权的股份，能够对乙公司施加重大影响。20×1 年，甲公司将其账面价值为 1 000 000 元的商品以 1 500 000 元的价格出售给乙公司。至 20×1 年 12 月 31 日时，乙公司未将该批商品对外部独立第三方出售。甲公司取得该项投资时，乙公司各项可辨认净资产、负债的公允价值与其账面价值相同，两者在以前期间未发生过内部交易。乙公司 20×1 年实现净利润 2 000 000 元。假定不考虑所得税因素，甲公司在该项交易中实现净利润 500 000 元，其中的 100 000 元是针对本公司持有的对联营企业的权益份额，在采用权益法计算确认投资损益时应予以抵消。甲公司应做会计分录如下：

借：长期股权投资——乙公司——损益调整　　300 000

　　贷：投资收益　　300 000

应当说明的是，投资企业与其联营企业及合营企业之间发生的无论是顺流交易还是逆流交易产生的未实现内部交易损失，属于所转让资产发生减值损失的，有关的未实现内部交易损失不应予以抵消。

3. 超额亏损的确认

权益法下，投资企业在确认应分担被投资单位发生的亏损时，应按照以下顺序处理：

首先，减记长期股权投资的账面价值。

其次，在长期股权投资的账面价值减记至零的情况下，则以其他实质上构成对被投资单位净投资的长期权益账面价值为限，继续减记。

最后，经过上述处理，如果按照投资合同或协议约定，投资企业需要承担额外义务的，按照《企业会计准则第 13 号——或有事项》准则的规定，对于符合条件的义务，应确认为当期损失，同时确认预计负债。

除按照上述顺序已确认的损失以外仍有额外损失的，应在账外做备查登记，不再予以确认。

在确认了有关投资损失以后，被投资单位于以后期间实现赢利的，应按照以上相反顺序分别减记账外备查登记的金额、已确认的预计负债、恢复其他实质上构成对被投资单位净投资的长期权益及长期股权投资的账面价值，同时确认投资收益。

【例 4-26】 甲公司持有乙公司 40%的股权，20×1 年 12 月 31 日投资的账面价值为 1 000万元。乙公司 20×2 年亏损 2 000 万元。假定取得投资时点被投资单位各资产公允价值等于账面价值，双方采用的会计政策、会计期间相同。则：甲公司 20×2 年应确认投资损失 800 万元，长期股权投资账面价值降至 200 万元。做会计分录如下：

借：投资收益　　8 000 000

　　贷：长期股权投资——乙公司——损益调整　　8 000 000

如果上述乙公司 20×1 年的亏损额为 3 000 万元，当年度甲公司应分担损失 1 200 万元，长期股权投资账面价值减至 0。甲公司做会计分录如下：

借：投资收益　　10 000 000

　　贷：长期股权投资——乙公司——损益调整　　10 000 000

如果甲公司有应收乙公司长期应收款 300 万元，该笔应收款没有清收计划，则应进一步确认损失 200 万元，冲减长期应收款。会计分录如下：

借：投资收益　　2 000 000

　　贷：长期应收款　　2 000 000

4. 取得现金股利或利润的处理

权益法下，投资企业自被投资单位取得的现金股利或利润，应冲减长期股权投资的账面价值。在被投资单位宣告分派现金股利或利润时，借记“应收股利”账户，贷记“长期股权投资——损益调整”账户。自被投资单位取得的现金股利或利润超过已确认损益调整的部分，应视同投资成本的收回，冲减长期股权投资的账面价值。

收到被投资单位宣告发放的股票股利，不进行账务处理，但应在备查簿中登记，注明单位股份的价格。

5. 被投资单位除净损益外所有者权益的其他变动

投资企业对于被投资单位除净损益外所有者权益的其他变动，在持股比例不变的情况下，按照持股比例计算应持有或承担的部分，借记“长期股权投资——其他权益变动”账户，贷记“其他综合收益”账户，或做相反会计分录。

【例 4-27】 甲公司 20×1 年 1 月 5 日向 A 公司投资 600 万元，获得 A 公司 40%的股份，具有重大影响。假定取得投资时点被投资单位各资产、负债的公允价值等于账面价值，双方采用的会计政策、会计期间相同。20×1 年 A 公司全年实现净利润 400 万元，当期 A 公司因持有的债权投资公允价值的变动，计入其他综合收益的金额为 80 万元；20×2 年 2 月 1 日宣告分派现金股利 300 万元；20×2 年 2 月 20 日收到股利存入银行。假定不考虑所得税因素。

甲公司做会计分录如下：

①20×1 年 1 月 5 日投资

借：长期股权投资——A公司——成本　　6 000 000
　　贷：银行存款　　6 000 000

②20×1年12月31日

借：长期股权投资——A公司——损益调整　　1 600 000
　　贷：投资收益　　1 600 000

借：长期股权投资——A公司——其他权益变动　　320 000
　　贷：其他综合收益　　320 000

③20×2年2月1日宣告分派现金股利

借：应收股利——A公司　　1 200 000
　　贷：长期股权投资——A公司——损益调整　　1 200 000

④20×2年2月20日收到股利

借：银行存款　　1 200 000
　　贷：应收股利　　1 200 000

6. 长期股权投资的处置

企业处置长期股权投资时，按照取得的价款与长期股权投资的账面价值之间的差额确认为投资损益，并同时结转已计提的长期股权投资的减值准备；原计入资本公积、其他综合收益的金额，在处置时也应进行结转，将与所出售股权相对应的部分在处置时自资本公积、其他综合收益转入当期损益。

【例4-28】甲公司原持有乙公司40%的股权，20×1年11月30日，甲公司出售所持有的乙公司股权中的25%，出售时甲公司账面上对乙公司长期股权投资的构成为：投资成本为3 600 000元，损益调整为960 000元，其他权益变动600 000元。出售取得价款1 410 000元。

①甲公司确认处置损益的账务处理为：

借：银行存款　　1 410 000
　　贷：长期股权投资——乙公司——成本　　900 000
　　　　　　　　　　　　　　——损益调整　　240 000
　　　　　　　　　　　　　　——其他权益变动　　150 000
　　　　投资收益　　120 000

②除应将实际取得价款与出售长期股权投资的账面价值进行结转，确认为处置当期损益外，还应将原计入资本公积的部分按照比例转入当期损益。

借：其他综合收益——乙公司　　150 000
　　贷：投资收益　　150 000

内容小结

本项目重点阐述了非流动金融资产、债权投资的初始计量和后续计量，详细讲述了其他权益工具投资的摊余成本的计算方法。在阐述长期股权投资的内容的基础上，重点阐述了取得投资时的核算。首先，判断是不是合并形成的长期股权投资，区分同一控制和非同一控制下的企业合并，进行初始确认；其次，着重讲解了长期股权投资后续计量的核算，成本法和权益法的核算；最后，介绍了长期股权的处置。

项目五　财产物资管理岗

学习目标

①了解企业财产物资管理岗岗位的职责、核算任务，会确定企业存货的范围，能准确判断存货的入账时间及入账成本，了解存货的分类、计价、收发核算的手续。了解国家关于固定资产、无形资产、投资性房地产会计准则以及会计法规的有关规定。

②理解存货核算的方法，能准确计算存货发出的成本，会判断存货的减值及进行相应处理。理解固定资产、无形资产、投资性房地产的概念及相关业务的会计处理原则。

③掌握存货的定义和确认条件及存货的入账价值的确定、存货发出的计价方法。掌握用实际成本和计划成本核算原材料的方法。掌握固定资产的取得方式及其账务处理及固定资产后续支出的核算。掌握无形资产初始计量的账务处理及无形资产内部研究开发费用的会计处理。掌握无形资产摊销和处置的账务处理。掌握投资性房地产的定义、特征及范围及投资性房地产不同计量模式下的会计处理。

模块一　财产物资管理岗岗位基本工作规范及工作内容

一、财产物资管理岗岗位基本工作规范

1. 存货核算岗岗位基本工作规范

存货核算岗就是对单位的产成品或商品、在产品、原材料和周转材料在采购、储存和销售过程中进行核算、记录和管理的会计岗位。存货核算岗的岗位职责是做好存货业务的原始凭证审核和记账凭证的编制，登记存货的总账和明细账，存货的入库、发出，期末存货的计价、核算，存货的清查等工作。具体内容如以下几点：

①认真审核存货业务的原始凭证，编制存货业务的记账凭证。

②合理设置存货账簿，及时正确登记存货的总账和明细账。

③会同有关部门拟定材料物资管理与核算实施办法。

④审查采购计划，控制采购成本，防止盲目采购。

⑤负责存货明细核算。对已验收入库尚未付款的材料，月终要估价入账。

⑥参与库存盘点，处理清查账物。

⑦分析储备情况，防止呆滞积压。对于超过正常储备期和长期呆滞积压的存货，分析原因，提出处理意见和建议，督促有关部门处理。

2. 长期资产核算岗岗位基本工作规范

①正确掌握并执行各项财务政策，遵守国家法律法规，秉公办事，牢记会计人员职业道德。

②正确掌握固定资产划分标准，按照规定的折旧方法计提固定资产折旧、计提无形资产摊销。

③建立健全固定资产、无形资产的总账、明细分类账、资产卡片，必须保证固定资产的账、卡物、资金相符。

④及时办理固定资产、无形资产的增加减少等手续。

⑤每年年底或特定时日对固定资产进行盘点清查，发现盘盈、盘亏、毁损情况，按照规定办理报批手续。

⑥资产使用到期或因特殊原因须提前报废者，办理报废申请，并会同实物管理人员，清理移交报废设备资产，防止资产流失。

二、财产物资管理岗岗位工作内容

1. 存货核算岗岗位工作内容

存货是单位重要的财产物资，期末存货成本的高低对生产成本和利润有直接的影响。存货核算会计在会计核算中起着重要的作用，其工作内容主要包括核算、反映、监督和管理四方面。

（1）正确对存货进行核算

存货核算主要是对存货取得计价的计算，包括发出存货计价的计算和期末存货计价的计算，以及特殊情况下存货估价的计算。根据现金、银行转账凭证登记存货明细账；对领料单加以汇总算出发出存货实际成本；结余期末存货；做好对账工作，做到账证、账账、账实相符。

（2）根据实际情况制订计划

制订计划主要是对各种存货进行总账和明细账登记，随时掌握各种存货的收发存情况，提供发出存货的成本并根据存货的库存情况向有关部门提出采购计划和用料计划。

（3）监督存货全过程的管理和使用

监督存货全过程的管理和使用主要是指对存货业务的单据的审核和对存货业务全过程的审查，对其合法性、合理性、有效性进行监督。督促各部门做好用料计划，专人开票、专人领料、专人负责。

（4）掌握各部门对存货管理的职责分工

掌握各部门对存货管理的职责分工主要是指对存货的采购计划、存货的购进、存货的发出、期末库存存货以及存货的盘点进行管理，以正确核算存货的成本，加强单位资产管理，避免出现存货不足或存货积压的现象。

2. 长期资产（固定资产、无形资产、投资性房地产）管理岗岗位工作内容

（1）负责长期资产的核算与管理

结合企业生产经营的实际和固定资产、无形资产的配置情况，会同有关职能部门，建立健全固定资产、在建工程、无形资产、投资性房地产的管理与核算办法。

（2）建立健全固定资产卡片和占用明细账

负责建立健全固定资产卡片和各单位固定资产占用明细账，做到账、卡、物、资金四对口，设置固定资产登记簿，组织填写固定资产卡片，按照固定资产类别、使用部门和每项固定资产进行明细核算。

（3）会同有关职能部门完善长期资产管理的基础工作

建立严格的长期资产明细核算凭证传递手续，加强固定资产、无形资产、投资性房地产增减的日常核算与监督。按照有关规定根据与固定资产、无形资产、投资性房地产有关的经济利益的预期实现方式选择固定资产折旧方法及无形资产、投资性房地产的摊销方法。

（4）会同有关部门定期组织固定资产、无形资产、投资性房地产清查盘点工作

汇总清查盘点结果，发现问题，查明原因，及时妥善处理；按照规定的报批程序，办理固定资产、无形资产盘盈、盘亏的审批手续，经批准后办理转销的账务处理。

（5）经常了解主要固定资产的使用情况

运用有关核算资料分析固定资产的利用效果，改善固定资产的管理工作，提高其利用效率，向企业相关部门和人员提供有价值的会计信息或建议。

模块二　存　货

一、存货的概念及特点

1. 存货的概念

存货是指企业在日常活动中持有以备出售的产成品或商品、处在生产过程中的在产品、在生产过程或提供劳务过程中耗用的材料和物料等。

2. 存货的特点

①企业持有存货的目的在于准备在正常经营过程中予以出售，或者将在生产或提供劳务的过程中耗用，制成产成品后再予以出售，或者仍然处在生产过程中。存货的这一特征，使其与企业储存的用于工程建设的各种工程物资相区别。

②存货属于有形资产，具有物质实体。存货的这一特征，使其与企业的许多其他无实物形态的资产相区别。

③存货属于流动资产，具有较大的流动性，但其流动性又低于现金、应收账款等其他流动资产。

二、存货的确认

企业确认某项资产是否作为存货进行核算，首先要看其是否符合存货的概念，其中一个主要的衡量标准就是企业能否控制该存货产生的经济利益，具体表现为企业是否拥有该项存货的所有权。在此前提下，还应考虑同时符合以下两个条件，才能作为存货进行核算：

1. 该存货有关的经济利益很可能流入企业

对存货的确认，关键是判断是否很可能给企业带来经济利益或者所包含的经济利益是否很可能流入企业。通常认为拥有存货的所有权是存货包含的经济利益很可能流入企业的一个重要标志。

2. 该存货的成本能够可靠地计量

存货的成本能够可靠计量是资产确认的一个基本条件。如果存货的成本不能可靠计量，就不能对该项存货进行确认。

三、存货的内容

企业的存货通常包括以下几点：

1. 原材料

原材料是指企业在生产过程中经加工改变其形态或性质并构成产品主要实体的各种原料及主要材料、辅助材料、外购半成品（外购件）、修理用备件（备品备件）、包装材料、燃料等。为建造固定资产等各项工程而储备的各种材料，虽然同属于材料，但是由于用于建造固定资产等各项工程，不符合存货的定义，因此不能作为企业存货。

2. 在产品

在产品是指企业正在制造尚未完工的产品，包括正在各个生产工序加工的产品，和已加工完毕但尚未检验或已检验但尚未办理入库手续的产品。

3. 半成品

半成品是指经过一定生产过程并已检验合格交付半成品仓库保管，但尚未制造完工成为产成品，仍须进一步加工的中间产品。

4. 产成品

产成品是指工业企业已经完成全部生产过程并验收入库，可以按照合同规定的条件送交订货单位，或者可以作为商品对外销售的产品。企业接受外来原材料加工制造的代制品和为外单位加工修理的代修品，制造和修理完成验收入库后应视同企业的产成品。

5. 商品

商品是指商品流通企业外购或委托加工完成验收入库用于销售的各种商品。

6. 周转材料

周转材料是指企业能够多次使用、但不符合固定资产定义的材料，如为了包装本企业商品而储备的各种包装物，各种工具、管理用具、玻璃器皿、劳动保护用品，在经营过程中周转使用的容器等低值易耗品以及建造承包商的钢模板、木模板、脚手架等其他周转材料。但是，周转材料符合固定资产定义的，应当作为固定资产处理。

四、存货的核算

1. 存货的初始计量

存货应当按照成本进行初始计量。存货成本包括采购成本、加工成本和其他成本三个组成部分。

（1）外购存货的成本

企业外购存货主要包括原材料和商品。外购存货的成本即存货的采购成本，指企业物资从采购到入库前所发生的全部支出，包括购买价款、相关税费、运输费、装卸费、保险费以及其他可归属于存货采购成本的费用。

①存货的购买价款。存货的购买价款是指企业购入的材料或商品的发票账单上列明的价款，但不包括按照规定可以抵扣的增值税额。

②存货的相关税费。存货的相关税费是指企业购买、自制或委托加工存货发生的进口关税、消费税、资源税和不能抵扣的增值税进项税额等应计入存货采购成本的税费。

③其他可归属于存货采购成本的费用。其他可归属于存货采购成本的费用即采购成本中除上述各项以外的可归属于存货采购成本的费用，如在存货采购过程中发生的仓储费、包装费、运输途中的合理损耗、入库前的挑选整理费用等。这些费用能分清负担对象的，应直接计入存货的采购成本；不能分清负担对象的，应选择合理的分配方法，分配计入有关存货的采购成本，可按照所购存货的数量或采购价格比例进行分配。

对于采购过程中发生的物资毁损、短缺等，除合理的损耗应当作为存货的其他可归属于存货采购成本的费用计入采购成本外，应区别不同情况进行会计处理。

①从供货单位、外部运输机构等收回的物资短缺或其他赔款，应冲减所购物资的采购成本。

②因遭受意外灾害发生的损失和尚待查明原因的途中损耗，暂作为待处理财产损溢进行核算，查明原因后再做处理。

商品流通企业在采购商品过程中发生的运输费、装卸费、保险费以及其他可归属于存货采购成本的费用等进货费用，应计入所购商品成本。在实务中，企业也可以将发生的运输费、装卸费、保险费以及其他可归属于存货采购成本的费用等进货费用先进行归集，期末，按照所购商品的存销情况进行分摊。对于已销售商品的进货费用，计入主营业务成本；对于未售商品的进货费用，计入期末存货成本。商品流通企业采购商品的进货费用金额较小的，可以在发生时直接计入当期销售费用。

（2）加工取得的存货的成本

企业通过进一步加工取得的存货主要包括产成品、在产品、半成品、委托加工物资等，其成本由采购成本、加工成本构成。某些存货还包括使存货达到目前场所和状态所发生的其他成本，如可直接认定的产品设计费用等。

存货加工成本，由直接人工和制造费用构成，其实质是企业在进一步加工存货的过程中追加发生的生产成本，不包括直接由材料存货转移来的价值。其中，直接人工是指企业在生产产品过程中直接从事产品生产的工人的职工薪酬。直接人工和间接人工的划分依据通常是生产工人是否与所生产的产品直接相关（即可否直接确定其服务的产品对象）。制造费用是指企业为生产产品和提供劳务而发生的各项间接费用。制造费用是一种间接生产成本，包括企业生产部门（如生产车间）管理人员的职工薪酬、折旧费、办公费、水电费、机物料消耗、劳动保护费、季节性和修理期间的停工损失等。

企业在加工存货过程中发生的直接人工和制造费用，如果能够直接计入有关的成本核算对象，则应直接计入该成本核算对象。否则，应按照合理方法分配计入有关成本核算对象。分配方法一经确定，不得随意变更。

（3）其他方式取得的存货的成本

企业取得存货的其他方式主要包括接受投资者投资、非货币性资产交换、债务重组及企业合并、盘盈等。

①投资者投入存货的成本。投资者投入存货的成本应当按照投资合同或协议约定的价值确定，但合同或协议约定价值不公允的除外。在投资合同或协议约定价值不公允的情况下，按照该项存货的公允价值作为其入账价值。

②通过非货币性资产交换、债务重组、企业合并等方式取得的存货的成本计量和披露应当执行存货准则的规定。

③盘盈存货的成本。盘盈的存货应按照其重置成本作为入账价值，并通过“待处理财产损溢”科目进行会计处理，按照管理权限报经批准后冲减当期管理费用。

（4）不计入存货成本的相关费用

下列费用不应当计入存货成本，而应当在其发生时计入当期损益：

①非正常消耗的直接材料、直接人工及制造费用应计入当期损益，不得计入存货成本。例如，企业超定额的废品损失以及由自然灾害而发生的直接材料、直接人工及制造费用，由于这些费用的发生无助于使该存货达到目前场所和状态，不应计入存货成本，而应计入当期损益。

②仓储费用即企业在采购入库后发生的储存费用，应计入当期损益。但是，在生产过程中为达到下一个生产阶段所必需的仓储费用则应计入存货成本。例如，某种酒类产品生产企业为使生产的酒达到规定的产品质量标准所必须发生的仓储费用，应计入酒的成本而不是计入当期损益。

③不能归属于使存货达到目前场所和状态的其他支出，不符合存货的定义和确认条件，应在发生时计入当期损益，不得计入存货成本。

2. 发出存货的计量

企业应当根据各类存货的实物流转方式、企业管理的要求、存货的性质等实际情况，合理地选择发出存货成本的计算方法，以合理确定当期发出存货的实际成本。对于性质和用途相似的存货，应当采用相同的成本计算方法确定发出存货的成本。

企业在确定发出存货的成本时应当采用先进先出法、月末一次加权平均法、移动加权平均法或者个别计价法确定发出存货的实际成本。企业不得采用后进先出法确定发出存货的成本。

（1）先进先出法

先进先出法是指以先购入的存货应先发出（销售或耗用）这样的一种存货实物流转假设为前提，对发出存货进行计价的一种方法。采用这种方法，先购入的存货成本在后购入存货成本之前转出，据此确定发出存货和期末存货的成本。先进先出法的具体做法见表5-1。

表 5-1 存货明细账

××年		凭证编号	摘要	收入			发出			结存		
月	日			数量	单价（元）	金额（元）	数量	单价（元）	金额（元）	数量	单价（元）	金额（元）
1	1	略	期初结存							60	50	3 000
	10		购入	180	60	10 800				60 180	50 60	3 000 10 800
	11		发出				60 100	50 60	3 000 6 000	80	60	4 800
	18		购入	120	70	8 400				80 120	60 70	4 800 8 400
	20		发出				80 80	60 70	4 800 5 600	40	70	2 800
	23		购入	40	80	3 200				40 40	70 80	2 800 3 200
	31		合计	340		22 400	320		19 400	40 40	70 80	2 800 3 200

先进先出法可以随时结转存货发出成本，但较烦琐。如果存货收发业务较多且存货单价不稳定时，其工作量较大。在物价持续上升时，期末存货成本接近于市价而发出存货成本偏低，会高估企业当期利润和库存存货价值。

（2）月末一次加权平均法

月末一次加权平均法是指以当月全部进货数量加本月初存货数量作为权数，去除当月全部进货成本加本月初存货成本，计算出存货的加权平均单位成本，以此为基础计算当月发出存货的成本和期末存货成本的一种方法。

$$\text{存货单位成本}=\frac{\text{月初库存存货的实际成本}+\sum(\text{本月某批进货的实际单位成本}\times\text{本月某批进货数量})}{\text{月初库存存货数量}+\text{本月各批进货数量之和}}$$

本月发出存货的成本=本月发出存货的数量×存货单位成本

本月月末库存存货成本=月末库存存货的数量×存货单位成本

【例 5-1】以表 5-1 的存货明细账为例，采用月末一次加权平均法计算其存货成本如下：

$$存货加权平均单价=\frac{3\ 000+10\ 800+8\ 400+3\ 200}{60+180+120+40}=63.50(元/吨)$$

本月发出存货成本 $=63.50\times320=20\ 320$（元）

月末结存存货成本 $=63.50\times80=5\ 080$（元）

月末一次加权平均法只在月末一次计算加权平均单价，核算工作比较简单，且在物价波动时，对存货成本的分摊比较折中。但这种方法由于计算加权平均单价并确定存货的发出成本和结存存货成本的工作集中于期末，所以平时无法从有关存货账簿中提供发出和结存存货的单价和金额，不利于对存货的日常管理。

（3）移动加权平均法

移动加权平均法是指以每次进货的成本加上原有库存存货的成本，除以每次进货数量与原有库存存货的数量之和，据以计算加权平均单位成本，作为下次进货前计算各次发出存货成本的依据。计算公式如下：

$$存货单位成本=\frac{原有库存存货的实际成本+本次进货的实际成本}{原有库存存货数量+本次进货数量}$$

本次发出存货的成本 = 本次发出存货数量 × 本次发货前的存货单位成本

本月月末库存存货成本 = 月末库存存货数量 × 本月月末存货单位成本

【例 5-2】以表 5-1 所示的存货明细账为例，采用移动加权平均法计算其存货成本如下：

$$第一次收入存货后的加权平均单价=\frac{3\ 000+10\ 800}{60+180}=57.50(元/吨)$$

第一批发出存货的实际成本 $=57.50\times160=9\ 200$（元）

当时结存的存货实际成本 $=57.50\times80=4\ 600$（元）

$$第二次收入存货后的加权平均单价=\frac{4\ 600+8\ 400}{80+120}=65(元/吨)$$

第一批发出存货的实际成本 $=65\times160=10\ 400$（元）

当时结存的存货实际成本 $=65\times40=2\ 600$（元）

$$第三次收入存货后的加权平均单价=\frac{2\ 600+3\ 200}{40+40}=72.5(元/吨)$$

该种存货月末结存 80 吨，月末结存存货的实际成本为 $80\times72.50=5\ 800$（元），本月发出存货的实际成本合计为 19 600 元。

移动加权平均法的优点在于可以随时结转发出存货的成本，便于对存货的日常管理。同时，相对于月末一次加权平均法，由于平均的范围小，使计算结果比较客观。但是，由于每次收入存货都要重新计算一次加权平均单价，计算工作量较大。

（4）个别计价法

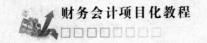

个别计价法，也称个别认定法、具体辨认法、分批实际法，其特征是注重所发出存货具体项目的实物流转与成本流转之间的联系，逐一辨认各批发出存货和期末存货所属的购

进批别或生产批别，分别按照其购入或生产时所确定的单位成本计算各批发出存货和期末存货的成本。即把每一种存货的实际成本作为计算发出存货成本和期末存货成本的基础。

对于不能替代使用的存货、为特定项目专门购入或制造的存货以及提供的劳务，通常采用个别计价法确定发出存货的成本。在实际工作中，越来越多的企业采用计算机信息系统进行会计处理，个别计价法可以广泛应用于发出存货的计价，并且该方法确定的存货成本最为准确。

五、原材料

原材料是指企业在生产过程中经过加工改变其形态或性质并构成产品主要实体的各种原料及主要材料、辅助材料、外购半成品（外购件）、修理用备件（备品备件）、包装材料、燃料等六大类。

（一）材料的收发凭证

1. 收入凭证

材料的来源渠道不同，反映材料收入的凭证和手续也不相同，外购材料的收入凭证主要有收料单；自制材料的凭证主要有材料交库单；盘盈材料的凭证是材料盘点报告单。

2. 材料发出的凭证

材料的发出主要是企业各部门的生产领用、对外销售以及委托外单位加工等。仓库发出材料，不论什么原因，都必须填制有关发料凭证，并经有关人员批准，仓库管理人员才能据以发料。通常材料发出的凭证主要有领料单、限额领料单等。

（二）原材料按照实际成本核算的方法

原材料按照实际成本核算是指原材料从收发凭证到明细分类账和总分类账全部按照实际成本计价。这种核算方法一般适用于规模较小、原材料品种简单、采购业务不多的企业。

1. 取得原材料的核算

在实际成本法下，取得的原材料主要通过“原材料”“在途物资”“委托加工物资”等账户核算。

“原材料”科目核算企业库存的各种材料的实际成本。该科目的借方登记外购、自制、委托加工完成、盘盈等增加的原材料的实际成本，贷方登记发出、领用、对外销售、盘亏等减少的原材料的实际成本。期末借方余额反映企业拥有的原材料的实际成本。本科目应当按照材料的保管地点（仓库）、类别、品种和规格等进行明细核算。

“在途物资”科目核算企业采用实际成本进行材料的日常核算、货款已付尚未验收入库的购入材料的实际成本。该科目的借方登记已经支付或已开出商业汇票的材料的实际成本，贷方登记验收入库材料的实际成本。期末借方余额反映企业已经支付货款或已开出商业汇票，但尚未到达或尚未验收入库材料的实际成本。本科目应当按照供应单位进行明细核算。

“委托加工物资”科目核算企业委托外单位加工的各种物资的实际成本。该科目的借方登记发给外单位加工的材料的实际成本、支付的加工费用和应计入加工材料成本的运杂费用等，贷方登记加工完成验收入库的材料的实际成本以及剩余的未加工材料的实际成本等。期末借方余额反映尚未完成、收回的委托外单位加工材料的实际成本。本科目应按照加工合同、受托加工单位以及加工物资的品种等进行明细核算。

（1）外购原材料

企业外购材料时，既可以从本地进货，又可以从外埠进货，而且可以根据购货业务的不同特点分别采用不同的结算方式。本地进货多采用支票、银行本票结算方式；外埠进货多采用委托收款、托收承付、银行汇票、汇兑结算等方式；企业还可以根据业务需要采用商业汇票结算方式。在实务中，企业也可以采用赊购、预付款等方式购进材料。

企业从外埠进货时，结算凭证通过银行传递，材料由有关部门运输。因此，企业从外埠采购材料，会使结算凭证到达和材料验收入库在时间上产生三种情况：第一种情况是结算凭证到达并同时将材料验收入库；第二种情况是结算凭证先到、材料后入库；第三种情况是材料先验收入库、结算凭证后到。企业从本地进货时，一般于同日收到结算凭证并将材料验收入库，会计核算上，可以将其视为外埠进货的第一种情况进行处理。结算凭证是企业凭已办理现金结算或转账结算的原始单据，如本地进货的发票联、外埠进货的发票结算联等。大多数情况下，结算凭证到达并经审核后，除非在合同中有特殊约定（如收到材料后暂不付款、以预付款方式购进材料、以易物方式换入材料等），都应立即通过货币资金或商业汇票办理货款的结算手续。

①结算凭证到达并同时将材料验收入库。结算凭证到达并同时将材料验收入库是指在办理有关结算的同时，收到材料并验收入库的情况。发生此类业务时，应根据入库材料的实际成本借记“原材料”科目；根据入库材料的增值税借记“应交税费——应交增值税（进项税额）”科目；根据实际付款金额贷记“银行存款”“其他货币资金”等科目，或根据已承兑的商业汇票贷记“应付票据”科目。2016 年 5 月 1 日，全面实行“营改增”，并于 2018 年 3 月 28 日和 2019 年 4 月 1 日，两次降低增值税税率。基本税率由 17%降到了 13%，低税率由 13%降到了 9%、6%。交通运输服务的增值税率为 9%。

【例 5-3】甲企业根据发生的有关购进原材料的经济业务编制会计分录如下：

自本地以支票购进 A 材料，货款计 3 164 元（其中价款 2 800 元，增值税 364 元）。材料由仓库全部验收入库，货款全部支付。

借：原材料	2 800	
应交税费——应交增值税（进项税额）	364	
贷：银行存款		3 164

如果企业采用的是商业汇票结算方式，在签发承兑商业汇票时：

借：原材料	2 800	
应交税费——应交增值税（进项税额）	364	
贷：应付票据		3 164

②结算凭证先到、材料后入库。

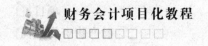

结算凭证先到、材料后入库是指在办理有关结算时即获得材料的所有权，但材料尚未到达企业，待办妥有关收货手续后，材料才验收入库的情况。发生此类业务时，应根据有关结算凭证中所以记载的已付款材料的价款借记“在途物资”科目；根据已付款材料的增值税借记“应交税费”科目；根据实际付款金额贷记“银行存款”或“其他货币资金”科目，或根据已承兑的商业汇票贷记“应付票据”科目等。

【例 5-4】 甲公司以银行存款购入 B 材料一批，发票及账单已收到，增值税专用发票上记载的货款为 400 万元，增值税额 52 万元；支付保险费 2 万元。材料尚未到达。

借：在途物资　　4 020 000
　　应交税费——应交增值税（进项税额）　　520 000
　　贷：银行存款　　454 000

本例属于已经付款或已开出、承兑商业汇票，但材料尚未到达或尚未验收入库的采购业务，应通过“在途物资”科目核算；待材料到达、入库后，再根据收料单，由“在途物资”科目转入“原材料”科目核算。

若日后上述购入的 B 材料已收到，并验收入库，则会计处理为：

借：原材料——B 材料　　4 020 000
　　贷：在途物资　　4 020 000

③材料先验收入库、结算凭证后到达。

材料先验收入库、结算凭证后到达是指企业收到材料并验收入库时即获得材料所有权，但尚未付款或尚未签发承兑商业汇票的情况。发生此类业务时，因企业从外埠进货未收到有关结算凭证，无法对入库材料的实际成本加以确定。因此，为了简化会计核算手续，在收到材料验收入库时，可以暂不做账务处理，只将有关的入库单证保管，待结算凭证到达后，按照结算凭证到达并同时将材料验收入库的情况处理。但如果会计期末仍有已经入库而未付款的材料，为了反映企业存货及负债的情况，应将其估价入账，借记“原材料”科目，贷记“应付账款”科目，下月初以红字分录冲回。

【例 5-5】 甲公司采用托收承付结算方式购入 C 材料一批，发票及账单已收到，增值税专用发票上记载的货款为 50 万元，增值税额 6.5 万元，银行转来的结算凭证已到，款项尚未支付，材料已验收入库。

借：原材料——C 材料　　500 000
　　应交税费——应交增值税（进项税额）　　65 000
　　贷：应付账款　　565 000

【例 5-6】 乙公司购入 D 材料一批，材料已验收入库无法确定其实际成本，暂估价值为 360 元，款项尚未支付。月末发票账单尚未收到，无法确定其实际成本，暂估价值为 360 元，款项尚未支付。

借：原材料——D 材料　　360
　　贷：应付账款——暂估应付账款　　360

下月初做相反的会计分录予以冲回：

借：应付账款——暂估应付账款　　360

贷：原材料——D 材料　　360

需要注意的是，企业外购原材料可能发生溢余或短缺。如果验收入库的原材料数量大于结算凭证中所记载的原材料数量，称为购进原材料溢余；如果验收入库的原材料数量小于结算凭证中所记载的原材料数量，称为购进原材料短缺。购进原材料发生溢余或短缺时，应及时查明原因做出处理，并根据不同的处理结果分别予以核算。

企业购进原材料发生短缺，应根据不同的原因和处理结果分别入账核算。其中，定额内合理损耗，按照其实际成本计入入库原材料成本；超定额损耗，将其实际成本及应负担的进项税中由保险公司、运输部门或其他过失人赔偿后尚不能弥补的部分作为期间费用计入"管理费用"科目；购进原材料发生的非常损失（包括自然灾害损失、被盗损失及其他非常损失等），将其实际成本及应负担的进项税中由保险公司及有关责任人赔偿后尚不能弥补的部分作为非常损失计入"营业外支出"科目。发生购进原材料短缺，尚未查明原因或尚未做出处理之前，一般先按照短缺原材料的实际成本记入"待处理财产损溢"科目的借方，即借记"待处理财产损溢"科目，贷记"在途物资"等科目；待查明原因做出处理后，再转入有关科目，借记"管理费用""营业外支出"等科目，贷记"待处理财产损溢"等科目。

企业购进原材料发生溢余时，未查明原因的溢余材料一般只作为代保管物资在备查账中登记，不作为进货业务入账核算。

（2）委托加工的原材料

委托加工的原材料是指由企业提供原料及主要材料，通过支付加工费，由受托加工单位按照合同要求加工为企业所需的原材料。委托外单位加工完成的存货，以实际耗用的原材料或者半成品及加工费、运输费、装卸费和保险费等费用以及按照规定应计入成本的税金，作为实际成本。

其会计处理主要包括拨付加工物资、支付加工费、支付增值税进项税额和代收代缴的消费税、收回加工物资和剩余物资等几个环节。需要特别注意的是：支付的用于连续生产应税消费品的消费税应记入"应交税费——应交消费税"科目借方；支付的收回后直接用于销售的委托加工应税消费品的消费税，应计入委托加工物资成本。

【例 5-7】甲公司为增值税一般纳税人，适用的增值税税率为 13%。甲公司委托乙公司（增值税一般纳税人）代为加工一批属于应税消费品的原材料（非金银首饰）。发出原材料实际成本为 62 000 元，支付的不含增值税的加工费为 10 000 元，增值税额为 1 300 元，代收代交的消费税额为 8 000 元。该批委托加工原材料已验收入库，其账务处理如下：

发出委托加工材料：

借：委托加工物资　　62 000

贷：原材料　　62 000

支付加工费用和税金：

①甲公司收回加工后的材料用于连续生产应税消费品时：

借：委托加工物资　　10 000

应交税费——应交增值税（进项税额）　　1 300

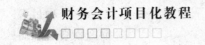

——应交消费税 8 000

贷：银行存款 19 300

②甲公司收回加工后的材料直接用于销售时：

借：委托加工物资 18 000

应交税费——应交增值税（进项税额） 1 300

贷：银行存款 19 300

加工完成，收回委托加工材料：

①甲公司收回加工后的材料用于连续生产应税消费品时：

借：原材料 72 000

贷：委托加工物资 72 000

②甲公司收回加工后的材料直接用于销售时：

借：库存商品 80 000

贷：委托加工物资 80 000

2. 发出原材料的核算

企业在生产过程中发出原材料的业务非常频繁，企业平时应根据发料凭证逐笔登记原材料明细账，以详细反映原材料的收、发、结、存情况。为简化日常核算工作，企业可于月末编制“发料凭证汇总表”，据以进行发出材料的总分类核算。企业在月末根据“领料单”或“限额领料单”中有关领料的单位、部门等加以归类，编制“发料凭证汇总表”，据以编制记账凭证、登记入账。借记有关科目，贷记“原材料”科目。发出材料实际成本的确定，可以从企业上述先进先出法、移动加权平均法、月末一次加权平均法或者个别计价法中选择。计价方法一经确定不得随意变更，如须变更，须在附注中加以说明。

【例 5-8】甲公司根据 7 月“发料凭证汇总表”的记录，基本生产车间直接用于产品生产领用甲材料 15 000 元，车间一般耗用领用甲材料 7 500 元；管理部门耗用领用甲材料 1 000 元；产品销售方面领用甲材料 500 元。

甲公司收回加工后的材料直接用于销售时：

借：生产成本 15 000

制造费用 7 500

管理费用 1 000

销售费用 500

贷：原材料——甲材料 24 000

（三）原材料按照计划成本核算

原材料按照计划成本计价时，原材料的收入、发出和结存均按预先确定的计划成本计价。原材料的收发凭证以及总账和明细账均按照计划成本进行登记。材料计划成本的构成内容应当与实际成本的构成内容相同。这种方法的优点是既可以简化存货的日常核算手续，又有利于考核采购部门的工作业绩。

“原材料”科目按照计划成本记录时，原材料的收入、发出及结存都按其计划成本计价。会计核算上，一般应设置“材料采购”“原材料”“材料成本差异”等科目对原材料日常收发业务进行核算，不再设置“在途物资”科目。

“原材料”借方登记入库材料的计划成本，贷方登记发出材料的计划成本。

“材料采购”科目核算企业采用计划成本进行材料日常核算而购入材料的采购成本。借方登记入库材料的实际成本，贷方登记入库材料的计划成本，如果实际成本大于计划成本，表示超支，从本科目的贷方转入“材料成本差异”科目借方；如果实际成本小于计划成本，表示节约，从本科目的借方转入“材料成本差异”科目贷方。本科目应当按照供应单位和物资品种进行明细核算。

“材料成本差异”科目核算企业各种材料的实际成本与计划成本的差异。借方登记超支差异以及发出材料应负担的节约差异，贷方登记节约差异以及发出材料应负担的超支差异。本科目应当分别对“原材料”“包装物及低值易耗品”等，按照类别或品种进行明细核算。

1. 取得原材料的核算

采购材料时，按照采购材料的实际成本借记“材料采购”科目，贷记有关科目。其中：根据发票账单支付材料价款和运杂费时，按照发生的属于材料成本的价款和运杂费借记“材料采购”科目，按照应予抵扣的进项税额借记“应交税费”科目，按照实际付款额贷记“银行存款”“库存现金”“其他货币资金”等科目；采用商业汇票结算方式的，按照材料价款借记“材料采购”科目，按照增值税借记“应交税费”科目，按照商业汇票承兑金额贷记“应付票据”科目。

如果材料已经收到，但结算凭证未到，且尚未办理有关结算手续的，为了简化会计核算手续，可暂不入账，待结算凭证到达、办理有关结算手续后，再根据材料的实际成本借记“材料采购”科目，根据增值税额借记“应交税费”科目，根据所付金额或承兑商业汇票的金额贷记“银行存款”“库存现金”“其他货币资金”或“应付票据”等科目。

企业已经预付货款的材料入库后，根据材料实际成本借记“材料采购”科目，按照增值税额借记“应交税费”科目，按照应结算金额贷记“预付账款”科目。由企业运输部门以自备运输工具将外购材料运回企业，计算出购入材料应负担的运输费用时，借记“材料采购”科目，贷记“生产成本”等科目。

发生的应向供应单位、外部运输机构等收回的材料短缺或其他应冲减材料采购成本的赔偿款项，应根据有关的索赔凭证，借记“应付账款”“其他应收款”等科目，贷记“材料采购”科目，尚未查明原因的短缺、损耗或损失，先按照短缺、损耗或损失材料已经发生的成本借记“待处理财产损溢”科目，贷记“材料采购”科目，查明原因后再做账务处理。

月份终了（或在材料入库时），根据已经办理结算的入库外购材料的计划成本，借记“原材料”科目，贷记“材料采购”科目。同时，按照入库材料的实际成本小于计划成本的差额，借记“材料采购”科目，贷记“材料成本差异”科目；按照入库材料的实际成本大于计划成本的差额，借记“材料成本差异”科目，贷记“材料采购”科目。

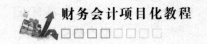

月份终了，对于尚未收到发票账单的收料凭证，应抄列清单，并按照计划成本暂估入账，借记“原材料”科目，贷记“应付账款”科目，下月初用红字冲回。发出材料时，

根据领用的部门和具体用途，按照发出原材料的计划成本，借记“生产成本”“制造费用”“管理费用”“销售费用”“委托加工物资”等科目，贷记“原材料”科目。

2. 发出原材料的核算

为简化日常核算工作，企业可于月末编制“发料凭证汇总表”，据以进行发出材料的总分类核算。在材料按照计划成本核算方式下，原材料的总分类核算：一要按照计划成本结转发出材料的成本，借记有关账户，贷记“原材料”账户；二要结转发出材料应负担的成本差异，如为超支差异，借记有关账户，贷记“材料成本差异”账户，如为节约差异，做相反方向的会计分录。从而将发出材料的计划成本调整为实际成本。

发出材料应负担的成本差异应当按月分摊，不得在季末或年末一次计算。发出材料应负担的成本差异，除委托外部加工发出材料可按月初成本差异率计算外，应使用当月的实际差异率；月初成本差异率与本月成本差异率相差不大的，也可按月初成本差异率计算。计算方法一经确定，不得随意变更。材料成本差异率的计算公式如下：

本月材料成本差异率 =（月初结存材料的成本差异 + 本月收入材料的成本差异）÷（月初结存材料的计划成本 + 本月收入材料的计划成本）×100%

月初材料成本差异率 = 月初结存材料的成本差异 ÷ 月初结存材料的计划成本 ×100%

发出材料应负担的成本差异 = 发出材料的计划成本 × 材料成本差异率

【例 5-9】甲企业对 D 材料采用计划成本核算，D 材料计划成本为 25 元/千克。1 月 31 日，材料采购借方余额为 3 270 元，原材料借方余额为 14 700 元，材料成本差异贷方余额为 345 元。根据 2 月发生的有关甲材料收入、发出及结存的经济业务，编制会计分录如下：

①采购 D 材料 480 千克，材料验收入库，货款 13 560 元（其中价款 12 000 元，增值税 1 560 元）以支票付讫，并以现金支付装卸费 75 元。

材料实际成本 = 12 000+75 = 12 075（元）

材料计划成本 = 480×25 = 12 000（元）

借：材料采购——甲材料	12 075	
应交税费——应交增值税（进项税额）	1 560	
贷：银行存款		13 560
库存现金		75

同时：

借：原材料——甲材料	12 000	
材料成本差异	75	
贷：材料采购——甲材料		12 075

②采购原材料 132 千克，已全部到达并入库。材料实际成本 3 270 元，增值税额为 556 元，以银行存款支付，计划成本为 3 300 元。

借：材料采购——甲材料	3 270	
应交税费——应交增值税（进项税额）	556	
贷：银行存款		3 826

同时：

借：原材料——甲材料　3 300

　　贷：材料采购——甲材料　3 270

　　　　材料成本差异　30

③根据本月发料凭证汇总表，共计发出材料960千克，计划成本24 000元。其中：直接用于产品生产600千克，计划成本15 000元；用于车间一般耗用300千克，计划成本7 500元；用于管理部门耗用40千克，计划成本1 000元；用于产品销售方面的消耗20千克，计划成本500元。

借：生产成本　15 000

　　制造费用　7 500

　　管理费用　1 000

　　销售费用　500

　　贷：原材料——甲材料　24 000

④按照本月材料成本差异率，计算分摊本月发出材料负担的成本差异，将发出材料计划成本调整为实际成本。

本月材料成本差异率=（-345+75-30）/（14 700+12 000+3 300）×100%=-1%

生产成本负担的差异=15 000×（-1%）=-150（元）

制造费用负担的差异=7 500×（-1%）=-75（元）

管理费用负担的差异=1 000×（-1%）=-10（元）

销售费用负担的差异=500×（-1%）=-5（元）

借：材料成本差异　240

　　贷：生产成本　150

　　　　制造费用　75

　　　　管理费用　10

　　　　销售费用　5

原材料的日常核算，可以采用计划成本，也可以采用实际成本。具体采用哪一种方法，由企业根据具体情况自行决定。一般来说，材料品种繁多的企业，可以采用计划成本进行日常核算；但对于某些品种不多且占产品成本比重较大的原料或主要材料，也可以单独采用实际成本进行核算，以便保证产品成本的真实、准确。对于企业规模较小、材料品种简单、采购业务不多的企业，一般采用实际成本进行原材料的日常收发核算。

六、周转材料的核算

周转材料是指企业使用的包装物和低值易耗品等物资，如为了包装本企业商品而储备的各种包装物，各种工具、管理用具、玻璃器皿、劳动保护用品以及在经营过程中周转使用的容器等低值易耗品，建造承包商的钢模板、木模板、脚手架等其他周转材料。

“周转材料”账户可按照周转材料的种类，分“在库”“在用”和“摊销”几个明细科目进行核算，企业周转材料中的包装物和低值易耗品，可以单独设置“包装物”和

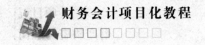

“低值易耗品”明细账进行相应地核算。

（一）包装物的核算

包装物是指为了包装本企业商品而储备的各种包装容器，如桶、箱、瓶、坛、袋等。其核算内容主要包括：

①生产过程中用于包装产品从而作为产品组成部分的包装物。

②随同商品出售的包装物。

③出租或出借的包装物。

为了反映和监督包装物的增减变化及其价值损耗、结存情况，企业应当设置“周转材料——包装物”科目用于核算包装物的收、发、存的实际成本或计划成本。包装物实际成本的构成内容与原材料相同。

1. 包装物收入的核算

包装物采购、入库的核算，不论是按照实际成本还是按照计划成本核算，均与原材料的核算基本相同，这里不再重述。

2. 包装物发出的核算

企业领用包装物，应按照领用包装物的实际成本，借记“生产成本”“材料成本差异”等科目，随同商品出售而不单独计价的包装物，应于包装物发出时，按照其实际成本记入销售费用。随同商品出售而单独计价的包装物，一方面应反映其销售收入，记入其他业务收入，另一方面反映其实际销售成本，记入其他业务成本。多次使用的包装物应当根据使用次数分次进行摊销，有关分次摊销法的举例参见后面低值易耗品。

（1）生产领用包装物

生产领用包装物，应按照领用包装物的实际成本，借记“生产成本”科目，贷记“周转材料——包装物”科目。

【例 5-10】甲公司某月生产产品领用包装物的实际成本为 100 000 元，则其相关的会计分录为：

借：生产成本　　100 000

　　贷：周转材料——包装物　　100 000

（2）随同商品出售包装物

第一，随同商品出售而不单独计价的包装物，应按照其实际成本计入销售费用，借记“销售费用”科目，贷记“周转材料——包装物”科目。

【例 5-11】甲公司某月销售商品领用不单独计价包装物的实际成本为 50 000 元，则其相关的会计分录为：

借：销售费用　　50 000

　　贷：周转材料——包装物　　50 000

第二，随同商品出售且单独计价的包装物，一方面应反映其销售收入，计入其他业务收入；另一方面应反映其实际销售成本，计入其他业务成本。

【例 5-12】甲公司某月销售商品领用单独计价包装物的实际成本为 80 000 元，销售收入为 100 000 元，增值税额为 17 000 元，款项已存入银行。

①出售单独计价包装物：

借：银行存款　　117 000

　　贷：其他业务收入　　100 000

　　　　应交税费——应交增值税（销项税额）　　17 000

②结转所售单独计价包装物的成本：

借：其他业务成本　　80 000

　　贷：周转材料——包装物　　80 000

（3）出租出借包装物

出租包装的租金应确认为其他业务收入，出租包装物的实际成本应计入其他成本。出借包装物的实际成本应计入销售费用。同时出租出借包装物收取的押金应计入其他应付款。逾期未退还包装物而没收的押金应视为含税收入计算缴纳增值税，其没收的押金扣除应缴纳的增值税后的净额转入其他业务收入。

【例 5-13】 某公司为增值税一般纳税企业，适用的增值税税率为 13%。20×1 年 7 月在销售产品过程中出租给某企业包装物一批，其实际成本为 10 000 元，收到租金 4 520 元，同时收到包装物押金 1 130 元，均存入银行。采用一次摊销法结转出租包装物实际成本。20×1 年 10 月没收逾期未退还包装物的押金。相关的会计分录如下：

①20×1 年 7 月收到租金时：包装物租金属于价外费用，应交纳增值税。企业收取的包装物租金计算的销售额，应不含向购买方收取的销项税额，因此应换算为不含税的销售额，再计算应交增值税。

$$\text{包装物租金应计销项税额} = \frac{4\,520}{1+13\%} \times 13\% = 520$$

$$\text{包装物押金应计销项税额} = \frac{1\,130}{1+13\%} \times 13\% = 130$$

借：银行存款　　4 520

　　贷：其他业务收入　　4 000

　　　　应交税费——应交增值税（销项税额）　　520

②20×1 年 7 月结转用于出租的包装物实际成本：

借：其他业务成本　　10 000

　　贷：周转材料——包装物　　10 000

③20×1 年 7 月收到押金时：

借：银行存款　　1 130

　　贷：其他应付款　　1 130

④20×1 年 10 月没收逾期未退还包装物的押金：

借：其他应付款　　1 130

　　贷：其他业务收入　　1 000

　　　　应交税费——应交增值税（销项税额）　　130

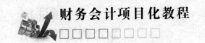

（二）低值易耗品的核算

低值易耗品是指企业在业务经营过程中所必需的单项价值比较低或使用年限比较短，不能作为固定资产核算的物资设备和劳动资料，如工具器具、管理用具、玻璃器皿、劳动用具以及在企业生产经营过程中周转使用的包装容器等。这些物资设备在经营过程中可以多次使用，其价值随其磨损程度逐渐转移到有关的成本或费用中去。就其性质来看，低值易耗品是可以多次使用但不改变原有实物形态的劳动资料，具有固定资产的特性。

低值易耗品通常被视同存货，作为流动资产进行核算和管理，一般划分为一般工具、专用工具、替换设备、管理用具、劳动保护用品、其他用品等。为了反映和监督低值易耗品的增减变化及其结存情况，企业应当设置“周转材料——低值易耗品”科目，借方登记低值易耗品的增加，贷方登记低值易耗品的减少，期末余额在借方，通常反映企业期末结存低值易耗品的金额。

1. 低值易耗品收入的核算

低值易耗品采购、入库的核算，不论是按照实际成本还是按照计划成本核算，均与原材料的核算基本相同，这里不再重述。

2. 低值易耗品发出的核算

低值易耗品是可以多次使用但不改变原有实物形态的劳动资料，具有固定资产的特性，因此低值易耗品在使用时要进行摊销处理。采用分次摊销法摊销低值易耗品，低值易耗品在领用时推销其账面价值的单次平均推销额。需要单独设置“周转材料——在库低值易耗品”“周转材料——在用低值易耗品”“周转材料——低值易耗品摊销”明细科目。

【例 5-14】 甲公司的基本生产车间领用专用工具一批，实际成本为 100 000 元，用分次摊销法进行摊销。该工具的估计使用次数为两次。应做如下会计处理：

①领用专用工具：

借：周转材料——在用低值易耗品　　100 000

　　贷：周转材料——在库低值易耗品　　100 000

②领用时摊销其价值的一半：

借：制造费用　　50 000

　　贷：周转材料———低值易耗品摊销　　50 000

③报废时摊销其价值的一半：

借：制造费用　　50 000

　　贷：周转材料——低值易耗品摊销　　50 000

同时

借：周转材料——低值易耗品摊销　　100 000

　　贷：周转材料——在用低值易耗品　　100 000

七、库存商品

库存商品是指企业已完成全部生产过程并已验收入库、合乎标准规格和技术条件，可以按照合同规定的条件送交订货单位，或可以作为商品对外销售的产品以及外购或委托加工完成验收入库用于销售的各种商品。库存商品具体包括库存产成品、外购商品、存放在门市部准备出售的商品、发出展览的商品、寄存在外的商品、接受来料加工制造的代制品和为外单位加工修理的代修品等。

已完成销售手续、但购买单位在月末未提取的产品，不应作为企业的库存商品，而应作为"代管商品"处理，单独设置代管商品备查簿进行登记。库存商品可以采用实际成本核算，也可以采用计划成本核算，其方法与原材料相似。采用计划成本核算时，库存商品实际成本与计划成本的差异，可单独设置"产品成本差异"科目核算。

（一）库存商品的核算

为了反映和监督库存商品的增减变动及其结存情况，企业应当设置"库存商品"科目，借方登记验收入库的库存商品成本，贷方登记发出的库存商品成本，期末余额在借方，反映各种库存商品的实际成本或计划成本。

在实际成本核算时，对库存商品的收入、发出和销售，平时登记数量不登记金额；每月终了，计算入库商品实际成本，对发出和销售的产成品或商品，可采用先进先出法、加权平均法、个别计价法等确定其实际成本。

1. 验收入库商品

对于库存商品采用实际成本核算的企业，当库存商品生产完成并验收入库时，应按实际成本，借记"库存商品"科目，贷记"生产成本——基本生产成本"科目。

【例 5-15】珠江公司"商品入库汇总表"记载，某月已验收入库甲产品 2 000 件，实际单位成本 150 元，计 300 000 元；乙产品 3 000 件，实际单位成本 200 元，计 600 000 元。珠江公司应做如下会计处理：

借：库存商品——甲产品　　300 000
　　　　　　——乙产品　　600 000
　贷：生产成本——基本生产成本（甲产品）　　300 000
　　　　　　　——基本生产成本（乙产品）　　600 000

2. 销售商品

企业销售商品、确认收入时，应结转其销售成本，借记"主营业务成本"等科目，贷记"库存商品"科目。

【例 5-16】江东百货公司月末汇总的发出商品中，当月已实现销售的甲产品有 800 件，乙产品有 2 000 件。该月甲产品实际单位成本 160 元，乙产品实际单位成本 180 元。在结转其销售成本时，应做如下会计处理：

借：主营业务成本　　488 000

　　贷：库存商品——甲产品　　128 000

　　　　　　　——乙产品　　360 000

企业购入的商品可以采用进价或售价核算。采用售价核算的，商品售价和进价的差额，可通过“商品进销差价”科目核算。月末，应分摊已销商品的进销差价，将已销商品的销售成本调整为实际成本，借记“商品进销差价”科目，贷记“主营业务成本”科目。

商品流通企业的库存商品还可以采用毛利率法和售价金额核算法进行日常核算。

（1）毛利率法。

毛利率法是指根据本期销售净额乘以上期实际（或本期计划）毛利率推算本期销售毛利，并据以计算发出存货和期末存货成本的一种方法。

计算公式如下：

毛利率=销售毛利/销售净额×100%

销售净额=商品销售收入-销售退回与折让

销售毛利=销售净额×毛利率

销售成本=销售净额-销售毛利

期末存货成本=期初存货成本+本期购货成本-本期销售成本

这一方法是商品流通企业，尤其是商业批发企业常用的计算本期商品销售成本和期末库存商品成本的方法。商品流通企业由于经营商品的品种繁多，如果分品种计算商品成本，工作量将大大增加，而且，一般来讲，商品流通企业同类商品的毛利率大致相同，采用这种存货计价方法既能减轻工作量，也能满足对存货管理的需要。

【例 5-17】 江东百货公司 20×1 年 4 月 1 日针织品存货 18 000 000 元，本月购进 30 000 000 元。本月销售收入 34 000 000 元，上季度该类商品毛利率为 25%。本月已销商品和月末库存商品的成本计算如下：

本月销售收入=34 000 000（元）

销售毛利=34 000 000×25%=8 500 000（元）

本月销售成本=34 000 000-8 500 000=25 500 000（元）

库存商品成本=18 000 000+30 000 000-25 500 000=22 500 000（元）

（2）售价金额核算法。

售价金额和算法是指平时商品的购入、加工收回、销售均按售价记账、售价与进价的差额通过“商品进销差价”科目核算，期末计算进销差价率和本期已销商品应分摊的进销差价，并据以调整本期销售成本的一种方法。计算公式如下：

商品进销差价率=（期初库存商品进销差价+本期购入商品进销差价）/（期初库存商品售价+本期购入商品售价）×100%

本期销售商品应分摊的商品进销差价=本期商品销售收入×商品进销差价率

本期销售商品的成本=本期商品销售收入-本期销售商品应分摊的商品进销差价

期末结存商品的成本=期初库存商品的进价成本+本期购进商品的进价成本-本期销售商品的成本

企业的商品进销差价率各期之间是比较均衡的，因此，也可以采用上期商品进销差价率计算分摊本期的商品进销差价。年度终了，应对商品进销差价进行核实调整。

对于从事商业零售业务的企业（如百货公司、超市等)，由于经营商品种类、品种、规格等繁多，而且要求按商品零售价格标价，采用其他成本计算结转方法均较困难，因此广泛采用这一方法。

【例5-18】江东百货公司20×1年7月期初库存商品的进价成本为1 000 000元，售价总额为1 100 000元，本月购进该商品的进价成本为750 000元，售价总额为900 000元，本月销售收入为1200 000元。有关计算如下：

商品进销差价率=（100 000+150 000）/（1 100 000+900 000）×100%=12. 5%

已销商品应分摊的商品进销差价=1200000×12. 5%=150 000（元）

八、存货的期末计量

我国企业会计准则规定：在资产负债表日，存货应当按照成本与可变现净值孰低法计量。

1. 成本与可变现净值孰低法的含义

成本与可变现净值孰低法是指对期末存货按照成本与可变现净值两者之中较低者进行计价的方法。即当成本低于可变现净值时，存货按照成本计价；当可变现净值低于成本时，存货按照可变现净值计价，此时应当计提存货跌价准备，计入当期损益。这里所讲的“成本”是指存货的历史成本，即以历史成本为基础的存货的计价方法计算的期末存货价值；可变现净值是指在日常活动中，存货的估计售价减去至完工时估计将要发生的成本、估计的销售费用以及相关税费后的金额。

2. 可变现净值的确定

企业在确定存货的可变现净值时，应当以取得的确凿证据为基础，并且考虑持有存货的目的、资产负债表日后事项的影响因素。存货可变现净值的确凿证据是指对确定存货的可变现净值有直接影响的确凿证明，如产成品或商品的市场销售价格、与产成品或商品相同或类似商品的市场销售价格、销货方提供的有关资料和生产成本资料等。企业持有存货的目的通常可以分为如下几种：一是持有以备出售，如商品、产成品，其中又分为有合同约定的存货和没有合同约定的存货；二是将在生产过程或提供劳务过程中耗用，如材料等。持有存货的目的不同，可变现净值的计算方法也不同。估计售价的确定：①为执行销售合同或劳务合同而持有的存货，通常应当以产成品或商品的合同价格作为其可变现净值的计量基础；②如果企业持有存货的数量多于销售合同定购的数量，超出部分的存货可变现净值应当以产成品或商品的一般销售价格作为计量基础；③没有销售合同或劳务合同约定的存货，其可变现净值应当以产成品或商品的一般销售价格或原材料的市场价格作为计量基础。

3. 成本与可变现净值的比较

①单项比较法，也称逐项比较法或个别比较法，是指对存货中每一项存货的成本与可变现净值逐项进行比较，每项存货均取较低者来确定存货的期末价值。

②分类比较法是指按照存货类别比较其成本和可变现净值，每类存货取其较低者来确定存货的价值。

③总额比较法，也称综合比较法，是指按照全部存货的总成本与可变现净值总额进行比较，以较低者作为期末全部存货的价值。

企业通常应当按照单个存货项目计提存货跌价准备。在这种方式下，企业应当每个存货项目的成本与其可变现净值逐一进行比较，按照较低者计量存货，并且按照成本高于可变现净值的差额计提存货跌价准备。如果某一类存货的数量繁多并且单价较低，企业可以按照存货类别计量成本与可变现净值，即按照存货类别的成本的总额与可变现净值的总额进行比较，每个存货类别均取较低者确定存货期末价值。

4. 成本与可变现净值孰低法的账务处理

如果期末存货的成本低于可变现净值，不需要做会计处理，资产负债表中的存货按照期末账面的价值列示；如果期末存货的可变现净值低于成本时，则必须确认当期的期末存货跌价损失，计提存货跌价准备。企业应设置“存货跌价准备”账户，该账户属于资产类，贷方登记存货可变现净值低于成本的差额；借方登记已计提跌价准备的存货价值以后又得以恢复的金额和其他原因冲减已计提跌价准备的金额；期末贷方余额反映企业已提取的存货跌价准备。

资产负债表日，企业根据存货准则确定存货发生减值的，按照存货可变现净值低于成本的差额，借记“资产减值损失”科目，贷记“存货跌价准备”。已计提跌价准备的存货价值以后又得以恢复，应在原已计提的存货跌价准备金额内，按照恢复增加的金额，借记“存货跌价准备”科目，贷记“资产减值损失”科目。发出存货结转计提的存货跌价准备的，借记“存货跌价准备”科目，贷记“主营业务成本”“生产成本”等科目。

【例 5-19】甲公司按照成本与可变现净值孰低法对期末存货进行计价，假设20×1年年末存货的账面成本为300 000元，可变现净值为290 000元，应计提的存货跌价准备为10 000元。会计分录为：

借：资产减值损失——计提存货跌价准备　　10 000

　　贷：存货跌价准备　　10 000

假设20×1年年末存货的可变现净值为285 000元，则应计提的存货跌价准备为5 000元，会计分录为：

借：资产减值损失——计提存货跌价准备　　5 000

　　贷：存货跌价准备　　5 000

假设20×2年年末存货的可变现净值有所恢复，为293 000元，则应冲减计提的存货跌价准备为8 000元，会计分录为：

借：存货跌价准备　　8 000

　　贷：资产减值损失——计提存货跌价准备　　8 000

九、存货的清查

1. 存货清查的意义

存货的日常管理中，由于计量误差、管理不善、自然损耗、毁损、丢失、被盗等原因，有时会出现存货数量的溢余或短缺，造成账实不符。为了保证存货的安全与完整、真实地反映存货的结存情况、挖掘存货的潜力、提高存货的周转速度、加强存货的管理，企业应当定期或不定期地对存货进行清查，查明账实不符的原因，分清责任进行处理，从而达到账实相符。

2. 存货清查的方法

存货的清查通常采用实地盘点法，通过点数、过磅等方法，确定实存数量。对于一些无法通过具体方法进行度量的存货，可通过估计等方法确定其实际数量，并与账面结存数量进行核对。存货应当定期盘点，每年至少一次，对于账实不符的存货，应核实盘盈、盘亏和毁损的数量，查明原因，并据此编制"存货盘点报告表"，按照规定程序报请有关部门批准。

3. 存货盘盈的会计处理

盘盈的存货，应按照其重置成本作为入账价值，并通过"待处理财产损溢"科目进行会计处理，按照管理权限报经批准后，冲减当期管理费用。企业发生存货盘盈时，借记"原材料""库存商品"等科目，贷记"待处理财产损溢"科目；在按照管理权限报经批准后，借记"待处理财产损溢"科目，贷记"管理费用"科目。

【例5-20】甲公司在财产清查中盘盈A材料1 000千克，实际单位成本60元，经查属于材料收发计量方面的错误。甲公司应做如下的会计处理：

①批准处理前：

借：原材料　　60 000

　　贷：待处理财产损溢　　60 000

②批准处理后：

借：待处理财产损溢　　60 000

　　贷：管理费用　　60 000

4. 存货盘亏或毁损的会计处理

存货发生的盘亏或毁损，应作为待处理财产损溢进行核算，按照管理权限报经批准后，根据造成存货盘亏或毁损的原因，分别按以下情况进行处理：

①属于计量收发差错和管理不善等原因造成的存货短缺。应先扣除残料价值、可以收回的保险赔偿和过失人赔偿，将净损失计入管理费用。

②属于自然灾害等非正常原因造成的存货毁损，应先扣除处置收入（如残料价值）、

可以收回的保险赔偿和过失人赔偿，将净损失计入营业外支出。

企业发生存货盘亏及毁损时，借记“待处理财产损溢”科目，贷记“原材料”“库存商品”“应交税费——应交增值税（进项税额转出）”等科目。在按照管理权限报经批准后应做如下会计处理：对于入库的残料价值，记入“原材料”等科目；对于应由保险公司和过失人支付的赔款，记入“其他应收款”科目；扣除残料价值和应由保险公司、过失人赔款后的净损失，属于一般经营损失的部分，记入“管理费用”科目，属于非正常损失的部分，记入“营业外支出”科目。

【例 5-21】甲公司在财产清查中发现盘亏 A 材料 500 千克，实际单位成本 200 元，该企业购入材料的增值税税率为 13%；经查属于因经营管理不善而产生的一般经营损失。甲公司应做如下会计处理：

①批准处理前：

借：待处理财产损溢　　113 000

　　贷：原材料　　100 000

　　　　应交税费——应交增值税（进项税额转出）　　13 000

②批准处理后：

借：管理费用　　113 000

　　贷：待处理财产损溢　　113 000

模块三　固定资产

一、固定资产的概念

固定资产是指同时具有下列特征的有形资产：①为生产商品提供劳务、出租或经营管理而持有的；②使用寿命超过一个会计年度。

从固定资产的定义看，固定资产具有以下三个特征。

第一，固定资产是为生产商品、提供劳务、出租或经营管理而持有。企业持有固定资产的目的是生产商品、提供劳务、出租或经营管理，这意味着，企业持有的固定资产是企业的劳动工具或手段，而不是直接用于出售的产品。其中“出租”的固定资产，指用以出租的机器设备类固定资产，不包括以经营租赁方式出租的建筑物，后者属于企业的投资性房地产，不属于固定资产。

第二，固定资产使用寿命超过一个会计年度。通常情况下固定资产的使用寿命是指使用固定资产的预计期间。固定资产使用寿命超过一个会计年度，意味着固定资产属于长期资产，随着使用和磨损，通过计提折旧方式逐渐减少账面价值。

第三，固定资产为有形资产。固定资产具有实物特征，这一特征将固定资产与无形资产区别开来。有些无形资产可能同时符合固定资产的其他特征，如无形资产为生产商品、提供劳务而持有，使用寿命超过一个会计年度，但是，由于其没有实物形态，所以不属于固定资产。工业企业所持有的工具、用具、备品备件、维修设备等资产，施工企业所持有的模板、挡板、架料等周转材料，以及地质勘探企业所持有的管材等资产，尽管该类资产具有固定资产的某些特征，如，使用期限超过一年，也能够带来经济利益，但由于数量多、单价低，考虑到成本效益原则，在实务中，通常确认为存货。

由于企业的经营内容、经营规模等情况各不相同，固定资产的标准也不可能绝对一致，各企业应该根据制度中规定的固定资产的标准，结合自身的具体情况，制定适合本企业实际情况的固定资产目录、分类方法、每类或每项固定资产的折旧年限、折旧方法，作为固定资产送有关各方备案、核算的依据。

企业制定的固定资产目录、分类方法、每类或每项固定资产的预计使用年限、预计残值、折旧方法等，应当编制成册，并按照管理权限，经股东大会或董事会，或经理（厂长）会议或类似机构批准，按照法律、行政法规的规定报送有关各方备案，同时备置于企业所在地，以供投资者等有关各方查阅。企业已经确定并对外报送，或备置于企业所在地的有关固定资产目录、分类方法、预计残值、预计使用年限、折旧方法等，一经确定不得随意变更。若须变更，仍须按照上述程序，经批准后报送有关各方备案，并在会计报表附注中予以说明。

二、固定资产的分类

企业的固定资产种类繁多、规格不一，为加强管理、便于核算，应对固定资产进行适当的分类。

1. 按照经济的用途分类

按照固定资产的经济用途分类，可以分为生产经营用固定资产和非生产经营用固定资产。

①生产经营用固定资产是指直接参加或服务于企业生产经营中的各种固定资产。如生产经营用的房屋、建筑物、机器设备等。

②非生产经营用固定资产是指不直接参加或服务于企业生产经营中的各种固定资产。如职工宿舍、理发室、食堂、浴室等的房屋、设备和其他固定资产。

固定资产按照经济用途进行分类，可以反映两类固定资产的比例，便于研究固定资产的结构、合理安排两类固定资产的比例。

2. 按照使用情况分类

按照固定资产的使用情况分类，可以分为使用中固定资产、未使用固定资产和不须用固定资产。

①使用中固定资产是指正在使用的各种固定资产。由于季节性生产、大修理等原因暂停使用的固定资产仍属于企业使用中的固定资产。企业出租（指经营性租赁）给其他单位使用的固定资产和车间内部替换使用的固定资产也属于使用中的固定资产。

②未使用固定资产是指已完工或已购建的尚未交付使用的新增固定资产和因改、扩建

等原因而暂停使用的固定资产。

③不须用固定资产是指本企业多余或不须用的，准备处理的固定资产。

固定资产按照使用情况进行分类，可以反映固定资产的利用情况，促使企业尽快地将未使用的固定资产投入使用，及时地处理不须用的固定资产，以提高固定资产的利用率。

3. 综合分类

按照经济用途和使用情况等综合分类，共分为七大类。

①生产经营用固定资产。

②非生产经营用固定资产。

③租出固定资产，指经营租赁方式下出租给外单位使用的机器设备类固定资产，不包括以经营租赁方式出租的建筑物，后者属于企业的投资性房地产，不属于固定资产。

④未使用固定资产。

⑤不须用固定资产。

⑥土地，指过去已经估价单独入账的土地。因征地而支付的补偿费应计入与土地有关的房屋、建筑物的价值内，不单独作为土地入账。企业取得的土地使用权，不作为固定资产管理，而应列为无形资产。

⑦融资租入固定资产，指企业以融资租赁方式租入的固定资产。企业在租赁期间不拥有所有权但拥有实质控制权，根据实质重于形式的原则，在租赁期内，应视为自有的固定资产进行管理。

固定资产按照上述分类，既可以反映固定资产的组成情况，又可以反映固定资产的利用情况。

三、固定资产的计价

1. 计价基础

固定资产的计价方法主要有以下三种：

（1）按照历史成本计价

历史成本也称为原始价值、原始成本、实际成本等，是指企业购建某项固定资产达到可使用状态前所发生的一切合理的、必要的支出。按照这种方法确定的价值，均是实际发生并有支付凭据的支出。企业新购建固定资产的计价，确定计提折旧的依据等均采用这种计价方法。其主要优点是它具有客观性和可验证性，它是固定资产的基本计价标准。我国的《企业会计准则》和会计制度规定、固定资产的计价均采用历史成本。

（2）按照重置价值计价

重置价值也称为现时重置成本、现时重置价值等，是指在目前情况下重新购建该项固定资产所需的全部支出。按照重置成本计价，虽然可以比较真实地反映固定资产的现时价值，但会计实务操作较为复杂，所以很难推广。因此，这种方法仅在清查财产中确定盘盈的固定资产价值时使用，或在对报表进行补充、附注说明时采用。对于投资者投入的固定资产、企业接受捐赠的固定资产也采用重置完全价值计价。

(3) 按照净值计价

固定资产净值也称为折余价值，是指固定资产原始价值或重置价值减去已提折旧后的净额。它可以反映企业实际占用固定资产的金额和固定资产的新旧程度。这种计价方法主要用于计算盘盈、盘亏、毁损固定资产的损益等。

2. 价值构成

固定资产的价值构成是指固定资产价值所包括的范围。它包括为购建固定资产，使之达到预定可使用状态，所发生的一切合理、必要的支出。这些支出包括直接发生的价款、相关税费、运杂费、包装费和安装成本等，也包括间接发生的，如应承担的借款利息、外币借款折算差额以及应分摊的其他间接费用。

由于固定资产的来源渠道不同，其价值构成的具体内容也有所差异。

(1) 外购的固定资产

企业外购的固定资产的入账价值，包括购买价款、相关税费、使固定资产达到预定可使用状态前所发生的可归属于该项资产的运输费、装卸费、安装费和专业人员服务费等。

以一笔款项购入多项没有单独标价的固定资产，应当按照各项固定资产的公允价值比例对总成本进行分配，分别确定各项固定资产的入账价值。

购买固定资产的价款超过正常信用条件延期支付，实质上具有融资性质的，固定资产的成本以购买价款的现值为基础确定。实际支付的价款与购买价款的现值之间的差额，应当在信用期间内采用实际利率法进行摊销，摊销金额除满足借款费用资本化条件应当计入固定资产成本外，均应当在信用期间内确认为财务费用、计入当期损益。

(2) 自行建造的固定资产

企业自行建造的固定资产是指按照建造该项资产达到预定可使用状态前所发生的实际全部支出，作为入账价值。包括工程用物资成本、人工成本、应予以资本化的固定资产：借款费用、交纳的相关税费以及应分摊的其他间接费用等。

(3) 投资者投入的固定资产

投资者投入的固定资产的入账价值，应按照投资合同或协议约定的价值确定，但合同或协议约定价值不公允的除外。

(4) 融资租入的固定资产

在租赁开始日，承租人通常应将租赁开始日租赁资产原账面价值与最低租赁付款额的现值两者中较低者作为租入资产的入账价值。如果该项租赁资产占企业资产总额的比例不大（小于或等于30%），承租人在租赁开始日也可按照最低租赁付款额作为固定资产的入账价值。

(5) 在原有固定资产的基础上进行改建、扩建的固定资产

按照原有固定资产的账面价值，加上由于改建、扩建而使该项固定资产达到预定可使用状态前发生的支出，减去改建、扩建过程中发生的变价收入后的余额，作为入账价值。例如，甲公司对生产线进行改扩建，该生产线原价 1 000 万元，已提折旧 300 万元。改扩建期间发生支出 800 万元，处理废料变价收入 50 万元。该生产线改扩建后的入账价值应为 1 450 万元。

（6）接受债务人以非现金资产

抵偿债务方式取得的固定资产，或以应收债权换入的固定资产按照应收债权的账面价值加上应支付的相关税费，作为固定资产的入账价值。涉及补价的，按照有关会计准则的规定，确定受让的固定资产的入账价值。

①收到补价的，按照应收债权的账面价值减去补价，加上应支付的相关税费作为入账价值。

②支付补价的，按照应收债权的账面价值加上支付的补价和应支付的相关税费作为入账价值。

（7）以非货币性资产交换换入的固定资产

按照换出资产的账面价值，加上应支付的相关税费，作为固定资产的入账价值，及补价的，按照有关会计准则的规定确定受让的固定资产的价值。

①收到补价的，按照换出资产的账面价值加上应确认的收益和应支付的相关税费减去补价后的金额，作为入账价值。

②支付补价的，按照换出资产的账面价值加上应支付的相关税费和补价，作为入账价值。

（8）接受捐赠的固定资产

接受捐赠的固定资产的入账价值按照下列方法确定：

①捐赠方提供了有关凭据的，按照凭据上标明的金额加上应支付的相关税费，作为入账价值。

②捐赠方没有提供有关凭据的，按照以下顺序确定其入账价值：

• 同类或类似固定资产存在活跃市场的，按照同类或类似固定资产的市场价格估计的金额，加上应支付的相关税费，作为入账价值。

• 同类或类似固定资产不存在活跃市场的，按照该接受捐赠的固定资产的预计未来金流量现值，作为入账价值。

③如接受捐赠的是旧的固定资产，依据上述方法确定的新固定资产价值，减去按该项资产的新旧程度估计的价值损耗后的余额，作为入账价值。

（9）盘盈的固定资产

盘盈的固定资产的入账价值按照下列方法确定：

①同类或类似固定资产存在活跃市场的，按照同类或类似固定资产的市场价格，减去按照该项资产的新旧程度估计的价值损耗后的余额，作为入账价值。

②同类或类似固定资产不存在活跃市场的，按照盘盈的固定资产的预计未来现金流量现值，作为入账价值。

（10）经批准无偿调入的固定资产

按照调出单位的账面价值，加上发生的运输费、安装费等相关费用，作为固定资产的入账价值。

四、固定资产的取得

1. 购置固定资产的核算

（1）购入不须安装的固定资产

购入不须安装的固定资产是指企业购入的固定资产不需要安装就可以直接交付使用。按照实际支付的价款和相关税费，借记“固定资产”科目，按照实际支付的增值税进项税额，借记“应交税费——应交增值税（进项税额）”科目，按照实际支付的款项，贷记“银行存款”等科目；一般纳税人购入生产用固定资产（包括房屋建筑物）的进项税额都可以抵扣。2016 年 5 月 1 日，全面实行“营改增”，并于 2016 年 3 月 28 日和 2019 年 4 月 1 日两次降低增值税税率，基本税率为 13%。2016 年 5 月 1 日后取得并在会计制度上按固定资产核算的不动产或者 2016 年 5 月 1 日后取得的不动产在建工程，其进项税额应自取得之日起分 2 年从销项税额中抵扣，第一年抵扣比例为 60%，第二年抵扣比例为 40%。

【例 5-22】甲公司购入一台不须安装的运输设备，取得的增值税专用发票上注明买价为 50 000 元，增值税额为 6 500 元，发生的包装费 1 000 元，运杂费 2 500 元，款项全部以银行存款支付。其账务处理：

借：固定资产　　53 500
　　应交税费——应交增值税（进项税额）　　6 500
　　贷：银行存款　　60 000

（2）购入需要安装的固定资产

购入需要安装的固定资产是指购入的固定资产需要经过安装以后才能交付使用。固定资产在安装完毕交付使用前均应通过“在建工程”科目核算，待安装完毕交付使用时，再由“在建工程”科目转入“固定资产”科目。

①企业购入固定资产时，按照实际支付的买价、相关税金、包装费、运输费等，借记“在建工程”科目；按照实际支付的增值税进项税额，借记“应交税费——应交增值税（进项税额）”科目；按照实际支付的款项，贷记“银行存款”等科目。企业购入用于集体福利或个人消费的固定资产以及非增值税应税项目的不动产，应按照实际成本借记“在建工程”科目，贷记“银行存款”等科目。

②安装过程中，按照支付的安装费用，借记“在建工程”科目，贷记“银行存款”“原材料”等科目。

③安装完毕交付使用，将采购成本和安装成本结转计入固定资产价值，借记“固定资产”科目，贷记“在建工程”科目。

【例 5-23】甲公司于 20×1 年 8 月购入一批需要安装的运输设备，增值税发票注明价款 150 000 元，增值税额 19 500 元，另支付运杂费 4 000 元。安装过程中，发生安装费 1 000 元，款项均以银行存款支付。

购入设备时，该公司编制会计分录如下：

借：在建工程　　154 000
　　应交税费——应交增值税（进项税额）　　19 500

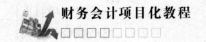

贷：银行存款　　173 500

发生安装费时：

借：在建工程　　1 000

贷：银行存款　　1 000

设备安装完毕交付使用时：

借：固定资产　　155 000

贷：在建工程　　155 000

注：若企业以一笔款项购入多项没有单独标价的固定资产，应当按照各项固定资产的公允价值占购入固定资产公允价值总额的比例，对固定资产的总成本进行分配，分别确定各项固定资产的入账价值。

【例 5-24】乙公司于 20×1 年 8 月一次性购入 A，B 两套不需要安装的运输设备。增值税发票注明价款总额为 3 000 000 元，增值税额 390 000 元，另支付运杂费 50 000 元，款项均以银行存款支付。其中，A 设备的公允价值为 1 200 000 元，B 设备的公允价值为 2 800 000元。

乙公司的会计处理如下：

①确定 A，B 两套不需要安装的运输设备的总成本：

3 000 000+50 000=3 050 000（元）

②确定 A，B 两套运输设备的入账价值：

A 设备的入账价值=1 200 000÷（1 200 000+2 800 000）×3 050 000
=915 000（元）

B 设备的入账价值=2 800 000÷（1 200 000+2 800 000）×3 050 000=2 135 000

③编制会计分录如下：

借：固定资产——A 设备　　915 000

——B 设备　　2 135 000

应交税费——应交增值税（进项税额）　　390 000

贷：银行存款　　3 440 000

2. 自行建造的固定资产的核算

企业自行建造的固定资产，按照建造该项固定资产达到预定可使用状态前所发生的必要支出，作为入账价值。自行建造固定资产须通过“在建工程”科目核算，当所建造的固定资产达到预定可使用状态时，再从“在建工程”科目转入“固定资产”科目。

企业自行建造的固定资产，有自营建造和出包建造两种方式。

（1）自营方式建造固定资产

自营建造的固定资产的入账价值，按照建造该项固定资产达到预定可使用状态前发生的必要支出确定，包括直接材料、直接人工、直接机械施工费等。自营建造的固定资产主要通过“工程物资”和“在建工程”科目进行核算。

①工程物资的核算。企业采购工程物资时，应按照实际支付的买价、支付的增值税以外的税金、包装费、运输费等，借记“工程物资”科目；按照支付的增值税进项税额，借

记“应交税费——应交增值税（进项税额）”科目；按照实际支付的款项，贷记“银行存款”等科目。

②固定资产建造过程的核算。企业固定资产构建领用工程用物资时，按照实际成本，借记“工程物资”科目；发生的其他建造费用，按照实际成本，借记“在建工程”科目，贷记“应付职工薪酬”“原材料”“银行存款”等科目。其中不动产工程领用企业的原材料时，应按照实际成本和应转出的增值税进项税额，借记“在建工程”科目；按照实际成本，贷记“原材料”科目；按照应转出的增值税进项税额，贷记“应交税费——应交增值税（进项税额）”科目。

③安装完毕交付使用。企业应按照全部成本结转计入固定资产价值，借记“固定资产”科目，贷记“在建工程”科目。

【例 5-25】甲公司于 20×1 年 8 月拟自行建造一条生产流水线，发生下列经济业务：

①购入工程用材料一批，买价 300 000 元，增值税专用发票上注明的增值税进项税额 39 000 元，款项已由银行存款支付：

借：工程物资	300 000	
应交税费——应交增值税（进项税额）	39 000	
贷：银行存款		339 000

②领用工程材料 300 000 元：

借：在建工程	300 000	
贷：工程物资		300 000

③领用生产用原材料一批，实际成本 10 000 元：

借：在建工程	10 000	
贷：原材料		10 000

④月末结算工程工人工资 30 000 元：

借：在建工程	30 000	
贷：应付职工薪酬		30 000

⑤工程完工正式交付使用：

借：固定资产	340 000	
贷：在建工程		340 000

【例 5-26】乙公司自行建造仓库一座. 为建造该仓库，发生的有关业务如下：

①购进工程用的材料一批，买价 300 000 元，增值税税额 39 000 元，款项已由银行存款支付：

借：工程物资	300 000	
应交税费——应交增值税（进项）	39 000	
贷：银行存款		339 000

②领用工程材料 300 000 元。

借：在建工程	300 000	
贷：工程物资		300 000

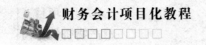

③领用生产用原材料一批实际成本 10 000 元。

借：在建工程　10 000

　　贷：原材料　10 000

④结算工程工人工资及福利费 25 000 元。

借：在建工程　25 000

　　贷：应付职工薪酬　25 000

⑤辅助生产车间为工程提供的劳务支出 5 000 元。

借：在建工程　5 000

　　贷：生产成本——辅助生产成本　5 000

⑥为建造该仓库专门借入了一笔专门借款，工程应负担的借款费用 3 500 元。

借：在建工程　3 500

　　贷：长期借款　3 500

⑦剩余物资转作企业原材料 10 000 元。

借：原材料　10 000

　　贷：在建工程　10 000

⑧工程完工并交付使用。

借：固定资产　333 500

　　贷：在建工程　333 500

（2）出包方式建造固定资产

出包工程是指企业通过招标等方式将工程项目发给建造商，由建造商组织施工的建筑工程和安装工程。企业采用出包方式进行的固定资产工程，其工程的具体支出主要由建筑商核算。在这种方式下，“在建工程”账户主要是企业与建造商办理工程价款的结算账户，企业支付给建造商的工程价款作为工程成本，通过“在建工程”账户核算。

【例 5-27】企业将建造仓库的工程出包，双方签订的合同约定工程总造价为400 000元，企业先预付工程价款的 50%，另外 50% 待工程竣工验收后再支付。编制会计分录如下：

①向承包单位预付 50%的工程价款时：

借：在建工程——建筑工程（仓库工程）　200 000

　　贷：银行存款　200 000

②工程竣工验收后支付另外 50%的工程价款时：

借：在建工程——建筑工程（仓库工程）　200 000

　　贷：银行存款　200 000

③工程完工交付使用时：

借：固定资产　400 000

　　贷：在建工程——建筑工程（仓库工程）　400 000

3. 其他方式取得的固定资产的核算

（1）投资者投入的固定资产

投资者投入的固定资产按照投资合同或协议约定的价值或者该固定资产的公允价值确

认，借记“固定资产”科目；按照投资各方确认的价值在其注册资本中所占的份额，贷记“实收资本”或“股本”科目；按照投资各方确认的价值与确认为实收资本或股本等差额，确认为资本公积，贷记“资本公积——资本溢价”科目。

【例 5-28】 甲公司注册资本 100 万元。后来接受乙企业一套设备进行投资。该设备原价 523 000 元，已提折旧 121 000 元，双方协商确认的价值为 400 000 元，占本公司注册资本的 30%。

借：固定资产　　400 000

　　贷：实收资本　　300 000

　　　　资本公积　　100 000

（2）融资租入的固定资产

融资租赁是指实质上转移了与资产所有权有关的全部风险和报酬的租赁。企业对企业采用融资租赁方式租入的固定资产，虽然在法律形式上资产的所有权在租赁期间仍然属于出租人，但由于资产的租赁期基本上包括了资产的有效使用年限，承租企业实质上获得了租赁资产所能提供的主要经济利益，同时承担了与资产所有权有关的风险。因此，承租企业应将融资租入资产作为一项固定资产入账，同时确认相应的负债，并采用与自有应折旧资产相一致的折旧政策计提折旧。

企业在租赁期开始日，将租赁资产的公允价值与最低租赁付款额现值两者中较低者，作为租入资产的入账价值，借记“固定资产——融资租入固定资产”科目，按照最低租赁付款额，贷记“长期应付款——应付融资租赁款”科目，固定资产入账价值与最低租赁付款额之间的差额，计入“未确认融资费用”。未确认融资费用应当在租赁期内各个期间按照实际利率法进行分摊，借记“财务费用”科目，贷记“未确认融资费用”科目。企业在支付租金时，应按照每期支付的租金金额，借记“长期应付款——应付融资租赁款”科目，贷记“银行存款”科目。租赁期满，如合同规定将租赁资产所有权转归承租企业，应进行转账，将固定资产从“融资租入固定资产”明细科目转入有关明细科目。

（3）接受捐赠的固定资产

根据税法的规定，年度终了，对于接受固定资产捐赠的，并入当期应纳税所得额，计算缴纳企业所得税。如果并入一个纳税年度缴税确有困难的，经主管税务机关审核确认，可以在不超过 5 年期间内均匀计入各年度应纳税所得额。

企业接受捐赠固定资产应按照会计规定确认的入账价值，借记“固定资产”科目；贷记“营业外收入”“银行存款”等科目。年终，确认所得税时，借记“所得税费用”，贷记“递延所得税负债”“应交税费——应交所得税”科目。

【例 5-29】 某公司 20×1 年 8 月 10 日接受一外商捐赠轿车一辆，根据发票及报关单有关单据，该轿车账面原值 300 000 元，估计折旧 100 000 元，运费 2 000 元。该公司所得税率为 25%。所得税分 5 年缴纳。

（1）借：固定资产　　202 000

　　　　贷：营业外收入—捐赠利得　　200 000

　　　　　　银行存款　　2 000

（2）借：所得税费用　　　　　　　　　　　　50 000（200000×25%）
　　　贷：应交税费——应交所得税　　　　　　　　　10 000
　　　　　递延所得税负债　　　　　　　　　　　　　40 000

（3）以后连续四年，每年做如下会计分录：
　　借：递延所得税负债　　　　　　　　　　10 000
　　　贷：应交税费——应交所得税　　　　　　　　　10 000

五、固定资产的折旧

1. 固定资产折旧的概念

固定资产折旧是指固定资产在使用期限内因不断地发生损耗，而逐渐转移到产品成本或有关费用中去的那部分价值。固定资产的损耗分为有形损耗和无形损耗两种。有形损耗又称物质损耗或物质磨损，是指固定资产由于使用发生的物质磨损或自然力的影响，受到物理、化学或自然力等因素的作用而逐渐发生的一定程度的损耗或磨损。如设备使用中发生的磨损、房屋建筑物受到的自然侵蚀等。无形损耗是指由于社会劳动生产率的提高，科学技术的发明和发现，使原有机器设备变得很不经济、不得不提前退废，从而引起的价值损失。随着科学技术的迅猛发展，固定资产的无形损耗将更为明显。

从本质上讲，折旧也是一种费用。固定资产折旧的过程中，企业占用固定资产形态上的资金因固定资产价值的逐步转移而不断减少，并以折旧方式转化为成本费用和随着收入的实现得到补偿。

2. 影响固定资产折旧的因素

影响折旧的因素主要有以下几方面：

（1）固定资产的折旧基数

固定资产的折旧基数即固定资产的原始价值。它表明在固定资产的整个使用期内，应将取得时发生的原始成本通过计提折旧的方法，从各期收入中收回，以实现固定资产价值的补偿和实物的更新。

（2）固定资产的净残值

固定资产的净残值是指预计固定资产报废时可以收回的残余价值扣除预计清理费用后的数额。净残值是在固定资产报废时对固定资产支出的一种价值回收，将固定资产原价减去报废时预计的净残值，即为固定资产在整个使用期间的应提折旧总额。由于在计算折旧时，对固定资产的残余价值清理费用只能人为估计，不可避免地存在主观随意性。为了避免人为调整净残值的数额从而人为地调整计提折旧额，我国财务制度规定：预计残值比例在原价的3%~5%以内，由企业自行在规定的范围内确定；由于情况特殊需要调整的，应报有关部门备案。

（3）固定资产的使用年限

固定资产的使用年限应指使用寿命的年限，其长短直接影响各期应提的折旧额。企业在确定固定资产使用年限时，主要应当考虑以下因素：

①该资产的预计生产能力或实物产量。

②该资产预计的有形损耗。

③该资产预计的无形损耗，如因新技术的出现而使现有的技术水平相对低下和因市场需求的变化使产品过时等。

④有关资产使用的法律或类似规定的限制。

具体到某一固定资产的预计使用寿命，企业应在考虑上述因素的基础上，结合不同固定资产的性质、消耗方式、所处环境等因素做出判断。在相同环境条件下，对于同样的固定资产预计使用寿命应具有相同的预期。

3. 固定资产的折旧方法

与固定资产有关的经济利益的预期实现方式有许多种，所以企业应根据其方式合理地选择固定资产的折旧方法。不同的折旧方法会对企业的成本费用、利润产生不同的影响，所以，固定资产折旧方法一经确定，不得随意变更。

有关固定资产的预计使用年限、净残值、折旧方法等由企业自行确定，并按照管理权限批准作为计提折旧依据，一经确定不得随意变更。

4. 固定资产折旧的范围

为了正确计算固定资产的折旧，首先要明确哪些固定资产应当计提折旧、哪些固定资产不应计提折旧，即要明确计提固定资产折旧的范围。会计准则规定，企业应对所有固定资产计提折旧。但是下列固定资产不计提折旧：

①已提足折旧仍继续使用的固定资产；②按照规定单独估价作为固定资产入账的土地；③已全额计提减值准备的固定资产；④提前报废的固定资产，不再补提折旧。

已达到预定可使用状态的固定资产，如果尚未办理竣工决算的，应当按照估计价值暂估入账，并计提折旧；待办理完竣工决算手续后，再按照实际成本调整原来的暂估价值，但不需要调整原已计提的折旧额。

企业一般按月计提折旧，当月增加的固定资产，当月不计提折旧，从下月起计提折旧；当月减少的固定资产，当月计提折旧，从下月起不提折旧。固定资产提足折旧后，不管能否继续使用，均不能再提折旧；提前报废的固定资产，也不再补提折旧。

5. 固定资产折旧的方法

企业应当根据与固定资产有关的经济利益的预期实现方式，合理选择固定资产的折旧方法。可选用的折旧方法包括年限平均法、工作量法、双倍余额递减法和年数总和法等。其中，年限平均法和工作量法为直线法折旧；年数总和法和双倍余额递减法为加速法折旧。

（1）年限平均法

年限平均法是将固定资产的折旧均衡地分摊到各期的一种方法。使用这种方法计算的每期折旧额均是等额的。其计算公式为：

年折旧率=（1-预计净残值率）÷预计使用年限

月折旧率=年折旧率÷12

月折旧额=固定资产原值×月折旧率

使用年限平均法的优点是比较简单，且各期对会计利润的影响相同。缺点是没有考虑固定资产的各期所带来的经济利益不均衡问题，一般来讲，固定资产在使用前期带来的经济利益较多，而在使用后期带来的经济利益较少；没有考虑固定资产在各期发生的维修费用不均衡问题，一般情况下，固定资产的维修费用将随着其使用时间的延长而不断增大。因此，这种方法适用于固定资产在各个使用期间的磨损较均衡的情况。

【例 5-30】 甲公司某项固定资产原价为 50 000 元，预计使用年限为 10 年，预计残值收入为 3 000 元，预计清理费用为 1 000 元，则：

固定资产年折旧率=［50 000-（3 000-1 000）］÷（10×50 000）=9.6%

固定资产月折旧率=9.6%÷12=0.8%

固定资产月折旧额=50 000 元×0.8%=400（元）

上述折旧率是按照个别固定资产单独计算的，称为个别折旧率，即某项固定资产在一定期间的折旧额与该项固定资产原价的比率，此外，还有分类折旧率和综合折旧率。

分类折旧率是指固定资产分类折旧额与该类固定资产原价的比率。采用这种方法，应先把性质、结构和使用年限接近的固定资产归为一类，再按类计算平均折旧率，用该类折旧率对该类固定资产计提折旧。分类折旧率的计算公式如下：

某类固定资产年分类折旧率=该类固定资产年折旧额之和÷该类固定资产原价之和

采用分类折旧率计算固定资产折旧，其优点是计算方法简单，但准确性不如个别折旧率。

综合折旧率是指某一期间企业全部固定资产折旧额与全部固定资产原价的比率。其计算公式如下：

固定资产年综合折旧率=各项固定资产年折旧额之和÷各项固定资产原价之和

（2）工作量法

工作量法是根据固定资产的实际工作量计提折旧额的一种方法。工作量可用行使里程、工作小时以及产品产量等表示。其计算公式为：

每一工作量折旧额=固定资产原值×（1-预计净残值率）÷预计总工作量

某项固定资产月折旧额=该项固定资产当月工作量×每一工作量折旧额

采用工作量法的优点是固定资产的折旧额与其磨损程度相符，因而分摊较为合理。缺点是只注重固定资产的使用程度，而忽略了其自然侵蚀的影响。这种方法适用于固定资产在各个使用期间的磨损程度不均衡的情况。一般适用于企业专业车队的客、货运汽车，大型设备等的折旧计算。

【例 5-31】 甲公司有运输卡车一辆，原值 200 000 元，预计行程 195 万公里，预计残值 6 000 元，预计清理费用 1 000 元，本月行驶 1 000 公里。

单位里程折旧额=（200 000-6 000+1 000）÷1 950 000=0.1（元/公里）

本月折旧额=0.1×1 000=100（元）

（3）双倍余额递减法

双倍余额递减法是指将直线法的年折旧率（不考虑净残值）加倍，以固定资产余额价值为基数计算各年折旧额的一种折旧方法。其计算公式为：

年折旧率=2÷预计使用年限×100%

月折旧额=固定资产折余价值×月折旧率

注意：由于双倍余额递减法是在不考虑固定资产残值的情况下，用每年年初固定资产账面余额和折旧率来计算各期折旧额的，因此，在采用这种方法时必须注意不能使用固定资产残值账面折余价值低于它的预计净残值，一般在其固定资产折旧年限到期的最后两年，改用直线法折旧。

【例 5-32】 甲公司某项固定资产原值为 25 000 元，预计折旧年限为 5 年，预计净残值率为 4%，净残值为 1 000 元，计算年折旧率及年折旧额。

年折旧率=2÷5×100%=40%

第一年折旧额=25 000×40%=10 000（元）

第二年折旧额=（25 000-10 000）×40%=6 000（元）

第三年折旧额=（25 000-16 000）×40%=3 600（元）

第四、五年折旧额=（25 000-19 600-1 000）×50%=2 200 元

（4）年数总和法

年数总和法是将固定资产的原值减去预计净残值之后的净额，乘以一个逐年递减的分数计算每年的折旧额。这个分数的分子代表固定资产尚可使用的年数，分母代表使用年限的逐年数字总和。这种方法的特点是计算折旧的基数不变，而折旧率则随着使用年数增加而逐年下降。因此，各年的折旧额也是逐渐递减的。其计算公式为：

年折旧率=尚可使用年限÷预计可使用年限的年数之和

月折旧率=年折旧率÷12

月折旧额=（固定资产原值-预计净残值）×月折旧率

【例 5-33】 甲公司一项固定资产的原价为 100 000 元，预计使用年限 5 年净残值 4 000 元，按照双倍余额递减法计算年折旧额。

第一年折旧率=（5-0）/（1+2+3+4+5）=5/15

折旧额=（100 000-4 000）×5/15=32 000（元）

第二年折旧率=（5-1）/（1+2+3+4+5）=4/15

折旧额=（100 000-4 000）×4/15=25 600（元）

第三年折旧率=（5-2）/（1+2+3+4+5）=3/15

折旧额=（100 000-4 000）×3/15=19200（元）

第四年折旧率=（5-3）/（1+2+3+4+5）=2/15

折旧额=（100 000-4 000）×2/15=12800（元）

第五年折旧率=（5-4）/（1+2+3+4+5）=1/15

折旧额=（100 000-4 000）×1/15=6400（元）

6. 提取折旧的账务处理

企业每月计提的折旧额应按照固定资产的用途和使用部门，记入不同的成本费用账户。企业基本生产车间所使用的固定资产，其计提的折旧应计入“制造费用”科目；管理部门所使用的固定资产，其计提的折旧应计入“管理费用”科目；销售部门所使用的固定

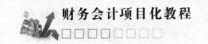

资产，其计提的折旧应计入“销售费用”科目；经营租出的固定资产，其计提的折旧应计入“其他业务成本”科目；闲置不用的固定资产，其计提的折旧应计入“管理费用”科目。

【例 5-34】甲公司采用年限平均法对固定资产计提折旧。20×1 年 7 月固定资产折旧如下：一车间 160 000 元，二车间 300 000 元，厂部 100 000 元，销售部 50 000 元。会计处理如下：

借：制造费用——一车间	160 000	
——二车间	300 000	
管理费用	100 000	
销售费用	50 000	
贷：累计折旧		610 000

六、固定资产的后续支出

固定资产的后续支出是指固定资产在使用过程中发生的更新改造支出、修理费用等。企业的固定资产投入使用后，为了适应新技术发展的需要，或者为了维护或提高固定资产的使用效能，往往需要对现有的固定资产进行维护、改建、扩建或者改良，这些支出就是固定资产的后续支出。固定资产的后续支出通常包括固定资产在使用过程中发生的日常修理费、大修理费、更新改造支出、房屋的装修费等。

如果固定资产的后续支出增强了固定资产获取未来经济利益的能力，如延长了固定资产的使用寿命、使产品质量实质性提高或使产品成本实质性降低、使可能流入企业的经济利益超过了原先的估计，则应将该支出资本化，计入固定资产的账面价值，否则，应将这些后续支出予以费用化。

1. 固定资产的更新改造

企业将固定资产进行更新改造的，如符合资本化的条件，应将固定资产的原价、已计提的累计折旧额和减值准备转销，将其账面价值转入在建工程，并停止计提折旧。固定资产发生的可资本化的后续支出，通过“在建工程”账户核算。待更新改造等工程完工并达到预定可使用状态时，再从“在建工程”转为“固定资产”，并将重新确定的使用寿命、预计净产值和折旧方法计提折旧。

【例 5-35】甲公司有一生产线，20×1 年 12 月建成并投入使用，建造成本为 20 万元，采用年限平均法计提折旧，预计该生产线的使用寿命为 5 年，预计净残值率为原值的 2%。20×4 年 1 月 1 日，公司为满足生产发展的需要，决定对该生产线进行扩建以提高其生产能力。扩建用时 3 个月，共发生支出 14 万元（假定全部用银行存款支付）。改扩建后的生产线预计尚可使用 6 年，预计净残值率为扩建后该生产线账面价值的 3%，折旧方法仍为年限平均法。该公司账务处理如下：

①20×2 年 1 月 1 日到 20×3 年 12 月 31 日两年间，该生产线每年应计提的折旧额为 39 200元，每月提取折旧 3 266. 67 元。两年中，每月的月末计提折旧的账务处理为：

借：制造费用	3 266. 67	

贷：累计折旧　3 266.67

②20×4 年 1 月 1 日，该生产线的账面价值为 121 600 元（200 000-39 200×2），该生产线转入扩建时的账务处理为：

借：在建工程　121 600

　　累计折旧　78 400

　贷：固定资产　200 000

③20×4 年 1 月 1 日至 3 月 31 日，发生扩建支出的账务处理为：

借：在建工程　140 000

　贷：银行存款　140 000

④扩建工程达到预定可使用状态，后续支出全部资本化后的生产线的账面价值为 261 600 元，转为固定资产。其账务处理：

借：固定资产　261 600

　贷：在建工程　261 600

⑤扩建后的生产线的年折旧额为 43 600 元，月折旧额为 3 633.33 元，4 月开始每月月末计提折旧的账务处理为：

借：制造费用　3 633.33

　贷：累计折旧　3 633.33

2. 固定资产的修理

一般情况下，固定资产投入使用后，由于磨损、各组成部分的耐用程度不同，可能会导致固定资产的局部损坏，为了维护固定资产的正常运转和使用、充分发挥其使用效能，企业应对固定资产进行必要的维护。固定资产的日常维护支出只是确保固定资产的正常工作状态，通常不满足资本化支出的确认条件，应在发生时费用化处理、计入当期损益，不得采用待摊或预提的方式处理。

【例 5-36】 20×1 年 10 月 24 日，乙公司对现有的一台管理用设备进行修理，修理过程中领用原材料一批，价值 5 万元，为购买该批材料支付的增值税进项税额为 0.85 万元，修理费 500 元，发生应支付维护人员的工资 15 000 元。账务处理如下：

借：管理费用　65 500

　贷：原材料　50 000

　　　应付职工薪酬　15 000

　　　银行存款　500

3. 固定资产的装修费用

固定资产的装修费用如果满足固定资产的确认条件，则应当将后续支出计入固定资产账面价值，并在“固定资产”科目下设置“固定资产装修”明细科目核算，在两次装修期间和固定资产尚可使用年限两者中较短期间内，采用合理的方法单独计提折旧。如果在下次装修时，该项固定资产相关的“固定资产装修”明细科目仍有账面价值，应将该账面价值一次全部计入当期营业外支出。

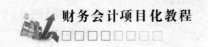

七、固定资产的处置

固定资产处置包括固定资产的出售、转让、报废和毁损、对外投资、非货币性资产交换、债务重组等。为加强固定资产管理、充分合理地提高固定资产的利用效率，企业在处置固定资产时应严格按照规定的程序进行审批，并填制相应的凭证，财会部门根据原始凭证，经审核无误后及时进行账务处理。

固定资产清理处置应通过“固定资产清理”科目核算。本科目借方反映转入清理的固定资产的净值、发生的清理费用等，贷方反映出售固定资产的价款、残料价值和变价收入以及应由保险公司或过失人赔偿的损失。期末余额反映企业尚未清理完毕的固定资产价值以及清理净收益。

固定资产的处置的核算有以下两点：

1. 固定资产的出售、报废、毁损核算

企业因出售、报废或毁损等处置固定资产的账务处理及其步骤如以下几点：

（1）固定资产转入清理

出售、报废或毁损的固定资产转入清理时，应按照清理固定资产的账面价值，借记“固定资产清理”科目；按照已提的折旧，借记“累计折旧”科目；按照已提的减值准备，借记“固定资产减值准备”科目；按照固定资产原价，贷记“固定资产”科目。

（2）发生的清理费用

固定资产清理过程中发生的清理费用，按照实际发生额，借记“固定资产清理”科目，贷记“银行存款”等科目。

（3）计算缴纳的增值税

根据财政部、国家税务总局《关于部分货物适用增值税低税率和简易办法征收增值税政策的通知》（财税〔2009〕9号）的规定，纳税人销售自己使用过的固定资产适用的税收政策如下：

①一般纳税人销售自己使用过的不得抵扣且未抵扣进项税额的固定资产，按照简易办法依4%征收率减半征收增值税。

②一般纳税人销售自己使用过的其他固定资产，自2009年1月1日起以下4种情况征收增值税：

销售自己使用过的2009年1月1日以后购进或者自制的固定资产，按照适用税率征收增值税；2008年12月31日以前未纳入扩大增值税抵扣范围试点的纳税人，销售自己使用过的2008年12月31日以前购进或者自制的固定资产，按照4%征收率减半征收增值税；2008年12月31日以前已纳入扩大增值税抵扣范围试点的纳税人，销售自己使用过的在本地区扩大增值税抵扣范围试点以前购进或者自制的固定资产，按照4%征收率减半征收增值税；销售自己使用过的在本地区扩大增值税抵扣范围试点以后购进或者自制的固定资产，按照适用税率征收增值税。

上述固定资产，是指固定资产中的动产，不包含房屋等不动产。

③从2016年5月1日开始，取消营业税，全面实行增值税。销售自己使用过的2016

年4月30日以后构建的生产经营用固定资产（包括房屋建筑物）不再适用简易办法。按照处置时的适用税率计算确认销项税额。

企业应按照税法的有关规定，按不含税销售额（即变价收入）计算缴纳增值税；按收到的销售款，借记“银行存款”科目；按不含税金额，贷记“固定资产清理”科目；按应缴纳的增值税销项税额，贷记“应交税费——应交增值税（销项税额）”科目。

（5）出售收入、残料、保险赔偿等的处理

收回出售固定资产的价款，报废固定资产的残料价值或变价收入等，按照实际收到的出售价款或残料变价收入等，借记“银行存款”“原材料”等科目，贷记“固定资产清理”科目。收到由保险公司或过失人赔偿的损失，借记“银行存款”“其他应收款”等科目，贷记“固定资产清理”科目。

（6）清理净损益的处理

固定资产清理后的净收益，属于生产经营期间的，计入损益，借记“固定资产清理”科目，贷记“资产处置损益——处置非流动资产收益”科目；固定资产清理后的净损失，属于生产经营期间由于自然灾害等非正常原因造成的损失，借记“营业外支出——非常损失”科目，贷记“固定资产清理”科目；属于生产经营期间正常的处理损失，借记“资产处置损益——处置非流动资产损失”科目，贷记“固定资产清理”科目。

【例5-37】甲公司出售一台使用过的设备，原价300 000元（不含增值税），购入时间为2009年3月。设备折旧年限为10年，采用平均年限法计提折旧，不考虑净残值。2011年3月公司出售该设备时，该设备恰好已使用2年，售价为234 000元（含增值税），适用17%的增值税税率。

①固定资产转入清理：

由于固定资产是在增值税转型后购入的，购入时支付的增值税进项税额允许抵扣，所以固定资产原值为（不含税价）300 000元，使用两年累计计提折旧=（300 000÷10）×2=60 000（元），销售时应按照适用税率计算缴纳增值税=［234 000÷（1+17%）］×17%=34 000（元）。

借：固定资产清理　　240 000
　　累计折旧　　60 000
　　贷：固定资产　　300 000

②收到销售款时：

借：银行存款　　234 000
　　贷：固定资产清理　　200 000
　　　　应交税费——应交增值税（销项税额）　　34 000

③结转清理净损益：

借：资产处置损益　　40 000
　　贷：固定资产清理　　40 000

值得注意的是，如果该设备的购入时间为2008年10月15日，则固定资产的原值为351 000元（购入的增值税进项税额计入设备成本），假设该设备出售之日为2011年10月

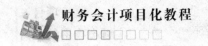

25 日，则该设备出售时应按照不含税销售额与 4%的征收率减半征收增值税。则相关增值税计算及会计处理如下：

①固定资产转入清理：

3 年累计计提折旧＝（351 000÷10）×3＝105 300（元），2011 年 10 月 25 日出售时应缴纳增值税＝［234 000÷（1+4%）］×4%×50%＝4 500（元）。

借：固定资产清理	245 700	
累计折旧	105 300	
贷：固定资产		351 000

②收到销售款时：

借：银行存款	234 000	
贷：固定资产清理		229 500
应交税费——应交增值税（销项税额）		4 500

③结转清理净损益：

借：资产处置损益	16 200	
贷：固定资产清理		16 200

2. 其他方式转出固定资产的核算

（1）对外投资转出固定资产的核算

企业对外投资转出的固定资产按照转出固定资产的账面价值加上应支付的相关税费，借记“固定资产清理”科目；按照转出固定资产已提折旧，借记“累计折旧”科目；按照转出固定资产已计提的减值准备，借记“固定资产减值准备”科目；按转出固定资产的账面原值，贷记“固定资产”科目；按照应支付的相关税费，贷记“银行存款”“应交税费”等科目。转出投资不符合非货币性资产交换条件的，按照转出固定资产净损益，借记“长期股权投资”科目，贷记“固定资产清理”科目；转出投资符合非货币性资产交换条件的，应按照投资确认的公允价值，借记“长期股权投资”科目，贷记“固定资产清理”科目；转出资产净损益与投资确认价值的差额列为当期损益，计入营业外支出。

（2）捐赠转出固定资产的核算

对外捐赠转出固定资产的账务处理与固定资产的出售、报废、毁损的处理基本一致，要通过“固定资产清理”账户核算。但期末，应将“固定资产清理”账户的余额进行结转，借记“营业外支出——捐赠支出”科目，贷记“固定资产清理”科目。

八、固定资产的清查

固定资产清查是对固定资产的质量与数量所进行的清查与核对。企业应对固定资产定期或者至少每年年末实地盘点一次，对发生的盘盈、盘亏的固定资产应填制固定资产盘盈盘亏报告表。清查固定资产的损益，应及时查明原因，并按照规定程序报批处理。

固定资产清查的核算有以下两点：

1. 盘盈

企业盘盈的固定资产应作为前期差错通过“以前年度损益调整”账户进行核算。按照盘盈固定资产的重置价值减去估计价值损耗（估计折旧）后的余额，借记“固定资产”科目，贷记“以前年度损益调整”科目。审批后，按照盘盈的固定资产的净值，借记“以前年度损益调整”科目；按照应调整增加的所得税费用，贷记“应交税费——应交所得税”科目；按照其余额，贷记“利润分配——未分配利润”科目。企业盘盈的固定资产应作为前期差错通过“以前年度损益调整”账户进行核算。按照盘盈固定资产的重置价值减去估计价值损耗（估计折旧）后的余额，借记“固定资产”科目，贷记“以前年度损益调整”科目。审批后，按照盘盈的固定资产的净值，借记“以前年度损益调整”科目；按照应调整增加的所得税费用，贷记“应交税费——应交所得税”科目；按照其余额，贷记“利润分配——未分配利润”科目。

【例 5-38】甲公司盘盈设备一台，市场价格为 12 000 元，估计损耗价值为 5 000 元。所得税税率为 25%。则其账务处理如下：

①发现盘盈时：

借：固定资产	7 000	
贷：以前年度损益调整		7 000

②经审核此项盘盈应调整所得税费用 7 000×25% = 1 750 元，余额转入“利润分配——未分配利润”科目：

借：以前年度损益调整	7 000	
贷：应交税费——应交所得税		1 750
利润分配——未分配利润		5 250

2. 盘亏

固定资产盘亏造成的损失应当计入当期损益。企业在财产清查中盘亏的固定资产，按照盘亏固定资产的账面价值，借记“待处理财产损溢——待处理固定资产损益”科目；按照已计提的累计折旧，借记“累计折旧”科目；按照已计提的减值准备，借记“固定资产减值准备”科目；按照固定资产原价，贷记“固定资产”科目。

按管理权限报经批准后处理时，按照可收回的保险赔偿或过失人赔偿，借记“其他应收款”科目；按照盘亏的固定资产的账面价值，贷记“待处理财产损溢——待处理固定资产损益”科目，借贷差额，借记“营业外支出——盘亏损失”科目。

【例 5-39】甲公司 20×1 年年末组织人员对固定资产进行清查时，发现丢失一台电机，该设备原价 100 000 元，已计提折旧 40 000 元，并已计提减值准备 10 000 元。经查，设备丢失的原因在于设备管理员看守不当。经董事会批准，由设备管理员赔偿 15 000 元。其账务处理如下：

①发现电机设备盘亏时：

借：待处理财产损溢	50 000
累计折旧	40 000
固定资产减值准备	10 000

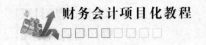

　　贷：固定资产　　100 000

②董事会报经批准后：

借：其他应收款　　15 000

　　营业外支出——盘亏损失　　35 000

　　贷：待处理财产损溢　　50 000

九、固定资产的期末计价

为了客观、真实、准确地反映期末固定资产的实际价值，企业在资产负债表日，应合理地确定固定资产的期末价值。固定资产价值的再确认，就是确定固定资产在期末或一定时点的可收回金额。

1. 固定资产减值准备的概念及其确认条件

所谓固定资产减值准备是指由于固定资产市价持续下跌，或技术陈旧、损坏、长期闲置等原因导致其可收回金额低于账面价值的，应当将可收回金额低于其账面价值的差额作为固定资产减值准备，并计入当期损益。可收回金额是指资产的销售净价与预期从该资产的持续使用和使用寿命结束时的处置中形成的现金流量的现值两者之中的较高者。其中，销售净价是指资产的销售价格减去处置资产所发生的相关税费后的余额。账面价值指固定资产原值扣减已提累计折旧和固定资产减值准备后的净额。

企业可能发生减值准备的迹象主要包括以下几方面：

①资产的市价当期大幅度下跌，其跌幅明显高于因时间的推移或者正常使用而预计的下跌。

②企业经营所处的经济、技术或者法律等环境以及资产所处的市场在当期或者将近期发生重大变化，从而对企业产生不利影响。

③市场利率或者其他市场投资报酬率在当期已经提高，从而影响企业计算资产预计未来现金流量现值的折现率，导致资产可收回金额大幅度降低。

④有证据表明资产已经陈旧过时或者其实体已经损坏。

⑤资产已经或者将被闲置、终止使用或者计划提前处置。

⑥企业内部报告的证据表明资产的经济绩效已经低于或者将低于预期，如资产所创造的净现金流量或者实现的营业利润（或者亏损）远远低于（或者高于）预计金额等。

⑦其他表明资产可能已经发生减值的迹象。

当存在下列情况之一时，应当按照该项固定资产的账面价值全额计提固定资产减值准备：

①长期闲置不用，在可预见的未来不会再使用，且已无转让价值的固定资产；

②由于技术进步等原因，已不再使用的固定资产；

③虽然固定资产尚可使用，但使用后产生大量不合格品的固定资产；

④已遭毁损，以至于不再具有使用价值和转让价值的固定资产；

⑤其他实质上已经不能再给企业带来经济利益的固定资产。

应该注意的是，已全额计提减值准备的固定资产，不再计提折旧。

2. 固定资产减值准备的账务处理

企业应设置“固定资产减值准备”账户，贷方反映提取的减值准备数，借方反映转销的固定资产减值准备，贷方余额反映企业已计提但尚未转销的固定资产减值准备。企业发生固定资产减值时，借记“资产减值损失”科目，贷记“固定资产减值准备”科目。固定资产减值损失一经确认，在以后会计期间不得转回。

【例 5-40】20×1 年 12 月 31 日，乙公司的一设备存在可能发生减值迹象。该设备账面原值 70 万元，已提折旧 40 万元，经确认该设备的可收回金额合计为 25 万元的以前年度未对设备计提过减值准备。则其账务处理如下：

资产减值 =（700 000-400 000）-250 000=50 000（元）

借：资产减值损失　　50 000

　　贷：固定资产减值准备　　50 000

模块四　无形资产

一、无形资产的概述

1. 无形资产的概念及其基本特征

无形资产是指企业拥有或者控制的没有实物形态的可辨认非货币性资产。相对于其他资产，无形资产的特征具有以下几点：

（1）无形资产不具有实物形态

无形资产通常表现为某种权利、某项技术或是某种获取超额利润的综合能力，它们不具有实物形态，比如，土地使用权、非专利技术等。企业的有形资产（如固定资产）虽然也能为企业带来经济利益，但其为企业带来经济利益的方式与无形资产不同，固定资产是通过实物价值的磨损和转移来为企业带来未来的经济利益，而无形资产很大程度上是通过自身所具有的技术等优势为企业带来未来经济利益。

（2）无形资产具有可辨认性

无形资产符合以下条件之一的，则认为其具有可辨认性：

①能够从企业中分离或者划分出来，并能单独或者与相关合同、资产或负债用于出售、转移、授权许可、租赁或者交换。

②产生于合同性权利或其他法定权利，无论这些权利是否可以从企业或其他权利和义务中转移或者分离。如一方通过与另一方签订特许权合同而获得的特许使用权，通过法律程序申请获得的商标权、专利权等。

如果企业有权获得一项无形资产产生的未来经济利益，并能约束其他方获取这些利益，则表明企业控制了该项无形资产。例如，对于会产生经济利益的技术知识，若其受到版权、贸易协议约束等法定权利或雇员保密法定职责的保护，那么说明该企业控制了相关利益。内部产生的品牌、报刊名、刊头、客户名单和实质上类似的项目支出，由于不能与整个业务开发成本区分开来，因此，这类项目不应确认为无形资产。

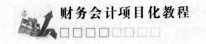

(3) 无形资产属于非货币性资产

非货币性资产是指企业持有的货币资金和将以固定或可确定的金额收取的资产以外的其他资产。无形资产由于没有发达的交易市场，一般不容易转化成现金，在持有过程中为企业带来未来经济利益的情况不确定，不属于以固定或可确定的金额收取的资产，属于非货币性资产。

2. 无形资产的分类

(1) 按照经济内容分类

无形资产按照经济内容分类主要包括专利权、非专利技术、商标权、著作权、特许权、土地使用权等。

①专利权。专利权是指国家专利主管机关依法授予发明创造专利申请人对其发明创造在法定期限内所享有的专有权利，包括发明专利权、实用新型专利权和外观设计专利权。

②非专利技术。非专利技术也称专有技术，是指不为外界所知、在生产经营活动中已采用了的、不享有法律保护的、可以带来经济效益的各种技术和诀窍。非专利技术一般包括工业专有技术、商业贸易专有技术、管理专有技术等。

③商标权。商标是用来辨认特定的商品或劳务的标记。商标权指专门在某类指定的商品或产品上使用特定的名称或图案的权利。

④著作权。著作权又称版权，是指作者对其创作的文学、科学和艺术作品依法享有的某些特殊权利。著作权包括作品署名权、发表权、修改权和保护作品完整权，还包括复制权、发行权、出租权、展览权、表演权、放映权、广播权、信息网络传播权、摄制权、改编权、翻译权、汇编权以及应当由著作权人享有的其他权利。

⑤特许权。特许权又称经营特许权、专营权，是指企业在某一地区经营或销售某种特定商品的权利或是一家企业接受另一家企业使用其商标、商号、技术秘密等的权利。通常有两种形式：一种是由政府机构授权，准许企业使用或在一定地区享有经营某种业务的特权，如水、电、邮电通信等专营权、烟草专卖权等；另一种指企业间依照签订的合同，有限期或无限期使用另一家企业的某些权利，如连锁店分店使用总店的名称等。

⑥土地使用权。土地使用权是指国家准许某企业在一定期间内对国有土地享有开发、利用、经营的权利。根据我国《土地管理法》的规定，我国土地实行公有制，任何单位和个人不得侵占、买卖或者以其他形式非法转让。企业取得土地使用权的方式大致有以下几种：行政划拨取得、外购取得及投资者投资取得。

(2) 按照取得方式分类

无形资产按照取得方式的不同分类，可分为外来的无形资产和自行研发的无形资产。

(3) 按照有无期限分类

无形资产按照使用寿命不同，分为使用寿命有限的无形资产和使用寿命不确定的无形资产。

二、无形资产的确认

无形资产的确认，首先要符合无形资产的定义，其次还应满足以下两个条件：

①与该无形资产有关的经济利益很可能流入企业。

②该无形资产的成本能够可靠地计量。

企业自创的商誉及内部产生的品牌、刊名等因其成本无法可靠计量，因此不能确认为无形资产。

三、无形资产的计量

无形资产的计量指无形资产的入账价值。无形资产的计量分为初始计量和后续计量。无形资产通常是按照实际成本进行初始计量，即以取得无形资产并使之达到预定用途而发生的全部支出作为无形资产的成本。对于不同来源取得的无形资产，其成本构成不尽相同。

1. 外购的无形资产成本

外购的无形资产，其成本包括购买价款、相关税费以及直接归属于使该项资产达到预定用途所发生的其他支出。其中，直接归属于使该项资产达到预定用途所发生的其他支出包括使无形资产达到预定用途所发生的专业服务费用、测试无形资产是否能够正常发挥作用的费用等，但不包括为引入新产品进行宣传发生的广告费、管理费及其他间接费用，也不包括在无形资产已经达到预定用途以后发生的费用。

采用分期付款方式购买无形资产，购买无形资产的价款超过正常信用条件延期支付，实际上具有融资性质的，无形资产的成本为购买价款的现值。

2. 投资者投入的无形资产成本

投资者投入的无形资产的成本，应当按照投资合同或协议约定的价值确定。投资合同或协议约定价值不公允的情况下，应按照无形资产的公允价值入账。

3. 接受捐赠的无形资产

接受捐赠的无形资产，应按照以下规定确定其实际成本：

①捐赠方提供了有关凭据的，按照凭据上标明的金额加上应支付的相关税费，作为实际成本。

②捐赠方没有提供有关凭据的，按照如下顺序确定其实际成本：

同类或类似无形资产存在活跃市场的，按照同类或类似无形资产的市场价格估计的金额，加上应支付的相关税费，作为实际成本；

同类或类似无形资产不存在活跃市场的，按照该接受捐赠的无形资产的预计未来现金流量现值，作为实际成本。

4. 企业自行研究开发无形资产的成本

自行研究开发的无形资产其成本仅包括在满足资本化条件时至无形资产达到预定用途前发生的支出总和。对于同一项无形资产在开发过程中达到资本化条件之前已经费用化计入当期损益的支出不再进行调整。

一般纳税人取得无形资产的进项税额可以抵扣。借记“无形资产”“应交税费——应交增值税（进项税额）”，贷记：“银行存款”“研发支出”“实收资本”“资本公积”“营业外收入”等科目。

处置无形资产应按照适用税率计算缴纳增值税。处置无形资产（包括转让所有权和使用权）的收入为不含税收入。借记“银行存款”“累计摊销”“无形资产减值准备”，贷记“其他业务收入”“营业外收入”“应交税费——应交增值税（销项税额）”等科目。（无形资产交易的增值税率为：土地使用权9%，其他无形资产6%。）

企业接受捐赠的非货币性资产，须按接受捐赠时资产的入账价值确认捐赠收入，并入当期应纳税所得，依法计算缴纳企业所得税。企业取得的捐赠收入金额占应纳税所得50%及以上的，可以在不超过5年期间内均匀计入各年度的应纳税所得。

内部研发取得无形资产分为免增值税项目和非免增值税项目，根据《财政部、国家税务总局关于全面推开营业税改征增值税试点的通知》（财税〔2016〕36号）相关规定，纳税人提供技术转让、技术开发和与之相关的技术咨询、技术服务免征增值税。

四、无形资产的核算

为了核算无形资产的取得、摊销和处置等情况，企业应当设置“无形资产”“累计摊销”等科目；企业无形资产发生减值的，还应当设置“无形资产减值准备”等科目。

（一）无形资产的取得

1. 企业购入的无形资产

企业购入的无形资产，按照实际支付的价款借记“无形资产”账户，贷记“银行存款”账户。

【例5-41】甲公司于20×1年5月2日向乙公司购买一项经销权，增值税专用发票注明价款15万元，增值税0.9万元，款项15.9万元通过银行转账支付。甲公司该笔业务的账务处理为：

借：无形资产——经销权	150 000	
应交税费——应交增值税（进项税额）	9 000	
贷：银行存款		159 000

2. 投资者投入的无形资产

被投资企业接受投资企业作为股本投入的无形资产，按投资企业开具的增值税专用发票注明的金额，借记“无形资产”“应交税费——应交增值税（进项税额）”科目，贷记“实收资本”或“股本”等科目。

【例5-42】甲公司于20×1年6月1日接受乙公司以一项商标权的投资，丙公司开具的增值税专用发票注明价款50万元，增值税3万元，双方约定总价款53万元中的50万元为股本，3万元为股本溢价。甲公司该笔业务的账务处理为：

借：无形资产——商标权	500 000	
应交税费——应交增值税（进项税额）	30 000	
贷：股本——乙公司		500 000
资本公积——股本溢价		30 000

3. 接受捐赠的无形资产

【例 5-43】乙企业（一般纳税人）接受另一企业捐赠的特许权，捐赠方没有提供有关的凭据，同类或类似无形资产存在活跃市场，不含税市场价格为 6 000 000 元，增值税税率 6%，企业所得税率为 25%。企业接受特许权，办妥相关手续，编制会计分录如下：

借：无形资产	6 000 000	
应交税费——应交增值税（进项税额）	360 000	
贷：营业外收入		6 360 000

年终申报所得税时，若超过当年应纳税所得额 50%（含）以上，所得税经主管税务机关批准分 5 年缴纳。

借：所得税费用	1 590 000	
贷：应交税费——应交所得税		318 000
递延所得税负债		1 272 000

4. 企业自行研发的无形资产

对于企业自行进行的研究开发项目，无形资产准则要求区分研究阶段与开发阶段两个部分分别进行核算。

（1）研究阶段和开发阶段的划分

研究阶段是指为获取新的技术和知识等进行的有计划的调查。例如，为获取知识而进行的活动；研究成果或其他知识的应用研究、评价和最终选择；材料、设备、产品、工序、系统或服务替代品的研究以及新的或经改进的材料、设备、产品、工序、系统或服务的可能替代品的配置、设计、评价和最终选择。研究阶段基本上是探索性的，从研究活动的特点看，其研究是否能在未来形成成果，即通过开发后是否会形成无形资产均有很大的不确定性，因此，研究阶段的有关支出在发生时应当费用化计入当期损益。

开发阶段是指在进行商业性生产或使用前，将研究成果或其他知识应用于某项计划或设计，以生产出新的或具有实质性改进的材料、装置、产品等。例如，生产前或使用前的原型和模型的设计、建造和测试；含新技术的工具、夹具、模具和冲模的设计；不具有商业性生产经济规模的试生产设施的设计、建造和运营；新的或改造的材料、设备、产品、工序、系统或服务所选定的替代品的设计、建造和测试等。开发阶段是建立在研究阶段基础上的，因而，对项目的开发具有针对性。进入开发阶段的研发项目往往形成成果的可能性较大。由于开发阶段相对于研究阶段更进一步，且很大程度上形成一项新产品或新技术的基本条件已经具备，此时如果企业能够证明满足无形资产的定义及相关确认条件，所发生的开发支出可资本化，确认为无形资产的成本。

（2）开发阶段有关支出资本化的条件

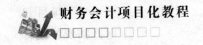

在开发阶段，判断可以将有关支出资本化确认为无形资产的条件包括：完成该无形资产以使其能够使用或出售并在技术上具有可行性；具有完成该无形资产并使用或出售的意图；无形资产产生经济利益的方式，包括能够证明运用该无形资产生产的产品存在市场或无形资产自身存在市场，无形资产将在内部使用的，应当证明其有用性；有足够的技术、

财务资源和其他资源支持，以完成该无形资产的开发，并有能力使用或出售该无形资产；归属于该无形资产开发阶段的支出能够可靠计量。

（3）内部开发的无形资产的计量

内部开发活动形成的无形资产，其成本由可直接归属于该资产的创造、生产并使该资产能够以管理层预定的方式运作的所有必要支出组成。其成本包括开发该无形资产时耗费的材料、劳务成本、注册费，在开发该无形资产过程中使用的其他专利权和特许权的摊销，以及按照《企业会计准则第 17 号——借款费用》中规定的资本化的利息支出以及为使该无形资产达到预定用途前所发生的其他费用。

（4）内部研究开发费用的账务处理

①无形资产准则规定，企业研究阶段的支出全部费用化，计入当期损益（管理费用）；开发阶段的支出符合条件的才能资本化，不符合资本化条件的计入当期损益（管理费用）。如果确实无法区分研究阶段的支出和开发阶段的支出，应将其所发生的研发支出全部费用化，计入当期损益。

②企业自行开发无形资产发生的研发支出，未满足资本化条件的，借记“研发支出——费用化支出”科目；满足资本化条件的，借记“研发支出——资本化支出”科目，贷记“原材料”“银行存款”“应付职工薪酬”等科目。

③企业购买正在进行中的研究开发项目，应按照确定的金额，借记“研发支出——资本化支出”科目，贷记“银行存款”等科目。以后发生的研发支出，应当比照上述进行处理。

④研究开发项目达到预定用途形成无形资产的，应按照“研发支出——资本化支出”科目的余额，借记“无形资产”科目，贷记“研发支出——资本化支出”科目。

【例 5-44】内部研发取得的非免增值税无形资产的核算。甲公司开发一项新商标——A 商标，20×1 年 5 月已证实该商标必然成功，开始转入开发阶段。20×1 年 6 月 1 日购买原材料 10 万元，增值税 1.3 万元，用于该商标研发并交付科研部门，款项已付，支付人工费 5 万元。20×1 年 9 月 30 日该商标开发完成投入使用。甲公司的账务处理为：

①购买原材料时：借：原材料	100 000	
应交税费——应交增值税（进项税额）	13 000	
贷：银行存款		113 000
②领用原材料、支付人工费时：		
借：研发支出——资本化支出	150 000	
贷：原材料		100 000
应付职工薪酬		50 000
③商标开发完成投入使用时：		
借：无形资产——商标权	150 000	
贷：研发支出——资本化支出		150 000

【例 5-45】内部研发取得的免增值税无形资产的核算。同上例 2，假定甲公司研发的是一项免征增值税的新工艺。则甲公司账务处理为：

①购买原材料时：

借：原材料　100 000

　　应交税费——应交增值税（进项税额）　13 000

　　贷：银行存款　113 000

②领用原材料、支付人工费时：

借：研发支出——资本化支出　163 000

　　贷：原材料　100 000

　　　　应交税费——应交增值税（进项税额转出）　13 000

　　　　应付职工薪酬　50 000

③新工艺开发完成投入使用

借：无形资产——新工艺　163 000

　　贷：研发支出——资本化支出　163 000

（二）无形资产的摊销

在无形资产的初始确认和计量后，须对无形资产进行后续计量。使用寿命有限的无形资产，应在其预计的使用寿命内采用系统合理的方法对应摊销金额进行摊销。其中应摊销金额是指无形资产的成本扣除残值后的金额。已计提减值准备的无形资产，还应扣除已计提的无形资产减值准备累计金额。对于使用寿命不确定的无形资产，在持有期间内不需要摊销。

1. 无形资产使用寿命的确定

无形资产准则规定，企业应当于取得无形资产时分析判断其使用寿命。无形资产的使用寿命如为有限的，应当估计该使用寿命的年限或者构成使用寿命的产量等类似计量单位的数量；无法预见无形资产为企业带来经济利益期限的，应当视为使用寿命不确定的无形资产。无形资产使用寿命包括法定寿命和经济寿命。

确定无形资产使用寿命应考虑的因素有：运用该资产生产的产品通常的寿命周期，可获得的类似资产使用寿命的信息；技术、工艺等方面的现阶段情况及对未来发展趋势的估计；以该资产生产的产品或提供的服务的市场需求情况；现在或潜在的竞争者预期将采取的行动；为维持该资产带来经济利益能力的预期维护支出以及企业预计支付有关支出的能力；对该资产控制期限的相关法律规定或类似限制，如特许使用期、租赁期等；与企业持有的其他资产使用寿命的关联性；等。

无形资产的使用寿命的确定原则有以下两点：

①企业持有的无形资产，通常来源于合同性权利或是其他法定权利，而且合同或法律规定有明确的使用年限。来源于合同性权利或其他法定权利的无形资产，其使用寿命不应超过合同性权利或其他法定权利的期限，合同性权利或其他法定权利能够在到期时因续约等延续，且有证据表明企业续约不需要付出大额成本的，续约期应当计入使用寿命。

②合同或法律没有规定使用寿命的，企业应当综合各方面因素判断，以确定无形资产能为企业带来经济利益的期限。经过上述方法仍无法合理确定无形资产为企业带来经济利益的期限的，才能将其作为使用寿命不确定的无形资产。需要注意的是，技术更新日新月

异，使无形资产贬值的风险越来越大，所以 2014 年的准则要求企业至少应当于每年年度终了对无形资产的使用寿命进行复核，如果有证据表明无形资产的使用寿命与以前估计不同的，应当改变摊销期限。对使用寿命不确定的无形资产的使用寿命进行复核，如果有证据表明无形资产的使用寿命是有限的，应当估计其使用寿命，按照使用寿命有限的无形资产的有关规定处理。

2. 无形资产的摊销期限和摊销方法

使用寿命有限的无形资产，摊销金额应当在其预计使用寿命内系统合理地摊销，其摊销期应当自无形资产可供使用时起，至不再作为无形资产确认时止。即无形资产摊销的起始和停止日期为：当月增加可供使用的无形资产，当月开始摊销；当月减少的无形资产当月不再摊销。使用寿命不确定的无形资产不应进行摊销。

企业选择无形资产的摊销方法，应当反映与该项无形资产有关的经济利益的预期实现方式，无法可靠确定预期实现方式的，应当采用直线法摊销。根据无形资产有关的经济利益的预期实现方式的不同，企业可以选择不同的摊销方法，包括直线法、双倍余额递减法、年数总和法、生产总量法等。

3. 无形资产的残值

使用寿命有限的无形资产，其残值应当视为零，但下列情况除外：

①有第三方承诺在无形资产使用寿命结束时购买该无形资产；

②可以根据活跃市场得到预计残值信息，并且该市场在无形资产使用寿命结束时很可能存在。

4. 无形资产的摊销核算

使用寿命有限的无形资产需要摊销，使用寿命不确定的无形资产不应摊销。每期的摊销额一般应确认为损益，借记“管理费用——无形资产摊销”科目，贷记“累计摊销”科目，无形资产摊销额通过“累计摊销”科目反映。无形资产摊销时，应根据无形资产的使用情况做不同的会计处理。如果无形资产是为生产商品或提供劳务而持有，应将该无形资产摊销额计入制造费用；如果该无形资产仅为生产一种商品或提供一种劳务服务，期末，应将制造费用中核算的无形资产摊销额直接转入该产品的生产成本或该劳务的劳务成本；如果该无形资产为生产多种商品或提供多种劳务服务，期末，将制造费用中核算的无形资产摊销额按一定方法分配计入多种产品的生产成本或多种劳务的劳务成本；如果无形资产是为租赁而持有，由于租赁无形资产取得的收入计入其他业务收入，根据配比原则，无形资产的摊销额计入其他业务成本；如果无形资产是为其他目的而持有，此时没有办法将该无形资产摊销额归入某个特定产品成本或者劳务成本，也不能与其他业务收入相配比，就将该无形资产摊销额计入管理费用，遵循时间配比原则，在计算损益时一次性扣除。

【例 5-46】甲公司 20×1 年 1 月 1 日购入一项专利权，发票价格为 120 000 元，款项已通过银行转账支付。该项专利权法律规定有效期为 20 年，经济使用寿命为 10 年。无形资产摊销方法采用直线法。无形资产摊销期限自 20×1 年 1 月 1 日开始，无形资产的年摊销金额 = 120 000/10 = 12 000 元，月摊销金额 = 12 000/12 = 1 000 元。

按月摊销时：

借：管理费用——无形资产摊销　　1 000

　　贷：累计摊销　　1 000

（三）无形资产的处置

无形资产的处置主要是指无形资产对外出租、出售、对外捐赠，或者是无法为企业带来未来经济利益时，应予转销并终止确认。

1. 无形资产的出租

出租无形资产时，取得的租金收入借记“银行存款”等科目，贷记“其他业务收入”等科目；摊销出租无形资产的成本并发生与转让有关的各种费用支出时，借记“其他业务成本”科目，贷记“无形资产”科目。

【例 5-47】乙企业将一项专利技术出租给另外一个企业使用，该专利技术账面余额为 5 000 000 元，摊销期限为 10 年。出租合同规定，承租方每销售一件用该专利生产的产品，必须付给出租方 10 元专利技术使用费。假定承租方当年销售该产品 10 万件。

假定不考虑其他相关税费，出租方的账务处理如下：

借：银行存款　　1 000 000

　　贷：其他业务收入　　1 000 000

借：其他业务成本　　500 000

　　贷：累计摊销　　500 000

2. 无形资产的出售

无形资产准则规定，企业出售无形资产时，应将所取得的价款与该无形资产账面价值的差额“记入资产处置损益”科目，与固定资本处置性质相同，计入当期损益。

出售无形资产时，应按照实际收到的金额，借记“银行存款”等科目；按照已摊销的累计摊销额，借记“累计摊销”科目；原已计提减值准备的，借记“无形资产减值准备”科目；按照应支付的相关税费，贷记“应交税费”等科目；按照其账面余额，贷记“无形资产”科目；按照其差额，贷记“资产处置损益——处置非流动资产利得”科目或借记“资产处置损益——处置非流动资产损失”科目。

【例 5-48】甲公司将拥有的一项非专利技术出售，取得不含税收入 8 000 000 元，应交增值税为 480 000 元。该非专利技术的账面余额为 7 000 000 元，累计摊销额为 3 500 000 元，已计提的减值准备为 2 000 000 元. 账务处理如下：

借：银行存款　　8 480 000

　　累计摊销　　3 500 000

　　无形资产减值准备　　2 000 000

　　贷：无形资产　　7 000 000

　　　　应交税费——应交增值税（销项税额）　　480 000

　　　　资产处置损益　　6 500 000

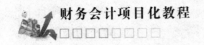

3. 无形资产的转销

处置非流动资产利得时，如果无形资产预期不能为企业带来未来经济利益、不再符合无形资产的定义：如无形资产已被其他新技术所替代，不能为企业带来经济利益；或者无形资产不再受到法律保护，且不能给企业带来经济利益等，应将其转销。例如，甲企业的某项无形资产法律保护期限已过，用其生产的产品没有市场，则说明该无形资产无法为企业带来未来经济利益，应予转销。无形资产预期不能为企业带来经济利益的，应按照已摊销的累计摊销额，借记“累计摊销”科目；原已计提减值准备的，借记“无形资产减值准备”科目；按照其账面余额，贷记“无形资产”科目；按照其差额，借记“营业外支出”科目。

【例 5-49】甲企业的某项专利技术，其账面余额为 6 000 000 元，摊销期限为 10 年。采用直线法进行摊销，已摊销了 5 年。假定该项专利权的残值为 0，计提的减值准备为 1 600 000 元，今年用其生产的产品没有市场，应予转销。假定不考虑其他相关因素，其账务处理如下：

借：累计摊销	3 000 000	
无形资产减值准备	1 600 000	
营业外支出——处置无形资产损失	1 400 000	
贷：无形资产——专利权		6 000 000

（四）无形资产的减值

无形资产在资产负债表日存在可能发生减值的迹象时，其可收回金额低于账面价值的，企业应当将该无形资产的账面价值减记至可收回金额。减记的金额确认为减值损失，计入当期损益，同时计提相应的资产减值准备。

企业计提无形资产减值准备，应当设置“无形资产减值准备”科目，企业按照相应的金额，借记“资产减值损失——计提的无形资产减值准备”，贷记“无形资产减值准备”。无形资产减值损失一经确认，在以后会计期间不得转回。

模块五　投资性房地产

一、投资性房地产的概念与确认

在市场经济条件下，房地产市场日益活跃，企业持有的房地产除了用作自身管理、生产经营活动场所和对外销售之外，出现了将房地产用于赚取租金或增值收益的活动，甚至是个别企业的主营业务。用于出租或增值的房地产就是投资性房地产。投资性房地产在用途、状态、目的等方面与企业自用的厂房、办公楼等作为生产经营场所的房地产和房地产开发企业用于销售的房地产不同。投资性房地产应当能够单独计量和出售。

投资性房地产是指为赚取租金或资本增值，或两者兼有而持有的房地产。房地产通常是土地和房屋及其权属的总称。在我国，土地归国家或集体所有，企业只能取得土地使用权。因此，房地产中的土地是指土地使用权。房屋是指土地上的房屋等建筑物及构筑物。

二、投资性房地产的特征

①投资性房地产是一种经营性活动，就某些企业而言，投资性房地产属于日常经营性活动，形成的租金收入或转让增值收益确认为企业的主营业务收入。但对大部分企业而言，属于与经营性活动相关的其他经营活动，形成的租金收入或转让增值收益构成企业的其他业务收入。

②投资性房地产在用途、状态、目的等方面区别于作为生产经营场所的房地产和用于销售的房地产；企业用于生产经营的房地产作为固定资产核算，房地产开发企业用于销售的房地产作为存货核算。

③投资性房地产有两种后续计量模式，包括成本模式和公允价值模式。

三、投资性房地产的范围

投资性房地产的范围限定为已出租的土地使用权、持有并准备增值后转让的土地使用权、已出租的建筑物。

1. 已出租的土地使用权

已出租的土地使用权是指企业通过出让或转让方式取得的、以经营租赁方式出租的土地使用权。企业取得的土地使用权通常包括在一级市场上以交纳土地出让金的方式取得的土地使用权，也包括在二级市场上接受其他单位转让的土地使用权。

例如，甲公司与乙公司签署了土地使用权租赁协议，甲公司以年租金660万元租赁使用乙公司拥有的40万平方米土地使用权。那么，自租赁协议约定的租赁期开始日起，这项土地使用权属于乙公司的投资性房地产。对于以经营租赁方式租入土地使用权再转租给其他单位的，不能确认为投资性房地产。

2. 持有并准备增值后转让的土地使用权

持有并准备增值后转让的土地使用权是指企业取得的、准备增值后转让的土地使用权。这类土地使用权很可能给企业带来资本增值收益，符合投资性房地产的定义。按照国家有关规定认定的闲置土地，不属于持有并准备增值后转让的土地使用权，也就不属于投资性房地产。

3. 已出租的建筑物

已出租的建筑物是指企业拥有产权的、以经营租赁方式出租的建筑物，包括自行建造或开发活动完成后用于出租的建筑物。

例如，甲公司将其拥有的某栋厂房整体出租给乙公司，租赁期为4年。对甲公司而言，自租赁期开始日起，该栋厂房便属于投资性房地产。企业在判断和确认已出租的建筑物时，应当把握以下要点：

①用于出租的建筑物是指企业拥有产权的建筑物。

②已经出租的建筑物，是企业已经与其他方签订了租赁协议，约定以经营租赁方式出

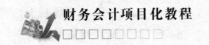

租的建筑物。

③企业将建筑物出租，按租赁协议向承租人提供的相关辅助服务在整个协议中不重大的，应当将该建筑物确认为投资性房地产。

下列项目不属于投资性房地产：

①自用房地产。自用房地产是指为生产商品、提供劳务或者经营管理而持有的房地产，如企业生产经营用的厂房和办公楼属于固定资产，企业生产经营用的土地使用权属于无形资产。

②作为存货的房地产。作为存货的房地产通常是指房地产开发企业在正常经营过程中销售的或为销售而正在开发的商品房和土地。这部分房地产属于房地产开发企业的存货。

四、投资性房地产的确认

将某个项目确认为投资性房地产，首先应当符合投资性房地产的概念，其次要同时满足投资性房地产的两个确认条件：

①与该资产相关的经济利益很可能流入企业；

②该投资性房地产的成本能够可靠地计量。

五、投资性房地产的会计处理

根据投资性房地产准则的规定，投资性房地产应当按照成本进行初始确认和计量。在后续计量时，通常应当采用成本模式，满足特定条件的情况下也可以采用公允价值模式。但是，同一企业只能采用一种模式对所有投资性房地产进行后续计量，不得同时采用两种计量模式。

（一）采用成本模式计量的投资性房地产

成本模式的会计处理比较简单，主要涉及“投资性房地产”“投资性房地产累计折旧（摊销）”“投资性房地产减值准备”等科目，可比照“固定资产”“无形资产”“累计折旧”“累计摊销”“固定资产减值准备”“无形资产减值准备”等相关科目进行处理。

1. 外购或自行建造的投资性房地产

外购采用成本模式计量的土地使用权和建筑物，应当按照取得时的实际成本进行初始计量，其成本包括购买价款、相关税费（一般纳税人不含增值税，取得投资性房地产的增值税进项税额可以抵扣）和可直接归属于该资产的其他支出。企业购入的房地产，部分用于出租（或资本增值）、部分自用，用于出租（或资本增值）的部分应当予以单独确认，按照不同部分的公允价值占公允价值总额的比例将成本在不同部分之间进行合理分配。

自行建造的采用成本模式计量的投资性房地产，其成本由建造该项资产达到预定可使用状态前发生的必要支出构成，包括土地开发费、建安成本、应予以资本化的借款费用、支付的其他费用和分摊的间接费用等。建造过程中发生的非正常性损失直接计入当期损益，不计入建造成本。

【例 5-50】 20×1 年 6 月，甲企业计划购入一栋写字楼用于对外出租。6 月 15 日，甲企业与乙企业签订了经营租赁合同，约定自写字楼购买日起将这栋写字楼出租给乙企业，为期5年。7月5日，甲企业实际购入写字楼，支付价款共计200万元（假设不考虑其他因素，甲企业采用成本模式进行后续计量，下同）。甲企业的账务处理如下：

借：投资性房地产——写字楼　　2 000 000

　　贷：银行存款　　2 000 000

【例5-51】 20×1年6月，甲企业从其他单位购入一块土地的使用权，并在该块土地上开始自行建造三栋厂房。20×1年9月，甲企业建造的厂房即将完工，与乙公司签订了经营租赁合同，将其中的一栋厂房租赁给乙公司使用。租赁合同约定，该厂房于完工（达到预定可使用状态）时开始起租。20×1年10月5日，三栋厂房同时完工：（达到预定可使用状态）。该块土地使用权的成本为600万元，三栋厂房的造价均为1 000万元，能够单独出售。甲企业的账务处理如下：

土地使用权中的对应部分同时转换为投资性房地产：600×（1 000÷3 000）= 200万元。

借：投资性房地产——厂房　　10 000 000

　　贷：在建工程　　10 000 000

借：投资性房地产——土地使用权　　2 000 000

　　贷：无形资产——土地使用权　　2 000 000

2. 非投资性房地产转换为投资性房地产

房地产的转换是指因房地产用途发生改变而对房地产进行的重新分类。企业必须有确凿证据表明房地产用途发生改变，才能将投资性房地产转换为非投资性房地产或者将非投资性房地产转换为投资性房地产。这里的确凿证据包括两方面：一是企业董事会或类似机构应当就改变房地产用途形成正式的书面决议；二是房地产因用途改变而发生实际状态上的改变，从自用状态改为出租状态。

（1）作为存货的房地产转换为投资性房地产

作为存货的房地产转换为投资性房地产通常指房地产开发企业将其持有的开发产品以经营租赁的方式出租，存货相应地转换为投资性房地产。这种情况下，转换日通常为房地产的租赁期开始日。租赁期开始日是指承租人有权行使其使用租赁资产权利的日期。

企业将作为存货的房地产转换为采用成本模式计量的投资性房地产，应当按照该项存货在转换日的账面价值，借记“投资性房地产”科目；原已计提跌价准备的，借记“存货跌价准备”科目；按照其账面余额，贷记“开发产品”等科目。

【例5-52】 甲企业是从事房地产开发业务的企业，20×1年3月10日，甲企业与乙企业签订租赁协议，将其开发的一栋写字楼出租给乙企业使用，租赁期开始日为20×1年4月15日。20×1年4月15日，该写字楼的账面余额为15 000万元，未计提存货跌价准备。甲企业的账务处理如下：

借：投资性房地产——写字楼　　150 000 000

　　贷：开发产品　　150 000 000

（2）自用房地产转换为投资性房地产

企业将原本用于生产商品、提供劳务或者经营管理的房地产改用于出租，通常应于租赁期开始日将相应的固定资产或无形资产转换为投资性房地产。企业将自用土地使用权或建筑物转换为以成本模式计量的投资性房地产时，应当按照该项建筑物或土地使用权在转换日的原价、累计折旧、减值准备等，分别转入“投资性房地产”“投资性房地产累计折旧（摊销）”“投资性房地产减值准备”科目；按照其账面余额，借记“投资性房地产”科目，贷记“固定资产”或“无形资产”科目；按照已计提的折旧或摊销，借记“累计折旧”或“累计摊销”科目，贷记“投资性地产累计折旧（摊销）”科目；原已计提减值准备的，借记“固定资产减值准备”或“无形资产减值准备”科目，贷记“投资性房地产减值准备”科目。

【例 5-53】甲企业拥有一栋办公楼，用于本企业总部办公。20×1 年 3 月 10 日，甲企业与乙企业签订了经营租赁协议，将这栋办公楼整体出租给乙企业使用，租赁期开始日为 20×1 年 4 月 15 日，为期 5 年。20×1 年 4 月 15 日，这栋办公楼的账面余额为 25 000 000 元，已计提折旧 300 万元。甲企业的账务处理如下：

借：投资性房地产——写字楼　　25 000 000
　　累计折旧　　3 000 000
　　贷：固定资产　　25 000 000
　　　　投资性房地产累计折旧（摊销）　　3 000 000

采用成本模式进行后续计量的投资性房地产，应当按照固定资产或无形资产的有关规定按期（月）计提折旧或摊销，借记“其他业务成本”等科目，贷记“投资性房地产累计折旧（摊销）”等科目。取得的租金收入，借记“银行存款”等科目，贷记“其他业务收入”等科目。

投资性房地产存在减值迹象的，还应当适用资产减值的有关规定。经减值测试后确定发生减值的，应当计提减值准备，借记“资产减值损失”科目，贷记“投资性房地产减值准备”科目。如果已经计提减值准备的投资性房地产的价值又得以恢复，不得转回。

【例 5-54】甲企业一栋办公楼出租给乙企业使用，已确认为投资性房地产，采用成本模式进行后续计量。假设该栋办公楼的成本为 1 500 万元，按照直线法计提折旧，使用寿命为 20 年，预计净残值为零。按照经营租赁合同约定，乙企业每月支付甲企业租金 8 万元。当年 12 月，这栋办公楼发生减值迹象，经减值调试，其可收回金额为 1 000 万元，此时办公楼的账面价值为 1 200 万元，以前未计提减值准备。甲企业的账务处理如下：

①每月计提折旧 62 500 元：

借：其他业务成本　　62 500
　　贷：投资性房地产累计折旧（摊销）　　62 500

②确认租金：

借：银行存款（或其他应收款）　　80 000
　　贷：其他业务收入　　80 000

③计提减值准备：

借：资产减值损失　　2 000 000

贷：投资性房地产减值准备　　2 000 000

3. 与投资性房地产有关的后续支出

（1）资本化的后续支出

与投资性房地产有关的后续支出，满足投资性房地产确认条件的应当计入投资性房地产成本。例如，企业为了提高投资性房地产的使用效能，往往需要对投资性房地产进行改建、扩建而使其更加坚固耐用，或者通过装修而改善其室内装潢，改扩建或装修支出满足确认条件的，应当将其资本化。企业对某项投资性房地产进行改扩建等再开发且将来仍作为投资性房地产的，再开发期间应继续将其作为投资性房地产，但不计提折旧或摊销。

【例 5-55】20×1 年 3 月，甲企业与乙企业的一项厂房经营租赁合同即将到期，该厂房按照成本模式进行后续计量，原价为 3 000 万元，已计提折旧 500 万元。为了提高厂房的租金收入，甲企业决定在租赁期满后对厂房进行改扩建，并与丙企业签订了经营租赁合同，约定自改扩建完工时将厂房出租给丙企业。3 月 15 日，与乙企业的租赁合同到期，厂房随即进入改扩建工程。12 月 15 日，厂房改扩建工程完工，共发生支出 100 万元，即日按照租赁合同出租给丙企业。本例中，改扩建支出属于资本化的后续支出，应当记入投资性房地产的成本。甲企业的账务处理如下：

①20×1 年 3 月 15 日，投资性房地产转入改扩建工程：

借：在建工程　　25 000 000

　　投资性房地产累计折旧（摊销）　　5 000 000

　　贷：投资性房地产——厂房　　30 000 000

②20×2 年 3 月 15 日到 11 月 10 日：

借：在建工程　　1 000 000

　　贷：银行存款　　1 000 000

③20×2 年 11 月 10 日，改扩建工程完工：

借：投资性房地产——厂房　　26 000 000

　　贷：在建工程　　26 000 000

（2）费用化的后续支出

与投资性房地产有关的后续支出，不满足投资性房地产确认条件的应当在发生时计入当期损益。

【例 5-56】甲企业对某项投资性房地产进行日常维修，发生维修支出 20 000 元。本例中，日常维修支出属于费用化的后续支出，应当计入当期损益。甲企业的账务处理如下：

借：其他业务成本　　20 000

　　贷：银行存款　　20 000

4. 投资性房地产转换为自用房地产

企业将原本用于赚取租金或资本增值的房地产改用于生产商品、提供劳务或者经营管理，投资性房地产相应地转换为固定资产或无形资产。例如，企业将出租的厂房收回，并用于生产本企业的产品。在此种情况下，转换日为房地产达到自用状态，企业开始将房地产用于生产商品、提供劳务或者经营管理的日期。

企业将投资性房地产转换为自用房地产时，应当按照该项投资性房地产在转换日的账面余额、累计折旧（摊销）、减值准备等，分别转入“固定资产”“累计折旧”“固定资产减值准备”等科目；按照投资性房地产的账面余额，借记“固定资产”或“无形资产”科目，贷记“投资性房地产”科目；按照已计提的折旧或摊销，借记“投资性房地产累计折旧（摊销）”科目，贷记“累计折旧”或“累计摊销”科目；原已计提减值准备的，借记“投资性房地产减值准备”科目，贷记“固定资产减值准备”或“无形资产减值准备”科目。

【例 5-57】20×1 年 8 月 1 日，甲企业将出租在外的厂房收回，开始用于本企业生产商品。该项房地产在转换前采用成本模式计量，其账面价值为 1 800 万元，其中，原价为 2 000万元，累计已提折旧 200 万元。甲企业的账务处理如下：

借：固定资产	20 000 000	
投资性房地产累计折旧（摊销）	18 000 000	
贷：投资性房地产——厂房		20 000 000
累计折旧		18 000 000

5. 投资性房地产转换为存货

房地产开发企业将用于经营租出的房地产重新开发用于对外销售的，从投资性房地产转换为存货。这种情况下，转换日为租赁期届满、企业董事会或类似机构做出书面决议明确表明将其重新开发用于对外销售的日期。

企业将投资性房地产转换为存货时，应当按照该项投资性房地产在转换日的账面价值，借记“开发产品”科目；按照已计提的折旧或摊销，借记“投资性房地产累计折旧（摊销）”科目；原已计提减值准备的，借记“投资性房地产减值准备”科目；按照其账面余额，贷记“投资性房地产”科目。

6. 投资性房地产的处置

当投资性房地产被处置，或者永久退出使用却不能从其处置中取得经济利益时，应当终止确认该投资性房地产。企业可以通过对外出售或转让的方式处置投资性房地产取得投资收益。对于那些由于使用而不断磨损直到最终报废，或者由于遭受自然灾害等非正常损失发生毁损的投资性房地产应当及时进行清理。此外，企业因其他原因，如非货币性交易等而减少投资性房地产业也属于投资性房地产的处置。企业出售、转让、报废投资性房地产或者发生投资性房地产毁损，应当将处置收入扣除其账面价值和相关税费后的金额计入当期损益。应按适用增值税税率 9% 和处置收入计算缴纳增值税。

处置采用成本模式计量的投资性房地产时，应当按照实际收到的金额，借记“银行存款”等科目，贷记“其他业务收入”等科目；按税法规定计算增值税，贷记“应交税费——应交增值税（销项税额）；按照该项投资性房地产的账面价值，借记“其他业务成本”科目；按照其账面余额，贷记“投资性房地产”科目；按照已计提的折旧货摊销，借记“投资性房地产累计折旧（摊销）”科目；原已计提减值准备的，借记“投资性房地产减值准备”科目。

【例 5-58】甲公司将其出租的一栋写字楼确认为投资性房地产，采用成本模式计量。

租赁期届满后，甲公司将该栋写字楼出售给乙公司，合同价款为 3 000 万元，乙公司已用银行存款付清。出售时，该栋写字楼的成本为 2 500 万元，已计提折旧 500 万元。甲企业的账务处理如下：

借：银行存款	30 000 000	
贷：其他业务收入		30 000 000
借：其他业务成本	20 000 000	
投资性房地产累计折旧（摊销）	5 000 000	
贷：投资性房地产——写字楼		25 000 000

（二）采用公允价值模式计量的投资性房地产

企业存在确凿证据表明其公允价值能够持续可靠取得的，可以采用公允价值计量模式。企业选择公允价值模式，就应当对其所有投资性房地产，采用公允价值模式进行后续计量。不得对一部分投资性房地产采用成本模式进行后续计量，对另一部分投资性房地产采用公允价值模式进行后续计量。

采用公允价值模式计量投资性房地产，应当同时满足以下两个条件：

①投资性房地产所在地有活跃的房地产交易市场。

②企业能够从房地产交易市场上取得同类或类似房地产的市场价格及其他相关信息，从而对投资性房地产的公允价值做出科学合理的估计。

投资性房地产的公允价值是指在公平交易中熟悉情况的当事人之间自愿进行房地产交换的价格。确定投资性房地产的公允价值时，应当参照活跃市场上同类或类似房地产的现行市场价格（市场公开报价）；无法取得同类或类似房地产现行市场价格的，可以参照活跃市场上同类或类似房地产的最近交易价格，并考虑交易情况、交易日期、所在区域等因素。上述所说“同类或类似”的房地产，对建筑物而言，是指所处地理位置和地理环境相同、性质相同、结构类型相同或相近、新旧程度相同或相近、可使用状况相同或相近的建筑物；对土地使用权而言，是指同一位置区域、所处地理环境相同或相近、可使用状况相同或相近的土地。

1. 外购或自行建造的投资性房地产

外购或自行建造的采用公允价值模式计量的投资性房地产，应当按照取得时的实际成本进行初始计量。其实际成本的确定与外购或自行建造的采用成本模式计量的投资性房地产一致。企业应当在“投资性房地产”科目下设置“成本”和“公允价值变动”两个明细科目，外购或自行建造时发生的实际成本，计入“投资性房地产（成本）”科目。

2. 非投资性房地产转换为投资性房地产

（1）作为存货的房地产转换为投资性房地产

企业将作为存货的房地产转换为采用公允价值模式计量的投资性房地产时，应当按照该项房地产在转换日的公允价值，借记“投资性房地产（成本）”科目；原已计提跌价准备的，借记“存货跌价准备”科目；按照其账面余额，贷记“开发产品”等科目。同时，转换日的公允价值小于账面价值的，按照其差额，借记“公允价值变动损益”科目；转换日的公允价值大于账面价值的，按照其差额，贷记“其他综合收益”科目。待该项投资性房地产处理时，因转换计入其他综合收益的部分应转入当期损益。

（2）自用房地产转换为投资性房地产

企业将自用房地产转换为采用公允价值模式计量的投资性房地产时，应当按照该项土地使用权或建筑物在转换日的公允价值，借记“投资性房地产（成本）”科目；按照已计提的累计摊销或累计折旧，借记“累计摊销”或“累计折旧”科目；原已计提减值准备的，借记“无形资产减值准备”“固定资产减值准备”科目；按照其账面余额，贷记“固定资产”或“无形资产”科目。同时，转换日的公允价值小于账面价值的，按照其差额，借记“公允价值变动损益”科目；转换日的公允价值大于账面价值的，按照其差额，贷记“其他综合收益”科目。待该项投资性房地产处置时，因转换计入其他综合收益的部分应转入当期损益。

【例 5-59】 20×1 年 6 月，甲企业打算搬迁至新建办公楼，由于原办公楼处于商业繁华地段，甲企业准备将其出租，以赚取租金收入。20×1 年 10 月 30 日，甲企业完成了搬迁工作，原办公楼停止自用。20×1 年 12 月，甲企业与乙企业签订了租赁协议，将其原办公楼租赁给乙企业使用，租赁期开始日为 20×2 年 1 月 1 日，租赁期限为 3 年。20×2 年 1 月 1 日，该办公楼的公允价值为 3.5 亿元，其原价为 5 亿元，已提折旧 1.425 亿元；假设甲企业对投资性房地产采用公允价值模式计量。甲企业的账务处理如下：

甲企业应当于租赁期开始日（20×2 年 1 月 1 日）将自用房地产转换为投资性房地产。

借：投资性房地产——成本	350 000 000	
公允价值变动损益	7 500 000	
累计折旧	142 500 000	
贷：固定资产		500 000 000

3. 投资性房地产的后续计量

投资性房地产采用公允价值模式计量的，不计提折旧或摊销，应当以资产负债表日的公允价值计量。资产负债表日，投资性房地产的公允价值高于其账面余额的差额，借记“投资性房地产——公允价值变动”科目，贷记“公允价值变动损益”科目；公允价值低于其账面余额的差额做相反的分录。

【例 5-60】 甲企业为从事房地产经营开发的企业。20×1 年 8 月，甲公司与乙公司签订租赁协议，约定将甲公司开发的一栋精装修的写字楼于开发完成的同时开始租赁给乙公司使用，租赁期为 10 年。20×1 年 10 月 1 日，该写字楼开发完成并开始起租，写字楼的造价为 8 000 万元。20×1 年 12 月 31 日，该写字楼的公允价值为 8 200 万元。

假设甲公司对投资性房地产采用公允价值模式计量。甲企业的账务处理如下：

①20×1 年 10 月 1 日，甲公司开发完成写字楼并出租：

借：投资性房地产——成本	80 000 000	
贷：开发成本		80 000 000

②20×1 年 12 月 31 日，按照公允价值为基础调整其账面价值，公允价值与原账面价值之间的差额计入当期损益

借：投资性房地产——公允价值变动　　2 000 000
　贷：公允价值变动损益　　2 000 000

4. 投资性房地产的后续支出

（1）资本化的后续支出

与投资性房地产有关的后续支出，满足投资性房地产确认条件的应当计入投资性房地产成本。

【例 5-61】 20×1 年 3 月，甲企业与乙企业的一项厂房经营租赁合同即将到期。为了提高厂房的租金收入，甲企业决定在租赁期满后对厂房进行改扩建，并与丙企业签订了经营租赁合同，约定自改扩建完工时将厂房出租给丙企业。3 月 15 日，与乙企业的租赁合同到期，厂房随即进入改扩建工程。11 月 10 日，厂房改扩建工程完工，共发生支出 180 万元，即日按照租赁合同出租给丙企业。3 月 15 日厂房账面余额为 1 000 万元，其中成本 900 万元，累计公允价值变动 100 万元。假设甲企业对投资性房地产采用公允价值模式计量。

本例中，改扩建支出属于资本化的后续支出，应当记入投资性房地产的成本。甲企业的账务处理如下：

①20×1 年 3 月 15 日，投资性房地产转入改扩建工程：

借：在建工程　　10 000 000
　贷：投资性房地产——成本　　9 000 000
　　　　　　　　——公允价值变动　　1 000 000

②20×1 年 3 月 15 日到 11 月 10 日：

借：在建工程　　1 800 000
　贷：银行存款　　1 800 000

③20×1 年 11 月 10 日，改扩建工程完工：

借：投资性房地产——成本　　11 800 000
　贷：在建工程　　11 800 000

（2）费用化的后续支出

与投资性房地产有关的后续支出，不满足投资性房地产确认条件的应当在发生时计入其他业务成本等当期损益。

5. 投资性房地产转换为自用房地产

企业将采用公允价值模式计量的投资性房地产转换为自用房地产时，应当以其转换当日的公允价值作为自用房地产的账面价值，公允价值与原账面价值的差额计入当期损益。

转换日，按照该项投资性房地产的公允价值，借记“固定资产”或“无形资产”科目；按照该项投资性房地产的成本，贷记“投资性房地产——成本”科目；按照该项投资性房地产的累计公允价值变动，贷记或借记“投资性房地产——公允价值变动”科目；按照其差额，贷记或借记“公允价值变动损益”科目。

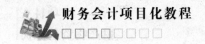

【例 5-62】 20×1 年 10 月 15 日，甲企业因租赁期满，将出租的写字楼收回，准备作为办公楼用于本企业的行政管理。20×1 年 12 月 1 日，该写字楼正式开始自用，相应由投

资性房地产转换为自用房地产，当日的公允价值为 4 800 万元。该项房地产在转换前采用公允价值模式计量，原账面价值为 4 750 万元，其中，成本为 4 500 万元，公允价值变动为增值 250 万元。

甲企业的账务处理如下：

借：固定资产　　48 000 000

　　贷：投资性房地产——成本　　45 000 000

　　　　　　　　　　——公允价值变动　　2 500 000

　　　　公允价值变动损益　　500 000

6. 投资性房地产转换为存货

企业将采用公允价值模式计量的投资性房地产转换为存货时，应当以其转换当日的公允价值作为自用房地产的账面价值，公允价值与原账面价值的差额计入当期损益。

转换日，按照该项投资性房地产的公允价值，借记“开发产品”科目；按照该项投资性房地产的成本，贷记“投资性房地产——成本”科目；按照该项投资性房地产的累计公允价值变动，贷记或借记“投资性房地产——公允价值变动”科目；按照其差额，贷记或借记“公允价值变动损益”科目。

7. 投资性房地产的处置

处置采用公允价值模式计量的投资性房地产时，应当按照实际收到的金额，借记“银行存款”等科目，贷记“其他业务收入”科目；按照该项投资性房地产的账面余额，借记“其他业务成本”科目；按照其成本，贷记“投资性房地产——成本”科目；按照其累计公允价值变动，贷记或借记“投资性房地产——公允价值变动”科目。同时，结转投资性房地产累计公允价值变动，借记或贷记“公允价值变动损益”，贷记或借记“其他业务成本”。若存在原转换日计入其他综合收益的金额，也一并结转，借记“其他综合收益”，贷记“其他业务成本”。

【例 5-63】甲企业与乙企业签订了租赁协议，将其原先自用的一栋写字楼出租给乙企业使用，租赁期开始日为 20×1 年 4 月 15 日。20×1 年 4 月 15 日，该写字楼的账面余额为5 000万元，已累计折旧 500 万元，公允价值为 4 600 万元。20×1 年 12 月 31 日，该项投资性房地产的公允价值为 4 800 万元。20×2 年 6 月租赁期届满，企业收回该项投资性房地产，并以 5 100 万元出售，出售款项已收讫。假设甲企业采用公允价值模式计量，不考虑相关税费，甲企业的账务处理如下：

①20×1 年 4 月 15 日，存货转换为投资性房地产：

借：投资性房地产——成本　　46 000 000

　　累计折旧　　5 000 000

　　贷：固定资产　　50 000 000

　　　　其他综合收益　　10 00 000

②20×1 年 12 月 31 日，公允价值变动：

借：投资性房地产——公允价值变动　　3 000 000

　　贷：公允价值变动损益　　3 000 000

③20×2 年 6 月，收回并出售投资性房地产：

借：银行存款　51 000 000

　　贷：其他业务收入　51 000 000

借：其他业务成本　4 900 0000

　　贷：投资性房地产——成本　46 000 000

　　　　　　　　　——公允价值变动　3 000 000

借：公允价值变动损益　3 000 000

　　其他综合收益　1 000 000

　　贷：其他业务成本　4 000 000

内容小结

本项目主要介绍了存货、固定资产、无形资产、投资性房地产的确认、计量和核算。原材料的日常核算，可以采用计划成本，也可以采用实际成本。具体采用哪一种方法，由企业根据具体情况自行决定。固定资产的价值构成是指固定资产价值所包括的范围。它包括为购建固定资产、使之达到预定可使用状态所发生的一切合理、必要的支出。固定资产折旧方法包括年限平均法、工作量法、双倍余额递减法和年数总和法等。处置固定资产应通过“固定资产清理”科目核算。无形资产通常是按照实际成本进行初始计量，即以取得无形资产并使之达到预定用途而发生的全部支出作为无形资产的成本。使用寿命有限的无形资产，应在其预计的使用寿命内采用系统合理的方法对应摊销金额进行摊销。对于使用寿命不确定的无形资产，在持有期间内不需要摊销。投资性房地产的范围限定为已出租的土地使用权、持有并准备增值后转让的土地使用权、已出租的建筑物。在后续计量时，通常应当采用成本模式，满足特定条件的情况下也可以采用公允价值模式。在资产负债表日，存货应当按照成本与可变现净值孰低法计量。固定资产、无形资产、投资性房地产在资产负债表日存在发生可能减值的迹象时，应计提资产减值准备。以上四种资产除存货外其他资产减值损失一经确认，在以后会计期间不得转回。

项目六　资金筹集岗

学习目标

①了解资金筹集的含义、来源。

②理解长期借款、短期借款、应付债券、所有者权益的含义、账户设置。

③掌握长期借款、短期借款、应付债券、所有者权益的账务处理。

模块一　资金筹集岗岗位基本工作规范及工作内容

资金筹集是指企业通过各种方式和法定程序，从不同的资金渠道，筹措所需资金的全过程。无论其筹资的来源和方式如何，其取得途径不外乎两种：一种是接受投资者投入的资金，即企业的资本金；另一种是向债权人借入的资金，即企业的负债。

一、资金筹集岗岗位基本工作规范

①熟悉和掌握有关的财务会计知识，制定公司资金收支管理流程，完善资金管理规定。

②参与拟定企业资金管理与核算办法，反映资金预算的运行及控制状况。

③编制资金收支计划，会同有关部门核定流动资金定额。

④参与编制资金计划和银行借款计划，负责筹措及调度资金。

⑤负责办理资金筹集的事项及其明细分类核算。

⑥负责企业各项筹资的明细分类核算，对企业负债筹资及权益筹资各项情况进行相关会计核算。

⑦处理与财务调度有关的其他事项。

二、资金筹集岗岗位工作内容

1. 筹资主管岗位工作内容

筹资主管的岗位工作内容包括：对筹资环境进行市场分析和风险预测，把握筹资方向，拟定企业筹资计划；制定本企业的各项筹资管理制度；开拓金融市场，建立多元化融资渠道，并与各金融机构建立和保持良好关系；通过对企业资产、负债及所有者权益进行的全面分析，设计并论证各种筹资项目的可行方案；执行筹资决策，实现企业筹资目标，并监督筹资活动进行过程；进行资金分析和调配，监督各项资金的运用，优化资金结构，提高资金使用效率。

2. 筹资专员岗位工作内容

筹资专员岗位工作内容包括：研究相关信息，对企业所处的资本市场和政策变动情况进行全面评估和分析；分析企业财务状况，评价企业的资本负债结构，并做出企业资金需求分析；根据企业经营发展的资金需求，分析筹资活动可能面临的风险；开发新的筹资渠道，并管理现有筹资渠道的相关工作；负责企业经营所需资金的筹划工作，策划组织相关的筹资活动。

模块二　长期借款

一、长期借款概述

1. 长期借款的定义

长期借款是指企业向银行或其他金融机构借入的期限在一年以上（不含一年）的各种借款，一般用于固定资产的购建、改扩建工程、大修理工程、对外投资以及为了保持长期经营能力等方面。它是企业长期负债的重要组成部分，必须加强管理与核算。

2. 长期借款的分类

企业的长期借款，可以按照不同的标准进行分类。其主要的分类有以下几种：

①长期借款按照借款条件的不同，可以分为抵押借款、信用借款和担保借款。

抵押借款是指以企业的动产或不动产作为抵押，以保证按期还款而取得的借款。信用借款是指不以特定的抵押财产做保证，仅凭企业的良好信誉而取得的借款。担保借款是指企业通过其他具有法人资格的单位的担保而取得的借款。

②长期借款按照借款用途的不同，可以分为基本建设借款、技术改造借款和生产经营借款三类。

基本建设借款是指新建、扩建、改建企业用于购建固定资产等有关支出的借款。技术改造借款是指用于固定资产更新及技术改造的借款。生产经营借款是指用于企业生产经营中正常周转的借款。

3. 长期借款的费用

长期借款的费用是指企业举借长期借款发生的与借入资金有关的利息费用、辅助费用（如手续费、承诺费等）以及因外币借款而发生的汇兑差额。

长期借款所发生的借款费用，可能资本化为固定资产、存货、投资性房地产的成本，也可能作为当期财务费用。

长期借款计算确定的利息费用，应当按照以下原则计入有关的成本、费用：

①属于筹建期间发生的长期借款费用（符合资本化条件的借款费用除外），应当根据

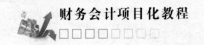

其发生额计入管理费用。

②属于生产经营期间的与固定资产或无形资产购建无关的长期借款费用，计入财务费用。

③如果长期借款用于购建固定资产的，在固定资产尚未达到预定可使用状态之前，所发生的应当资本化的利息支出，计入在建工程成本；固定资产达到预定可使用状态之后发生的利息支出，以及按照规定不予以资本化的利息支出，计入财务费用。

④长期借款所发生的外币折算差额等借款费用，按照外币业务核算的有关办法，按期计算汇兑损益，计入在建工程或当期损益。

4. 长期借款的管理

由于长期借款的使用关系到企业的生产经营规模和效益，企业除了要遵守有关的贷款规定、编制借款计划并要有不同形式的担保外，还应监督借款的使用、按期支付长期借款的利息以及按照规定的期限归还借款本金等。因此，长期借款会计处理的基本要求是反映和监督企业长期借款的借入、借款利息的结算和借款本息的归还情况，促使企业遵守信贷纪律、提高信用等级，同时也要确保长期借款发挥效益。

二、长期借款的核算

1. 长期借款的科目设置

企业应通过“长期借款”科目，核算长期借款的借入、归还等情况。该科目可按照贷款单位和贷款种类设置明细账，分别按照“本金”“利息调整”等科目进行明细核算。该科目的贷方登记长期借款本息的增加额，借方登记本息的减少额，贷方余额表示企业尚未偿还的长期借款及一次还本付息方式下的应计利息。

2. 长期借款账务处理

（1）取得长期借款的核算

企业取得长期借款时，应按照实际收到的金额，借记“银行存款”科目，贷记“长期借款——本金”科目；如存在差额，还应借记“长期借款——利息调整”科目。

【例 6-1】甲企业为增值税一般纳税人，于 20×1 年 11 月 30 日从银行借入资金 3 000 000元，借款期限为 3 年，借款年利率为 6.9%，到期一次还本付息、不计复利，所借款项已存入银行。甲企业用该借款于当日购买不需安装的设备一台，价款为 2 400 000 元，增值税税额为 31 200 元，另支付保险等费用 32 000 元，设备已于当日投入使用。甲企业应编制如下会计分录：

①取得借款：

借：银行存款	3 000 000	
贷：长期借款——本金		3 000 000

②支付设备款保险费：

借：固定资产	27 200	
应交税费——应交增值税（进项税额）	31 200	
贷：银行存款		303 200

(2) 长期借款利息的核算

长期借款利息，可根据借款合同规定，采用分期支付或到期还本时一次支付。不论是分期支付还是一次支付，均应按照权责发生制原则，将应由本期负担的长期借款利息计提入账。

长期借款利息费用应当在资产负债表日按照实际利率法计算确定，实际利率与合同利率差异较小的，也可以采用合同利率计算确定利息费用。

长期借款计算确定的利息费用，应当按照以下原则计入有关成本、费用：属于筹建期间的，计入管理费用；属于生产经营期间的，计入财务费用。用于购建固定资产的，在固定资产尚未达到预定可使用状态前，所发生的应当资本化的利息支出数，计入在建工程成本；固定资产达到预定可使用状态后发生的利息支出以及按规定不予资本化的利息支出，计入财务费用。

借款利息费用资本化的条件：①资产支出已经发生；②借款费用已经发生；③为使资产达到预定可使用状态所必要的购建活动已经开始。

每一会计期间利息的资本化金额＝至当期末止购建固定资产累计支出加权平均数×资本化率；

累计支出加权平均数＝∑每笔资产支出金额×每笔资产支出实际占用的天数（月数）÷会计期间涵盖的天数（月数）

资本化率＝专门借款当期实际发生的利息之和÷专门借款本金加权平均数

符合资本化条件的资产在购建或者生产过程中发生非正常中断且中断时间连续超过3个月的，应当暂停借款费用的资本化，将其确认为当期费用，直至资产的购建活动重新开始。

【例6-2】 承接【例6-1】，甲企业于20×1年12月31日计提长期借款利息。甲企业应编制如下会计分录：

20×1年12月31日计提的长期借款利息＝3 000 000×6.9%÷12＝17 250（元）

借：财务费用　　17 250

　　贷：长期借款——应计利息　　17 250

20×1年1月至20×4年10月每月月末计提利息分录同上。

(3) 偿还长期借款本息的核算

企业偿还长期借款本息时，借记“长期借款”账户，贷记“银行存款”账户。

【例6-3】 承接【例6-1】和【例6-2】，甲企业于20×4年11月30日，偿还该笔银行借款本息。甲企业应编制如下会计分录：

应计利息＝3 000 000×6.9%÷12×35＝603 750（元）

借：财务费用　　17 250

　　长期借款——本金　　3 000 000

　　　　　　——应计利息　　603 750

　　贷：银行存款　　3 621 000

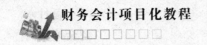

【**例 6-4**】乙企业于20×1 年 10 月 30 日从银行借入资金 4 000 000 元，期限为 3 年，年利率为 8.4%（到期一次还本，年末付息，不计复利）。所借款项已存入银行。企业用该借款于当日购买需要安装的设备一台，价款为 3 800 000 元，另支付运杂费及保险费等 200 000元。设备已运抵企业，20×1 年 12 月 31 日投入使用。乙企业的账务处理如下：

①乙企业于 20×1 年 10 月 30 日取得借款时：

借：银行存款	4 000 000	
贷：长期借款——本金		4 000 000

②支付设备款、运杂费及保险费等时：

借：在建工程	4 000 000	
贷：银行存款		4 000 000

③乙企业于 20×1 年 11 月 30 日计提长期借款利息时：

20×1 年 11 月 30 日计提长期借款利息 = 4 000 000 × 8.4%÷12 = 28 000（元）

借：在建工程	28 000	
贷：应付利息		28 000

20×1 年 12 月 31 日计提长期借款利息分录同上。

④乙企业于 20×2 年 1 月 31 日计提长期借款利息时：

借：财务费用	28 000	
贷：应付利息		28 000

20×2 年 2 月到 20×4 年 9 月计提长期借款利息分录同上。

⑤20×4 年 10 月 30 日，乙企业偿还该笔银行借款本息时：

借：财务费用	28 000	
长期借款——本金	4 000 000	
应付利息	980 000	
贷：银行存款		5 008 000

模块三　短期借款

一、短期借款的概念

短期借款是指企业向银行或其他金融机构等借入的期限在一年以下（含一年）的各种借款。

企业持有短期借款的目的是维持正常生产经营所需资金或抵偿债务。无论借入款项的来源如何，企业均需要向债权人按期偿还借款的本金及利息。在会计核算上，企业要及时如实地反映短期借款的借入、利息的发生和本金及利息的偿还情况。

二、短期借款的核算

1. 短期借款的科目设置

企业应通过“短期借款”科目，核算短期借款的取得及偿还情况。该科目贷方登记取得借款的本金数额，借方登记偿还借款的本金数额；余额在贷方，表示尚未偿还的短期借款。本科目应按贷款单位设置明细账，并按照借款种类及期限等进行明细核算。

2. 短期借款的账务处理

（1）取得短期借款

企业从银行或其他金融机构取得短期借款时，借记“银行存款”科目，贷记“短期借款”科目。

（2）短期借款的利息

如果企业的短期借款按月支付给银行利息，或者虽在到期时与本金一起偿还，但金额较小的，则企业可直接依据银行的计息通知将短期借款的利息计入“财务费用”。在实际工作中，银行一般于每季度末收取短期借款利息，为此，企业的短期借款利息一般采用月末计提的方式进行核算。短期借款利息属于筹资费用，应计入“财务费用”科目。企业应当在资产负债表日按照计算确定的短期借款利息费用，借记“财务费用”科目，贷记“应付利息”科目。实际支付利息时，根据已计提的利息，借记“应付利息”科目；根据应计利息，借记“财务费用”科目；根据应付利息总额，贷记“银行存款”科目。

（3）短期借款的归还

企业短期借款到期偿还本金时，借记“短期借款”科目，贷记“银行存款”科目。

【例 6-5】丙公司于 20×1 年 1 月 1 日向银行借入一笔生产经营用短期借款，共计 120 000元，期限为 9 个月，年利率为 8%。根据与银行签署的借款协议，该项借款的本金到期后一次归还；利息分月计提，按季支付。丙公司的有关会计处理如下：

①1 月 1 日借入短期借款时：

借：银行存款	120 000	
贷：短期借款		120 000

②1 月末，计提 1 月应计利息时：

1 月应计利息 = 120 000×8%÷12 = 800（元）

借：财务费用	800	
贷：应付利息		800

2 月末计提 2 月利息费用的处理与 1 月相同。

③3 月末支付第一季度银行借款利息时：

借：财务费用	800	
应付利息	1 600	
贷：银行存款		2 400

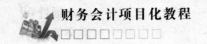

第二、三季度的会计处理同上。

④10 月 1 日偿还银行借款本金时：

借：短期借款　　120 000

　　贷：银行存款　　120 000

模块四　应付债券

一、应付债券的概述

1. 应付债券的概念

应付债券是指企业为筹集资金而对外发行的期限在一年以上的具有长期借款性质的书面证明，是一种约定在一定期限内还本付息的书面承诺。其特点是期限长、数额大、到期无条件支付本息。

2. 应付债券的发行价格

债券的发行价格主要取决于债券发行时的市场利率。所谓市场利率是指债券发行时金融市场上资金供求双方竞争形成的利率（相当于同期银行存款利率）。由于企业发行债券时票面利率可能等于市场利率，也可能高于或低于市场利率，因此，企业发行债券可按照以下三种方式确定价格：

（1）按照面值发行

当企业债券的票面利率与发行时的市场利率相同时，债券发行价格等于债券面值，企业债券就可按照面值发行，即平价发行。

（2）按照溢价发行

当企业债券的票面利率高于发行时的市场利率时，债券发行价格就会高于债券面值，债券发行价格高于债券面值的差额称为债券溢价。债券在溢价发行时，债券购买者因溢价而多付出的价款，可以从以后各期多得的利息收入中获得补偿；而债券发行企业因溢价多得的收入，实质上是在债券到期前对企业各期多付利息的一种补偿，也是对债券利息费用的一项调整。因而不能将债券溢价视为发行时的收益，而应在债券还款期限内，通过分期摊销陆续冲减企业债券的利息费用。

（3）按照折价发行

当企业债券的票面利率低于发行时的市场利率时，债券发行价格就会低于债券面值，债券发行价格低于债券面值的差额称为债券折价。债券在折价发行时，债券购买者因折价而少付出的价款，是对以后各期少得利息收入的预先补偿；而债券发行企业因折价少得的收入，实质上是预先付给债券购买者的利息，它可以从以后各期少付利息中获得补偿，因而同样是对债券利息费用的一项调整。企业的债券折价应在债券还款期限内分期摊销，陆续增加企业债券的利息费用。

二、应付债券的核算

1. 应付债券的科目设置

企业发行的长期债券应设置“应付债券”账户进行核算，并设置“面值”“利息调整”“应计利息”等明细科目，按照债券种类对应付债券进行明细核算。该账户核算的是企业为筹集长期资金而实际发行的债券及应付的利息。贷方登记应付债券的本金和利息，借方登记归还应付债券的本金和利息；期末贷方余额，反映企业尚未偿付的债券本息。

2. 应付债券的账务处理

（1）发行债券的核算

企业发行的一般公司债券，无论是按照面值发行，还是按照溢价发行或折价发行，均按照债券面值记入“应付债券”科目的“面值”明细科目；实际收到的款项与面值的差额，计入“利息调整”明细科目。企业发行债券时，按照实际收到的款项，借记“银行存款”“库存现金”等科目；按照债券票面价值，贷记“应付债券——面值”科目；按照实际收到的款项与票面价值之间的差额，贷记或借记“应付债券——利息调整”科目。

（2）债券利息的核算

利息调整应在债券存续期间内采用实际利率法进行摊销。资产负债表日，对于分期付息、一次还本的债券，企业应按照应付债券的摊余成本和实际利率计算确定的债券利息费用，借记“在建工程”“制造费用”“财务费用”等科目；按照票面利率计算确定的应付未付利息，贷记“应付利息”科目；按照其差额，借记或贷记“应付债券——利息调整”科目。对于一次还本付息的债券，应于资产负债表日按照摊余成本和实际利率计算确定的债券利息费用，借记“在建工程”“制造费用”“财务费用”等科目；按照票面利率计算确定的应付未付利息，贷记“应付债券——应计利息”科目；按照其差额，借记或贷记“应付债券——利息调整”科目。

（3）债券偿还的核算

对于分期付息、一次还本的债券，在每期支付利息时，借记“应付利息”科目，贷记“银行存款”科目。债券到期偿还本金应支付最后一期利息时，借记“应付债券——面值”“在建工程”“制造费用”“财务费用”等科目，贷记“银行存款”科目；按照借贷双方之间的差额，借记或贷记“应付债券——利息调整”科目。

对于一次还本付息的债券，企业应于债券到期支付债券本息时，借记“应付债券——面值”“应付债券——应计利息”科目，贷记“银行存款”科目。

【例 6-6】乙企业于 20×1 年 12 月 31 日发行了票面利率为 6%、期限为 5 年的分期付息、一次还本的债券 1 000 万元，债券利息在每年 12 月 31 日支付。假定债券发行时的市场利率为 5%，公司实际取得银行存款 10 432 700 元，全部用于生产经营。

根据上述资料，采用实际利率和摊余成本计算确定的利息费用情况如表 6-1 所示。

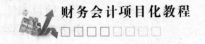

表 6-1　　采用实际利率和摊余成本计算确定的利息费用

日期	现金流出	实际利息费用	偿还的本金	摊余成本余额
20×1 年 12 月 31 日				10 432 700
20×2 年 12 月 31 日	600 000	521 635	78 365	10 354 335
20×3 年 12 月 31 日	600 000	517 716. 75	82 283. 25	10 272 051. 75
20×4 年 12 月 31 日	600 000	513 602. 59	86 397. 41	10 185 654. 34
20×5 年 12 月 31 日	600 000	509 282. 72	90 717. 28	10 094 937. 06
20×6 年 12 月 31 日	600 000	505 062. 94	94 937. 06	10 000 000
小计	3 000 000	2 570 300	432 700	10 000 000
20×6 年 12 月 31 日	10 000 000	—	—	0
合计	13 000 000	—	—	—

①20×1 年 12 月 31 日收到债券款时，编制会计分录如下：

借：银行存款　　10 432 700

　　贷：应付债券——面值　　10 000 000

　　　　　　　　——利息调整　　432 700

②20×2 年 12 月 31 日，计提利息费用，编制会计分录如下：

借：财务费用　　521 635

　　应付债券——利息调整　　78 365

　　贷：应付利息　　600 000

③实际支付 20×2 年利息时，编制会计分录如下：

借：应付利息　　600 000

　　贷：银行存款　　600 000

④20×3 年 12 月 31 日，计提利息费用，编制会计分录如下：

借：财务费用　　517 716. 75

　　应付债券——利息调整　　82 283. 25

　　贷：应付利息　　600 000

⑤20×4 年 12 月 31 日，计提利息费用，编制会计分录如下：

借：财务费用　　513 602. 59

　　应付债券——利息调整　　86 397. 41

　　贷：应付利息　　600 000

⑥20×5 年 12 月 31 日，计提利息费用，编制会计分录如下：

借：财务费用　　509 282. 72

　　应付债券——利息调整　　90 717. 28

　　贷：应付利息　　600 000

⑦实际支付20×3年、20×4年、20×5年利息的会计分录处理同③。

⑧20×6年12月31日，归还债券本金及最后一年利息费用，编制会计分录如下：

借：财务费用　505 062.94
　　应付债券——面值　10 000 000
　　　　——利息调整　94 937.06
　　贷：银行存款　10 600 000

【例6-7】若上例中乙企业发行的公司债券改为一次还本付息的，则该公司的账务处理如下：

①20×1年12月31日收到债券款时，编制会计分录如下：

借：银行存款　10 432 700
　　贷：应付债券——面值　10 000 000
　　　　——利息调整　432 700

② 20×2年12月31日，计提利息费用，编制会计分录如下：

借：财务费用　521 635
　　应付债券——利息调整　78 365
　　贷：应付债券——应计利息　600 000

③20×3年12月31日，计提利息费用，编制会计分录如下：

借：财务费用　517 716.75
　　应付债券——利息调整　82 283.25
　　贷：应付债券—应计利息　600 000

④20×4年12月31日，计提利息费用，编制会计分录如下：

借：财务费用　513 602.59
　　应付债券——利息调整　86 397.41
　　贷：应付债券——应计利息　600 000

⑤20×5年12月31日，计提利息费用，编制会计分录如下：

借：财务费用　509 282.72
　　应付债券——利息调整　90 717.28
　　贷：应付债券——应计利息　600 000

⑥20×6年12月31日，计提利息费用，编制会计分录如下：

借：财务费用　505 062.94
　　应付债券——利息调整　94 937.06
　　贷：应付债券——应计利息　600 000

⑦20×6年12月31日，还本付息，编制会计分录如下：

借：应付债券——面值　10 000 000
　　　　——应计利息　3 000 000

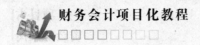

贷：银行存款　　13 000 000

（4）可转换公司债券的账务处理

可转换公司债券是指企业发行的可以转换为股票的债券。企业债券转换股票，一般应在债券期限内，有一定条件，并经审核批准。我国发行可转换公司债券采用记名式无纸化发行方式，债券最短期限为3年，最长期限为5年。企业发行的可转换公司债券，应在“应付债券——可转换公司债券”账户进行核算。

企业发行的可转换公司债券既含有负债成分，又含有权益成分。在进行初始确认时，需要将相关负债和权益成分进行分拆，将负债成分确认为应付债券，将权益成分确认为资本公积。应按照实际收到的金额，借记“银行存款”等科目；按照该项可转换公司债券包含的负债成分的面值，贷记“应付债券——可转换公司债券（面值）”科目；按照权益成分的公允价值，贷记“资本公积——其他资本公积”科目；按照其差额，借记或贷记“应付债券——可转换公司债券（利息调整）”科目。

对于可转换公司债券的负债成分，在转换为股份前，其会计处理与一般公司债券相同，即按照实际利率和摊余成本确认利息费用，按照面值和票面利率确认应付债券，差额作为利息调整进行摊销。可转换公司债券持有者在债券存续期间内行使转换权利，将可转换公司债券转换为股份时，对于债券面额不足转换1股股份的部分，企业应当以现金偿还。

可转换公司债券持有人行使转换权利，将其持有的债券转换为股票，按照可转换公司债券的余额，借记“应付债券——可转换公司债券（面值、利息调整）”科目；按照其权益成分的金额，借记“资本公积——其他资本公积”科目；按照股票面值和转换的股数计算的股票面值总额，贷记“股本”科目；按照其差额，贷记“资本公积——股本溢价”科目。如用现金支付不可转换股票的部分，还应贷记“银行存款”等科目。

【例6-8】乙企业经批准20×1年1月1日按面值发行5年期一次还本付息的可转换公司债券200 000 000元，款项已收存银行，债券票面年利率为6%，利息按年支付。债券发行1年后可转换为普通股股票，初始转股价为每股10元，股票面值为每股1元。

假定20×2年1月1日债券持有人将持有的可转换公司债券全部转换为普通股股票，乙企业发行可转换公司债券时二级市场上与之类似的没有附带转换权的债券市场利率为9%。乙企业的账务处理如下：

①20×2年1月1日，发行可转换公司债券时：

可转换公司债券负债成分的公允价值为：

200 000 000×0. 6 499+200 000 000×6%×3. 8 897＝176 656 400（元）

可转换公司债券权益成分的公允价值为：

200 000 000－176 656 400＝23 343 600（元）

借：银行存款　　200 000 000

　　应付债券——可转换公司债券（利息调整）　　23 343 600

贷：应付债券——可转换公司债券（面值） 200 000 000
资本公积——其他资本公积 23 343 600

②20×2 年 12 月 31 日，确认利息费用时：

借：财务费用等 15 899 076
贷：应付债券——可转换公司债券（应计利息） 12 000 000
应付债券——可转换公司债券（利息调整） 3 899 076

③20×1 年 1 月 1 日，债券持有人行使转换权时：

转换的股份数为：（176 656 400+12 000 000+3 899 076）/10=19 255 547.6（股）

不足一股的部分支付现金 0.6 元。

借：应付债券——可转换公司债券（面值） 200 000 000
——可转换公司债券（应计利息） 12 000 000
资本公积——其他资本公积 23 343 600
贷：应付债券——可转换公司债券（利息调整） 7 444 524
股本 19 255 547.6
资本公积——股本溢价 208 643 527.8
库存现金 0.6

模块五 所有者权益

一、所有者权益概述

1. 所有者权益的概念

所有者权益也称产权，是指所有者在企业资产中享有的经济利益，其金额为资产减去负债后的余额。由于企业资产的提供者包括投资人和债权人，从权益原有的意义来讲，企业权益应包括所有者权益和债权人权益（即负债）两部分，即投资者和债权人对企业的资产都有相应的要求权，从而形成了“资产=负债+所有者权益”这一会计等式。然而，由于企业资产总额只有在满足了债权人的全部要求权之后，剩余的资产才能归企业投资人所有。因此，所有者权益实质上是对企业剩余资产的要求权，是企业的剩余权益。可见，所有者权益与债权人权益虽然同属于权益，但两者又有显著区别。

主要表现在以下几点：

（1）要求权先后不同

债权人权益是企业债权人对企业全部资产的要求权；而所有者权益是企业投资者对企业净资产的要求权。可见，债权人对企业资产的要求权优先于所有者。当企业进行清算时，在支付了破产、清算费用后将优先用于偿还负债，如有剩余资产，才能按照比例返还所有者。

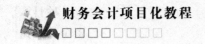

（2）偿还与否不同

负债有明确的偿还期，到期时，债权人有权按照约定收回本金及利息；而所有者权益一般没有明确的偿还期，对于企业所有者（即投资人）来讲，在企业持续经营前提下，除非发生减资、清算，一般不能撤回投资。

（3）分利与否不同

债权人对企业只有按照约定要求收回本金和获取利息收入的权利，不能参与企业的利润分配；而所有者可以收取股利或利润形式参与企业的利润分配，按照投资比例享有利润分配权。

（4）参与经营管理的权利不同

债权人的权利仅限于借款合同约定的内容，无权参与企业的经营管理，无权做出经营决策；而所有者凭借其对企业的所有权，具有法定参与企业经营管理的权利。

（5）风险不同

债权人对企业投资的目的是获取固定金额的利息，按照本金和事先约定的利率计算，一般不受企业盈亏的影响，金额固定、风险较小；所有者对企业投资的目的之一是获取利润或现金股利，而其获取的利润或现金股利的多少取决于企业的赢利水平和利润分配政策，金额不固定、风险较大。

2. 所有者权益的分类

在我国现行会计核算中，所有者权益包括实收资本（在股份公司称为股本）、资本公积、盈余公积、未分配利润4个部分。其中，盈余公积和未分配利润统称为留存收益。

（1）实收资本

实收资本是指企业的投资者按照企业章程或合同、协议的约定，实际投入企业的资本。所有者向企业投入的资本，在一般情况下无须偿还，可以长期周转使用。由于企业组织形式不同，所有者投入资本的会计核算方法也有所不同。除股份有限公司对股东投入的资本应设置“股本”科目外，其余企业均设置“实收资本”科目，核算企业实际收到的投资人投入的资本。

（2）资本公积

资本公积是企业收到的投资者超出其在企业注册资本所占的份额以及直接计入所有者权益的利得和损失等。资本公积包括资本溢价（股本溢价）和直接计入所有者权益的利得和损失等。

（3）盈余公积

盈余公积是指企业按照规定从净利润中提取的企业积累资金，公司制企业的盈余公积包括法定盈余公积和任意盈余公积。

（4）未分配利润

未分配利润是指未做分配的净利润，即这部分利润没有分配给投资者，也未指定用途。未分配利润是企业当年税后利润在弥补以前年度亏损、提取公积金以后加上上年末未分配的利润，再扣除向所有者分配的利润后的结余额，是企业留于以后年度分配的利润。它是企业历年积存的利润分配后的余额，也是所有者权益的一个重要组成部分。

二、实收资本

(一) 实收资本的概述

按照我国有关法律规定，投资者设立企业首先必须有资本。实收资本是投资者投入资本形成法定资本的价值，所有者向企业投入的资本，在一般情况下无须偿还，可以长期周转使用。实收资本的构成比例，即投资者的出资比例或股东的股份比例，通常是确定所有者在企业所有者权益中所占的份额和参与企业财务经营决策的基础，也是企业进行利润分配或股利分配的依据，同时还是企业清算时确定所有者对净资产的要求权的依据。

(二) 实收资本的核算

1. 实收资本的科目设置

股份有限公司应设置“股本”科目，核算公司实际发行股票的面值总额。除股份有限公司外，其他企业应设置“实收资本”科目，核算投资者投入资本的增减变动情况。

2. 实收资本（或股本）的账务处理

(1) 实收资本（或股本）取得的核算

①接受现金资产投资。股份有限公司发行股票收到现金资产时，应以实际收到的金额，借记“银行存款”等科目；按照每股股票面值和发行股份总额的乘积计算的金额，贷记“股本”科目；实际收到的金额与该股本之间的差额贷记“资本公积——股本溢价”科目。股份有限公司发行股票发生的手续费、佣金等交易费用，应从溢价中抵扣，冲减“资本公积——股本溢价”科目。股份有限公司以外的企业接受现金投资时，应以实际收到的金额，借记“银行存款”等科目；按照投资合同或协议约定的投资者在企业注册资本中所占的份额，贷记“实收资本”科目；企业实际收到的金额超过投资者在企业注册资本中所占的份额部分，贷记“资本公积——资本溢价”科目。

【例 6-9】甲公司注册资本为 1 000 000 元。根据合同约定该企业收到乙企业投入的货币资本 100 000 元，占甲公司注册资本的 10%，该款项全部存入企业的开户银行。根据上述业务编制如下会计分录：

借：银行存款　　100 000

　　贷：实收资本——乙企业　　100 000

若上例中，乙企业投入的货币资本 100 000 元是甲公司注册资本的 8%。则账务处理如下：

借：银行存款　　100 000

　　贷：实收资本——乙企业　　80 000

　　　　资本公积——资本溢价　　20 000

【例 6-10】甲股份有限公司委托某证券公司代理发行普通股 50 000 000 股，每股面值 1 元，每股发行价格 5 元。假定甲股份有限公司按照发行收入的 1%向证券公司支付发行费用，证券公司从发行收入中抵扣。股票发行成功，股款已划入甲股份有限公司的银行账户。甲股份有限公司的账务处理如下：

股票发行费用＝50 000 000 × 5 × 1%＝2 500 000（元）

实际收到的股款＝50 000 000 × 5−2 500 000＝247 500 000（元）

借：银行存款　　247 500 000

　　贷：股本　　50 000 000

　　　　资本公积——股本溢价　　1 97 500 000

②接受非现金资产投资。企业接受固定资产、无形资产等非现金资产投资时，应按照投资合同或协议约定的价值（不公允的除外）作为固定资产、无形资产的入账价值；按照投资合同或协议约定的投资者在企业注册资本或股本中所占份额的部分作为实收资本或股本入账；投照资合同或协议约定的价值超过投资者在企业注册资本或股本中所占份额的部分，计入资本公积。

【例 6-11】乙企业注册资本为 1 000 000 元，根据合同约定投资者甲公司投入不需要安装的设备一台，设备双方确认的价值为 205 000 元；甲公司在该企业注册资本的份额为 200 000 元。

借：固定资产　　205 000

　　贷：实收资本——甲公司　　200 000

　　　　资本公积——资本溢价　　5 000

【例 6-12】甲公司于设立时收到乙公司作为资本投入的原材料一批，该批原材料投资合同或协议约定价值（不含可抵扣的增值税进项税额部分）为 100 000 元，增值税进项税额为 17 000 元，乙公司已开具了增值税专用发票。假设合同约定的价值与公允价值相符，该进项税额允许抵扣。甲公司在进行会计处理时，应编制会计分录如下：

借：原材料　　100 000

　　应交税费——应交增值税（进项税额）　　17 000

　　贷：实收资本——甲公司　　117 000

【例 6-13】乙企业收到投资单位作为资本投入的专利权一项，双方协议约定价值为 50 万元，并且该约定价值是公允的。应做会计分录如下：

借：无形资产　　50

　　贷：实收资本　　50

（2）实收资本（或股本）增加的核算

根据我国有关法律规定，企业资本（或股本）在经营期间不得随意变动，只有符合增资条件，并经有关部门批准，才可以增加注册资本，并相应做出会计处理。企业增加注册资本的条件一般有三条：一是将资本公积转为实收资本或者股本；二是将盈余公积转为实收资本；三是投资者（包括企业原投资者）追加投资。

①将资本公积转为实收资本或者股本。会计上应借记“资本公积——资本溢价”或“资本公积——股本溢价”科目，贷记“实收资本”或“股本”科目。

【例 6-14】乙企业为了扩大生产规模，经批准将资本公积（资本溢价）1 000 000 元转增资本。应做会计分录如下：

借：资本公积——资本溢价　　1 000 000

　　贷：实收资本　　1 000 000

②将盈余公积转为实收资本或者股本。在会计上应借记“盈余公积”科目，贷记“实收资本”或“股本”科目。

这里要注意的是，资本公积和盈余公积均属所有者权益，转为实收资本时，如为独资企业则比较简单，直接结转即可；如为股份公司或有限责任公司，应按照原投资者所持股份同比例增加各股东的股权，股份公司具体可以采取发放新股的办法。

【例 6-15】 甲股份有限公司按股东大会决议，并办理增资手续，将法定公积金 1 000 000 元转增普通股股本。应做会计分录如下：

借：盈余公积——法定盈余公积　　1 000 000

　　贷：股本　　1 000 000

③投资者追加投资。企业按照规定增资扩股，接受原股东追加投资和新增加的投资者投资时，应按照实际收到的款项或其他资产，借记“银行存款”“固定资产”“原材料”等科目。按照增加的实收资本或股本金额，贷记“实收资本”或“股本”科目。实际收到新增加的投资者投入企业的资产超过其在该企业注册资本中所占份额的部分，贷记“资本公积——资本溢价”或“资本公积——股本溢价”科目。

【例 6-16】 乙企业是由甲、乙、丙三位投资者共同投资的有限责任公司，原注册资本为 400 万元，甲、乙、丙分别出资 50 万元、200 万元、150 万元。为了扩大经营规模，乙企业注册资本扩大为 500 万元，20×1 年 11 月 28 日，甲、乙、丙按原投资比例分别追加投资 125 000 元、500 000 元、375 000 元。收到款项时，应做会计分录如下：

借：银行存款　　1 000 000

　　贷：实收资本——投资者甲　　125 000

　　　　　　　　——投资者乙　　500 000

　　　　　　　　——投资者丙　　375 000

(3) 实收资本（或股本）减少的核算

企业实收资本减少的原因大体有两种：一是资本过剩而减资；二是企业发生重大亏损而需要减少实收资本。企业因资本过剩而减资，一般要返还投资。按照返还投资的数额，借记“实收资本”科目，贷记“库存现金”“银行存款”等科目。

股份有限公司采用收购本公司股票的方式减资的，按照股票面值和注销股数计算的股票面值总额，借记“股本”科目；按照注销库存股的账面余额，贷记“库存股”科目；按照其差额借记“资本公积——股本溢价”科目。股本溢价不足冲减的，应借记“盈余公积”“利润分配——未分配利润”科目。如果购回股票支付的价款低于面值总额的，应按照股票面值总额借记“股本”科目；按照所注销的库存股账面余额，贷记“库存股”科目；按照其差额贷记“资本公积——股本溢价”科目。

【例 6-17】 甲股份有限公司由于经营萎缩，资本过剩，经股东大会批准，公司以现金回购本公司股票 55 000 股并注销，收购价格为每股 2 元。公司原发行股票每股面值 1 元，发行价格 2 元。该企业资本公积为 60 000 元，提取的盈余公积为 200 000 元，未分配利润

300 000 元。则该公司编制的会计分录如下：

①回购本公司股票时：

借：库存股　　110 000

　　贷：银行存款　　110 000

②注销本公司股票时：

借：股本　　55 000

　　资本公积——股本溢价　　55 000

　　贷：库存股　　110 000

【例 6-18】 承接【例 6-17】，假设乙企业以每股 3 元价格收购。

①回购本公司股票时：

借：库存股　　165 000

　　贷：银行存款　　165 000

②注销本公司股票时：

借：股本　　55 000

　　资本公积——股本溢价　　60 000

　　盈余公积　　5 000

　　利润分配——未分配利润　　45 000

　　贷：库存股　　165 000

三、资本公积

（一）资本公积的概述

资本公积是企业收到投资者出资额超出其在注册资本（或股本）中所占份额的部分以及直接计入所有者权益的利得和损失等。

在我国，资本公积形成的来源主要有以下几种：

1. 资本（或股本）溢价

资本（或股本）溢价是指企业投资者投入的资金超过其在注册资本中所占份额的部分，其中在股份有限公司称之为股本溢价。形成资本溢价（或股本溢价）的原因有溢价发行股票、投资者超额交入资本等。

2. 拨款转入

拨款转入是指企业收到国家拨入的专门用于技术改造、技术研究等的拨款项目完成后，按照规定转入资本公积的部分，企业应按转入金额入账。

3. 直接计入所有者权益的利得和损失

直接计入所有者权益的利得和损失是指不应计入当期损益、会导致所有者权益发生增减变动的、与所有者投入资本或者向所有者分配利润无关的利得或者损失。如企业的长期股权投资采用权益法核算时，因被投资单位除净损益以外所有者权益的其他变动，投资企业按照应享有份额而增加或减少的资本公积。

资本公积与实收资本虽然都属于投入资本范畴，但两者有区别。资本公积有特定来源，由全体所有者享有，但有些来源形成的资本公积，并不需要由原投资者投入，也并不一定需要谋求投资利益；实收资本一般是投资者投入的、为了谋求投资利益的法定资本，与企业注册资本相一致，因此，实收资本在来源和资金上，都有严格限制。

资本公积与净利润不同。在会计中通常需要划分资本和收益的界限，收益是企业经营活动产生的结果，可分配给股东。资本公积是企业所有者投入资本的一部分，具有资本属性，与企业净利润无关，所以不能作为净利润的一部分。

（二）资本公积的核算

1. 资本公积的科目设置

企业应通过“资本公积”科目核算资本公积的增减变动情况，该账户按照“资本溢价”（或股本溢价）和“其他资本公积”两个明细科目进行会计核算。其贷方登记企业资本公积的增加数，借方登记资本公积的减少数，期末余额在贷方，反映企业资本公积实有数。

2. 资本公积的账务处理

（1）资本溢价（或股本溢价）的核算

①资本溢价。企业创立时，要经过筹建、试生产经营、开辟市场等过程，这种投资具有风险性。当企业进入正常生产经营阶段，资本利润率一般要高于创立阶段，这是因为企业创立者付出了代价。所以新加入的投资者要付出大于原投资者的出资额，才能取得与原有投资者相同的投资比例。投资者投入的资本中按照其投资比例计算的出资额部分，应计入“实收资本”账户，超出部分记入“资本公积——资本溢价”账户。

【例 6-19】甲公司由 A、B、C 三位股东各自出资 150 万元设立。设立时的实收资本为 450 万元。经过两年的经营，该企业留存收益为 150 万元。这时又有 D 投资者有意参加该企业，并表示愿意出资 200 万元，而仅占该企业股份的 25%。则会计分录如下：

借：银行存款	2 000 000	
贷：实收资本		1 500 000
资本公积——资本溢价		500 000

②股本溢价。在股票溢价发行时，公司发行股票的收入，相当于股票面值部分计入“股本”账户，超过股票面值的溢价收入计入“资本公积——股本溢价”账户。与发行权益性证券直接相关的手续费、佣金等交易费用，借记“资本公积——股本溢价”等账户，贷记“银行存款”等账户。

【例 6-20】甲股份有限公司委托 A 证券公司代理发行普通股 2 000 000 股，每股面值 1 元，按照每股 1.2 元的价格发行。公司与受托单位约定，按照发行收入的 3%收取手续费，从收入中扣除。假定收到的股款已存入银行。则会计分录如下：

公司收到受托发行单位交来的现金＝2 000 000×1.2×（1－3%）＝2 328 000（元）

借：银行存款	2 328 000	
贷：股本		2 000 000
资本公积——股本溢价		328 000

（2）其他资本公积的核算

其他资本公积是指除资本溢价（或股本溢价）项目以外所形成的资本公积，其中主要包括直接计入所有者权益的利得和损失。

直接计入所有者权益的利得和损失主要由以下交易和事项引起：

①股权投资价值变动。股权投资价值变动是指投资单位对被投资单位的长期股权投资采用权益法核算时，在持股比例不变的情况下，被投资单位除净损益以外所有者权益的其他变动，如接受捐赠、增资扩股等原因所引起的被投资单位所有者权益发生变动，投资单位按照其持股比例计算应享有的份额。企业采用权益法核算长期股权投资时，长期投资的账面价值将随着被投资单位所有者权益的增减而增加或减少，以使长期股权投资的账面价值与应享有被投资单位所有者权益的份额基本保持一致。被投资单位净资产的变动除了实际的净损益会影响净资产外，还有其他原因增加的资本公积。企业应按照其持股比例计算应享有的份额，借记“长期股权投资——其他权益变动”科目，贷记“资本公积——其他资本公积”科目。

【例6-21】乙企业持有甲公司30%的股份，采用权益法对长期股权投资进行核算。20×1年甲公司资本公积增加1 000 000元，乙企业享有的份额为300 000元。有关会计分录如下：

借：长期股权投资——其他权益变动　　300 000

　　贷：资本公积——其他资本公积　　300 000

②以权益结算的股份支付。以权益结算的股份支付是指企业为获取服务以股份或其他权益工具作为对价进行结算的交易。在会计处理上，以权益结算的股份支付换取职工提供服务的，应按照确定的金额，借记“管理费用”等科目，贷记“资本公积——其他资本公积”科目。

在行权日，应按照实际行权的权益工具数量计算确定的金额，借记“资本公积——其他资本公积”科目；按照计入实收资本或股本的金额，贷记“实收资本”或“股本”科目；按照其差额，贷记“资本公积——资本溢价”科目。

③自用房地产或存货转换为投资性房地产。自用房地产或存货转换为采用公允价值模式计量的投资性房地产时，应按照该项房地产在转换日的公允价值，借记“投资性房地产——成本”科目；按照已计提的累计摊销或累计折旧，借记“累计摊销”“累计折旧”等科目；已计提减值准备的，借记“存货跌价准备”“无形资产减值准备”“固定资产减值准备”等科目；按照其账面余额，贷记“开发产品”“无形资产”“固定资产”科目。同时，按照该项房地产在转换日的公允价值大于其账面价值的差额，贷记“资本公积——其他资本公积”科目。

④债权投资的公允价值变动及减值损失。资产负债表日，债权投资的公允价值高于其账面余额的差额，借记“债权投资”科目，贷记“资本公积——其他资本公积”科目；公允价值低于其账面余额的差额，做相反的会计分录。

确定债权投资发生减值的，按照应减记的金额，借记“资产减值损失”科目；按照从所有者权益中转出原计入资本公积的累计损失金额，贷记“资本公积——其他资本公积”

科目；按照其差额，贷记“债权投资——公允价值变动”科目。

对于已确认减值损失债权投资，在随后的会计期间公允价值上升的，应在原已计提的减值准备金额内，按照恢复增加的金额，借记“债权投资”科目，贷记“资本公积——其他资本公积”科目。

四、留存收益

（一）留存收益的概念

留存收益是企业从历年实现的净利润中提取或形成的留存于企业内部的积累，由企业净利润转化形成，它与企业的生产经营活动密切相关，也可看成在经营中所形成的。包括盈余公积和未分配利润两部分。

（二）盈余公积

1. 盈余公积概述

（1）盈余公积的概念

盈余公积是指企业从税后利润中提取形成的、存留于企业内部、具有特定用途的收益积累。

（2）盈余公积的种类

①法定盈余公积。法定盈余公积金是国家统一规定必须提取的公积金，它的提取顺序是在弥补亏损之后，按照当年税后利润的10%提取。当提取的法定盈余公积达到注册资本的50%时可不再提取。非公司制企业法定盈余公积的提取比例可超过净利润的10%。

②任意盈余公积。任意盈余公积金是根据公司章程及股东会的决议，从公司盈余中提取的公积金。《中华人民共和国公司法》规定：“公司从税后利润中提取法定公积金后，经股东会或股东大会决议，还可以从税后利润中提取任意公积金。”任意公积金的提取与否及提取比例由股东会根据公司发展的需要和盈余情况决定，法律不做强制规定。

（3）盈余公积的用途

企业提取的盈余公积可用于弥补亏损、扩大生产经营或者转增资本等。法定公积金转为资本时，留存的盈余公积数额不得少于注册资本的25%。无论是企业提取盈余公积，还是用盈余公积弥补亏损或转增资本，企业的所有者权益总额不会发生变动，只不过是在企业所有者权益内部结构的转换。需要注意的是，资本公积不得用于弥补公司亏损。

2. 盈余公积的核算

（1）盈余公积的科目设置

企业为反映盈余公积的提取、使用和结存情况应设置“盈余公积”账户进行核算，实际的提取额记入贷方，使用和转出数记入借方，余额在贷方，反映期末盈余公积的结存数。并分别设置“法定盈余公积”“任意盈余公积”明细账户进行核算。

（2）盈余公积的账务处理

①提取盈余公积时，借记“利润分配——提取法定（或任意）盈余公积”科目，贷记“盈余公积——法定（或任意）盈余公积”科目。

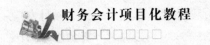

【例 6-22】乙企业 20×1 年实现净利润 1 000 万元，法定盈余公积提取比例为 10%，经股东会决议按照净利润的 5%提取任意盈余公积。提取盈余公积时，应做会计分录如下：

借：利润分配——提取法定盈余公积　　1 000 000
　　　　　　——提取任意盈余公积　　500 000
　贷：盈余公积——法定盈余公积　　1 000 000
　　　　　　　——任意盈余公积　　500 000

②用盈余公积弥补亏损或者转增资本时，借记“盈余公积——法定（或任意）盈余公积”科目，贷记“利润分配——盈余公积补亏”“实收资本”或者“股本”等科目。

【例 6-23】甲股份有限公司经股东大会决议，决定将盈余公积 50 万转增资本，按照规定增资程序获得批准后，该公司应做会计分录如下：

借：盈余公积——法定（或任意）盈余公积　　500 000
　贷：股本　　500 000

【例 6-24】乙企业发生经营亏损 10 万元，经股东大会决议，用盈余公积弥补，该公司应做会计分录如下：

借：盈余公积——法定（或任意）盈余公积　　100 000
　贷：利润分配——盈余公积补亏　　100 000

（三）未分配利润的核算

未分配利润是企业未做分配的利润，其有两层含义：一是这部分净利润没有分给企业投资者；二是这部分净利润未指定用途。它在以后年度可继续进行分配，在未进行分配之前，属于所有者权益的组成部分。从数量上来看，未分配利润是期初未分配利润加上本期实现的净利润，减去提取的各种盈余公积和分出的利润后的余额。

未分配利润的核算是通过“利润分配——未分配利润”账户进行的。关于未分配利润的具体账务处理，详见项目九财务成果核算岗。

内容小结

本项目主要讲解了资金筹集方式的核算，包括负债性筹资方式和权益性筹资方式，其中负债性筹资方式详细介绍了长期借款、短期借款、应付债券的账务处理；权益性筹资详细介绍了实收资本（股本）、资本公积、盈余公积等科目的核算。

项目七　工资核算岗

学习目标

①了解工资核算岗的基本工作规范。
②理解职工薪酬的内容。
③掌握应付职工薪酬的账务处理。

模块一　工资核算岗岗位基本工作规范及工作内容

一、工资核算岗岗位基本工作规范

工资费用的核算过程是根据不同部门的工资结算单，编制工资结算汇总表，然后将不同部门所发生的工资费用分别计入相应的成本费用账户中去。其中，生产多种产品发生的共同生产工人的工资费用应在各种产品成本之间进行分配。

二、工资核算岗岗位工作内容

工资核算岗位是资金核算系统中一个很重要的方面；工资费用核算员工作在整体的会计核算工作中也起着很重要的作用，其所要遵守的基本岗位职责主要有以下几方面：

1. 监督工资基金的使用

根据国家有关工资管理政策和劳动工资管理办法，会同劳资部门制定和贯彻工资核算办法，参与制订工资计划，并根据工资管理部门审批的计划合理使用和监督工资基金。

2. 审核发放工资、奖金

根据按劳分配原则，参与制定工资发放标准，组织各部室准确、及时地计算、发放工资和奖金。

3. 办理代扣款项

审核有关工资的原始单据，办理代扣款项（包括计算个人所得税、住房公积金、养老保险、医疗保险、失业保险金、企业年金等）。

4. 负责工资的明细核算

做好工资台账和应付职工薪酬明细账的登记工作。

5. 负责工资分配的核算

模块二　应付职工薪酬

一、职工薪酬的内容

职工薪酬，是指职工在职期间和离职后提供给职工的全部货币性薪酬和非货币性薪酬，既包括提供给职工本人的薪酬，也包括提供给职工配偶、子女、受赡养人、已故员工遗属及其他受益人等的福利。职工薪酬包括短期薪酬、离职后福利、辞退福利和其他长期职工福利。职工工资和奖金、津贴和补贴以及职工福利费是职工薪酬的最基本组成部分。企业提供给职工配偶、子女、受赡养人、已故员工遗属及其他受益人等的福利，也属于职工薪酬。

职工，是指与企业订立劳动合同的所有人员，含全职、兼职和临时职工，也包括虽未与企业订立劳动合同但由企业正式任命的人员。未与企业订立劳动合同或未由其正式任命，但向企业所提供服务与职工所提供服务类似的人员，也属于职工的范畴，包括通过企业与劳务中介公司签订用工合同而向企业提供服务的人员。

短期薪酬，是指企业在职工提供相关服务的年度报告期间结束后十二个月内需要全部予以支付的职工薪酬，因解除与职工的劳动关系给予的补偿除外。短期薪酬具体包括：职工工资、奖金、津贴和补贴，职工福利费，医疗保险费、工伤保险费和生育保险费等社会保险费，住房公积金，工会经费和职工教育经费，短期带薪缺勤，短期利润分享计划，非货币性福利以及其他短期薪酬。

带薪缺勤，是指企业支付工资或提供补偿的职工缺勤，包括年休假、病假、短期伤残、婚假、产假、丧假、探亲假等。

利润分享计划，是指因职工提供服务而与职工达成的基于利润或其他经营成果提供薪酬的协议。

离职后福利，是指企业为获得职工提供的服务而在职工退休或与企业解除劳动关系后，提供的各种形式的报酬和福利，如养老保险、失业保险，短期薪酬和辞退福利除外。

辞退福利，是指企业在职工劳动合同到期之前解除与职工的劳动关系，或者为鼓励职工自愿接受裁减而给予职工的补偿。

其他长期职工福利，是指除短期薪酬、离职后福利、辞退福利之外所有的职工薪酬，包括长期带薪缺勤、长期残疾福利、长期利润分享计划等。

二、应付职工薪酬的核算

1. 应付职工薪酬的账户设置

企业设置“应付职工薪酬”科目，核算企业根据有关规定应付给职工的各种薪酬。企业按照规定从净利润中提取的职工奖励及福利基金，也在本科目核算。本科目可按照“工资”“职工福利”“社会保险费”“住房公积金”“工会经费”“职工教育经费”“非货币性福利”“辞退福利”“股份支付”等进行明细核算。本科目期末贷方余额，反映企业应付而未付的职工薪酬。

2. 应付职工薪酬的核算原则

职工薪酬的会计处理遵循以下原则：

①除因解除与职工的劳动关系给予的补偿外，企业应当在职工为企业提供服务的会计期间，根据职工提供服务的受益对象计入相关的成本或费用，并将应付的职工薪酬确认为负债。具体而言，应由所生产产品、所提供劳务负担的职工薪酬，计入产品成本或劳务成本；应由在建工程、无形资产负担的职工薪酬，计入建造固定资产或无形资产的成本；其他职工薪酬，则计入当期损益。

②对于因解除与职工的劳动关系而给予的补偿，由于辞退职工不能再给企业带来任何经济利益，应当将辞退福利计入当期管理费用，并确认因辞退福利产生的应付职工薪酬。辞退工作一般应当在一年内实施完毕，但因付款程序等原因使部分款项推迟至一年后支付的，视为符合应付职工薪酬的确认条件。辞退福利通常采取的方式有在解除劳动关系时一次性支付补偿、提高离职后福利的标准、提高退休后养老金的标准等。

③对于企业以自身产品或外购产品作为非货币性福利发放给职工的，应当按照该产品或商品的公允价值和相关税费，根据上述原则，计入相关资产成本或当期费用，同时确认应付职工薪酬。

需要注意的是，如果是自身产品作为非货币性福利发放给职工的，发放的产品应该视同销售处理。如果企业是以住房等固定资产无偿提供给职工使用的，应当将该固定资产每期应计提的折旧，根据上述原则计入相关资产成本或当期费用，同时确认应付职工薪酬。租赁住房或其他固定资产无偿提供给企业职工使用的，则应当将每期应付的租金按照上述原则处理。

3. 应付职工薪酬的账务处理

（1）企业发生应付职工薪酬的主要账务处理

①生产部门人员的职工薪酬，借记“生产成本”“制造费用”“劳务成本”等科目，贷记“应付职工薪酬”科目。应由在建工程、研发支出负担的职工薪酬，借记“在建工程”“研发支出”等科目，贷记“应付职工薪酬”科目。管理人员、销售人员的职工薪酬，借记“管理费用”“销售费用”科目，贷记“应付职工薪酬”科目。

②企业以其自产产品发放给职工作为职工薪酬的，借记“生产成本”“制造费用”“管理费用”等科目，贷记“应付职工薪酬”科目。无偿向职工提供住房等固定资产使用的，按照应计提的折旧额，借记“生产成本”“制造费用”“管理费用”等科目，贷记“应付职工薪酬”科目；同时，借记“应付职工薪酬”科目，贷记“累计折旧”科目。租赁住房等资产供职工无偿使用的，按照每期应支付的租金，借记“生产成本”“制造费用”“管理费用”等科目，贷记“应付职工薪酬”科目。

③因解除与职工的劳动关系给予的补偿，借记“管理费用”科目，贷记“应付职工

薪酬”科目。

（2）企业发放职工薪酬的主要账务处理

①向职工支付工资、奖金、津贴、福利费等，从应付职工薪酬中扣还的各种款项（代垫的家属药费、个人所得税等），借记“应付职工薪酬”科目，贷记“银行存款”“库存现金”“其他应收款”“应交税费——应交个人所得税”等科目。

②支付工会经费和职工教育经费用于工会活动和职工培训，借记“应付职工薪酬”科目，贷记“银行存款”等科目。

③按照国家有关规定缴纳社会保险费和住房公积金，借记“应付职工薪酬”科目，贷记“银行存款”科目。

④企业以其自产产品发放给职工的，借记“应付职工薪酬”科目，贷记“主营业务收入”“应交税费——应交增值税（销项税额）”等科目；同时，还应结转产成品的成本。支付租赁住房等资产供职工无偿使用所发生的租金，借记“应付职工薪酬”科目，贷记“银行存款”等科目。

⑤企业因解除与职工的劳动关系给予职工的补偿，借记“应付职工薪酬”科目，贷记“银行存款”“库存现金”等科目。

【例 7-1】甲公司为一家彩电生产企业，共有职工 200 名。20×1 年 2 月，公司以其生产的每台成本为 10 000 元的液晶彩电作为福利发放给公司每名职工。该型号液晶彩电的售价为每台 12 000 元，甲公司适用的增值税率为 13%。假定 200 名职工中 160 名为直接参加生产的职工，40 名为总部管理人员。则甲公司应做如下账务处理：

彩电的增值税销项税额：160×12 000×13%＋40×12 000×13%＝249 600＋62 400＝312 000（元）

借：生产成本　　2 169 600（160×12 000+249 600）
　　管理费用　　542 400（40×12 000+62 400）
　　贷：应付职工薪酬——非货币性福利　　2 712 000

借：应付职工薪酬——非货币性福利　　2 712 000
　　贷：主营业务收入　　2 400 000
　　　　应交税费——应交增值税（销项税额）　　312 000

借：主营业务成本　　2 000 000
　　贷：库存商品　　2 000 000

企业是以住房等固定资产无偿提供给职工使用的，应当将该固定资产每期应计提的折旧，计入相关资产成本或当期费用，同时确认应付职工薪酬。

【例 7-2】甲公司为总部部门经理级别以上职工每人提供一辆桑塔纳汽车免费使用，该公司总部共有部门经理以上职工 10 名，假定每辆桑塔纳汽车每月计提折旧 1 000 元；该公司还为其 3 名副总裁以上高级管理人员每人租赁一套公寓免费使用，月租金为每套 5 000 元（假定上述人员发生的费用无法认定受益对象）。

借：管理费用　　25 000
　　贷：应付职工薪酬——非货币性福利　　25 000

借：应付职工薪酬——非货币性福利　　25 000
　贷：累计折旧　　10 000
　　银行存款　　15 000

企业在计量应付职工薪酬时，应当注意是否国家有相关的明确计提标准。一般而言，企业应向社会保险经办机构（或企业年金基金账户管理人）缴纳的医疗保险费、养老保险费、失业保险费、工伤保险费、生育保险费等社会保险费，应向住房公积金管理中心缴存的住房公积金，以及应向工会部门缴纳的工会经费等，国家（或企业年金计划）统一规定了计提基础和计提比例，应当按照国家规定的标准计提；而职工福利费等职工薪酬，国家（或企业年金计划）没有明确规定计提基础和计提比例，企业应当根据历史经验数据和实际情况，合理预计当期应付职工薪酬。当期实际发生金额大于预计金额的，应当补提应付职工薪酬；当期实际发生金额小于预计金额的，应当冲回多提的应付职工薪酬。

企业从当月应付给职工的工资总额中代扣一些款项，如代扣个人所得税、代扣水电费，有的甚至代扣养老保险费、失业保险费、医疗保险费、住房保险费等。这些代扣款项交付之前形成了企业的流动负债。因此，企业通常应该设置"其他应付款"账户对这类代扣款项进行核算。

【例 7-3】甲公司 20×1 年 1 月 31 日，工资总额为 750 000 元，其中，产品生产工人工资 300 000 元，在建工程员工工资 200 000 元，行政管理人员工资 150 000 元，销售人员工资 100 000 元。公司分别按照职工工资总额的 2% 和 1. 5% 计提工会经费和职工教育经费。根据所在地政府规定，公司分别按照职工工资总额的 10%、12%、2% 和 10. 5% 计提医疗保险费、养老保险费、失业保险费和住房公积金，缴纳给当地社会保险经办机构和住房公积金管理机构。另外，企业按照规定代扣职工个人所得税 30 000 元，代扣公用事业公司水电费 10 000 元。甲公司应做如下账务处理：

①分配工资并代扣个人款项：

借：生产成本　　300 000
　在建工程　　200 000
　管理费用　　150 000
　销售费用　　100 000
　贷：应付职工薪酬——工资　　710 000
　　应交税费——代扣职工个人所得税　　30 000
　　其他应付款——代扣职工水电费　　10 000

②计提工会经费和职工教育经费：

借：管理费用　　26 250
　贷：应付职工薪酬——工会经费　　15 000
　　　　——职工教育经费　　11 250

③计提社会保险费和住房公积金：

借：生产成本　　103 500
　在建工程　　69 000

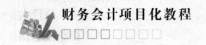

管理费用	51 750	
销售费用	34 500	
贷：应付职工薪酬——社会保险费		180 000
——住房公积金		78 750

④发放工资：

借：应付职工薪酬——工资	710 000	
贷：银行存款		710 000

⑤交纳各项社保费用及个人所得税等：

借：应付职工薪酬——工会经费	15 000	
——职工教育经费	11 250	
——社会保险费	180 000	
——住房公积金	78 750	
应交税费——代扣职工个人所得税	30 000	
其他应付款——代扣职工水电费	10 000	
贷：银行存款		325 000

【例 7-4】甲公司下设一所职工食堂，每月根据在岗职工数量及岗位分布情况、相关历史经验数据等计算需要补贴食堂的金额，20×1 年 5 月，企业在岗职工共计 100 人，其中管理部门 10 人，生产车间 70 人，销售部门 20 人。对于每个职工企业每月须补贴食堂 200 元。则甲公司应做如下账务处理：

借：生产成本	14 000	
管理费用	2 000	
销售费用	4 000	
贷：应付职工薪酬——职工福利		20 000
借：应付职工薪酬——职工福利	20 000	
贷：银行存款		20 000

内容小结

本项目详细阐述了工资核算岗的基本工作规范，讲解了职工薪酬包括的内容及应付职工薪酬的账务处理。

项目八　税务核算岗

学习目标

①了解税务核算岗位的工作职能、基础工作规范、企业纳税申报的资料及申报流程。

②了解增值税、消费税、企业所得税等税种的最新政策与法规。

③掌握增值税、消费税、企业所得税等税种应纳税额的计算及会计处理。

模块一　税务核算岗岗位基本工作规范及工作内容

一、税务核算岗岗位基本工作规范

①依据税法正确计算提取税款，及时申报纳税，避免税收滞纳金、税收罚款等附加支出。

②不断加强岗位业务学习，掌握税收最新政策与法规。

③胜任税务核算岗工作：熟练掌握税款电子申报程序，按时进行网上电子报税，将税务资料及时装订成册、妥善保管。

④协调处理好单位、个人与税务机关的关系。

二、税务核算岗岗位工作内容

①依照税法规定办理税务登记、变更登记、注销登记，按规定使用税务登记证件。

②准确计算各税种应纳税额，办理各税种申报、缴纳、代扣代缴、代收代缴工作。

③办理税务活动查对、复核工作。

④办理减免退税申请工作。

⑤编制税务报表及相关事项的分析报告。

⑥办理与税务活动相关的其他事项。

模块二　应交增值税

一、应交税费概述

依据税法规定，企业在一定时期内取得的营业收入、实现的利润、占用的自然资源及从事的其他应税行为，要按照规定向国家缴纳各种税费。企业首先按照权责发生制原则，将应缴纳的税费计算出来计入有关科目，作为企业应缴的税款，尚未缴纳之前形成了企业对税务机关的一项负债，即应交税费。

应交税费是企业的一项流动负债，是依据税法的规定应交纳的各种税费。具体包括增值税、消费税、城市维护建设税、教育费附加、房产税、资源税、土地增值税、车船税、土地使用税、企业所得税、个人所得税等。这些项目均属于应交税费的核算内容，应通过"应交税费"科目核算。

此外，税金中的印花税、耕地占用税、契税不需要预计应交税金，直接缴纳，不需要通过"应交税费"科目核算。

"应交税费"科目核算企业各种应交税费的形成及其缴纳情况。该科目借方登记已支付和实际缴纳的税费，贷方登记按照规定计算结转的应交税费数额。期末贷方余额，反映企业尚未缴纳的税费；期末如为借方余额，反映企业多交或尚未抵扣税费。本科目可按照应交的税费项目进行明细核算。

二、应交增值税

增值税是对我国境内销售货物、提供加工修理修配劳务、进口货物的单位和个人征收的一种流转税。按照纳税人的经营规模大小及会计核算的健全程度，可将增值税的纳税人分为：增值税一般纳税人和增值税小规模纳税人。

增值税一般纳税人的应纳增值税税额实行税款抵扣法，即用当期销项税额减去当期进项税额计算确定。从2019年4月1日开始，增值税税率有四种基本形式：基本税率13%（销售货物、加工、修理修配劳务、有形动产租赁服务）；低税率9%（销售或进口粮食、食用植物油、自来水、暖气、图书、报刊、化肥等，交通运输服务、邮政服务、基础电信服务、建筑服务、销售不动产、转让土地使用权、不动产租赁服务）；低税率6%（销售除土地使用权外的无形资产、除基础电信服务外的电信服务、金融服务、生活服务、除有形动产租赁和不动产租赁外的现代服务）；零税率（出口货物）。小规模纳税人应纳增值税税额，按照销售额和规定的征收率（3%）计算确定。

1. 增值税一般纳税人的核算

企业购入货物、接受应税劳务支付的增值税额为进项税额，可以从销售货物、提供应税劳务按照规定收取的增值税额，即销项税额中扣除。

准予抵扣的进项税额包括：

①从销售方取得的增值税专用发票上注明的增值税额。

②从海关取得的海关进口增值税专用缴款书上注明的增值税额。

③对增值税一般纳税人购进农产品，原适用10%扣除率的，扣除率调整为9%。对增值税一般纳税人购进用于生产或委托加工13%税率货物的农产品，按照10%扣除率计算进项税额。

④接受试点纳税人提供的应税服务，取得的增值税专用发票上注明的增值税额为进项税额。

⑤接受境外单位或个人提供的应税服务，按照规定应当扣缴增值税的，准予从销项税额中抵扣的进项税额为从税务机关或者代理人取得的解缴税款的税收缴款凭证上注明的增值税。

⑥2013年8月1日起，纳税人自用的应征消费税的摩托车、汽车、游艇，其进项税额准予从销项税额中抵扣。

一般来说，凡是未明确不得抵扣的进项税额，都可以抵扣。会计核算中，企业如果不能取得合法的增值税抵扣凭证，或者虽已取得合法的扣税凭证但未在规定期限内办理认证手续的不能作为进项税额抵扣，已支付的进项税额只能计入所购货物或所接受劳务成本；符合条件已抵扣的进项税额，后因购进货物改变用途，不允许抵扣的做进项税额转出处理。

下列项目的进项税额不得从销项税额中抵扣：

①用于非增值税应税项目的购进货物或应税劳务；

②用于免征增值税项目的购进货物或应税劳务；

③用于集体福利或个人消费的购进货物或应税劳务；

④非正常损失的购进货物或提供应税劳务（非正常损失是指因管理不善造成的丢失、被盗、霉烂变质）；

⑤非正常损失的在产品、产成品所耗用的购进货物或提供应税劳务；

⑥第一项至第五项规定的货物的运输费用和销售免税货物的运输费用。

一般纳税人应纳增值税税额的计算公式为：

应纳增值税额=当期销项税额-当期进项税额。

销项税额是纳税人销售货物或者应税劳务，按照销售额和规定的税率计算并向购买方收取的增值税额。销项税额的计算公式为：

销项税额=销售额×适用税率

销售额为纳税人销售货物或提供应税劳务向购买方收取的全部价款和价外费用，不包括收取的销项税额。其中价外费用包括价外向购买方收取的手续费、补贴、基金、返还利润、集资费、违约金、奖励费、滞纳金、延期付款利息、赔偿金、代收款项、代垫款项、包装费、包装物租金、储备费、优质费、运输装卸费等各种价外性质的收费。

销售额为不含税销售额，若含税须换算为不含税销售额，计算公式为：

不含税销售额=含税销售额/（1+增值税税率），并按不含税销售额计算销项税额。

应交增值税的账户设置：一般纳税人在核算应交增值税时，在“应交税费”账户下设置两个明细账户：“应交增值税”和“未交增值税”进行明细核算。

“应交税费——应交增值税”明细账户。该明细账户采用多栏式账页，核算企业应交增值税的发生、抵扣、缴纳、退税、转出等情况，并在账户内设置“进项税额”“销项税额”“已交税金”“出口退税”“进项税额转出”“转出未交增值税”“转出多交增值税”等专栏。

（1）国内购进物资和接受应税劳务

企业从国内购进物资和接受加工、修理修配劳务等根据增值税专用发票上记载的应计入采购成本或加工、修理修配劳务成本的金额，借记“材料采购”（原材料采用计划成本核算）“在途物资”“原材料”“库存商品”“固定资产”或“生产成本”“制造费用”“委托加工物资”“管理费用”等科目；根据增值税专用发票上注明的税额，借记“应交税费——应交增值税（进项税额）”科目；按照应付或实际支付的价款总额，贷记“银行存款”“应付账款”“应付票据”等科目。购进货物发生退货，做相反的会计分录。

【例 8-1】甲公司购入原材料一批，增值税专用发票上注明货款为 50 000 元，增值税税额为 6 500 元，原材料尚未到达，货款和增值税已用银行存款支付。甲公司对原材料采用计划成本核算。甲公司编制会计分录如下：

借：材料采购　　50 000
　　应交税费——应交增值税（进项税额）　　6 500
　　贷：银行存款　　56 500

【例 8-2】甲公司从乙公司购入一台不须安装的机器设备，增值税专用发票注明价款为 100 000 元，增值税税额为 13 000 元，款项尚未支付。甲公司编制会计分录如下：

借：固定资产　　100 000
　　应交税费——应交增值税（进项税额）　　13 000
　　贷：应付账款　　113 000

【例 8-3】甲公司生产车间委托大成修理厂修理机器设备，大成修理厂开具的增值税专用发票注明修理费用为 20 000 元，增值税额为 2 600 元，款项甲公司已用银行存款支付。甲公司编制会计分录如下：

借：制造费用　　20 000
　　应交税费——应交增值税（进项税额）　　2 600
　　贷：银行存款　　22 600

【例 8-4】甲公司委托乙加工厂加工材料一批，已经支付加工费 4 000 元（不含税），材料加工完成，收回并已验收入库。甲公司编制会计分录如下：

借：委托加工物资　　4 000
　　应交税费——应交增值税（进项税额）　　520
　　贷：银行存款　　4 520

（2）购进免税农产品

按照增值税暂行条例规定，购进免税农产品用于生产或委托加工 13%税率货物的，可以按照买价和规定的10%扣除率计算进项税额，并准予从企业的销项税额中抵扣。

按照买价和规定的10%扣除率计算进项税额，借记“应交税费——应交增值税（进项税额）”科目；按照买价扣除按规定计算进项税额后的差额，借记“材料采购”（原材料采用计划成本核算）“在途物资”“原材料”“库存商品”等科目；按照应付或实际支付的价款总额，贷记“银行存款”“应付账款”等科目。

【例8-5】 甲公司购入免税农产品一批价款为200 000元，用于生产，货款已用银行存款支付，货物尚未到达。原材料采用实际成本核算，甲公司编制会计分录如下：

借：在途物资　　180 000

　　应交税费——应交增值税（进项税额）　　20 000

　　贷：银行存款　　200 000

（3）进项税额转出

企业购进货物发生非正常损失，将购进货物改变用途：如用于非增值税应税项目（如在建工程领用原材料等）、免税项目、集体福利（如企业所属职工医院领用原材料等）或个人消费等，进项税额不可以抵扣，进项税额应通过“应交税费——应交增值税（进项税额转出）”科目转入有关科目。借记“待处理财产损溢”“在建工程”“应付职工薪酬”等科目，贷记“应交税费——应交增值税（进项税额转出）”科目，同时贷记“原材料”“库存商品”等科目。

【例8-6】 甲公司库存材料因意外火灾毁损一部分，成本为10 000元，增值税专用发票上记载税额为1 300元。甲公司编制会计分录如下：

借：待处理财产损溢　　11 300

　　贷：原材料　　10 000

　　　　应交税费——应交增值税（进项税额转出）　　1 300

购进货物发生非正常损失，其进项税额与损失货物成本一并转入待处理财产损溢。自然灾害造成的非正常损失，其进项税额不必转出。

【例8-7】 甲公司因管理不善，造成外购库存商品霉烂变质，成本为20 000元，经确认损失外购库存商品的增值税为2 600元。甲公司编制会计分录如下：

借：待处理财产损溢　　22 600

　　贷：库存商品　　20 000

　　　　应交税费——应交增值税（进项税额转出）　　2 600

【例8-8】 甲公司建造厂房领用原材料50 000元，原材料购入时支付增值税6 500元。甲公司编制会计分录如下：

借：在建工程　　50 000

　　贷：原材料　　50 000

【例8-9】 甲公司的职工医院因维修领用原材料5 000元，原材料购入时支付增值税650元。甲公司编制会计分录如下：

借：应付职工薪酬　　5 650

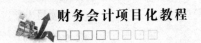

贷：原材料　5 000

应交税费——应交增值税（进项税额转出）　650

（4）销售货物或提供应税劳务

企业销售货物或提供应税劳务，按照销售收入和应收取的增值税额税额，借记“银行存款”“应收账款”“应收票据”等科目；按照专用发票上注明的增值税税额，贷记“应交税费——应交增值税（销项税额）”科目；按照实现的销售收入，贷记“主营业务收入”“其他业务收入”等科目。企业一旦发生销售退回，做相反的会计分录。

【例 8-10】甲公司销售商品一批，价款为 500 000 元，开具增值税专用发票注明税额为 65 000 元，提货单与增值税专用发票已交给买方，款项尚未收到。甲公司编制会计分录如下：

借：应收账款　565 000

贷：主营业务收入　500 000

应交税费——应交增值税（销项税额）　65 000

【例 8-11】甲公司受托加工书桌 200 个，每个收取加工费 100 元，提供加工、修理修配劳务增值税税率为 13%。加工完成后，收到加工费并存入银行。甲公司编制会计分录如下：

借：银行存款　22 600

贷：主营业务收入　20 000

应交税费——应交增值税（销项税额）　2 600

【例 8-12】甲公司将自产的产品用于建造厂房，该批产品的成本为 200 000 元，计税价格为 300 000 元。增值税税率为 13%。甲公司编制会计分录如下：

借：在建工程　200 000

贷：库存商品　200 000

（5）视同销售行为

企业的有些交易事项表面上看不具有销售的特征，但按照税法的规定要视同增值税的销售行为，计算销项税额。视同增值税的销售行为如将自产或委托加工货物用于非增值税应税项目、集体福利或个人消费；将自产、委托加工或购买的货物作为投资、分配给股东、无偿赠送给其他单位和个人等。借记“长期股权投资”“应付股利”“营业外支出”等科目，贷记“应交税费——应交增值税（销项税额）”科目等。

【例 8-13】甲公司将自产的一台设备投资于甲企业，该设备市场价格为 90 000 元，生产成本为 60 000 元。甲公司编制会计分录如下：

借：长期股权投资　101 700

贷：主营业务收入　90 000

应交税费——应交增值税（销项税额）　11 700

同时结转成本：

借：主营业务成本　60 000

贷：库存商品 60 000

注意将自产货物用于投资、视同销售，同时确认收入的实现并结转销售成本。

【例 8-14】甲公司将自产的货物价值 200 000 元（税务机关认定的计税价格 250 000 元）无偿捐赠给灾区救灾，开具增值税专用发票并交给受赠方。甲公司编制会计分录如下：

借：营业外支出 232 500

贷：库存商品 200 000

应交税费——应交增值税（销项税额） 32 500

注意将自产货物无偿捐赠，视同销售的销项税额用计税价格计算，不确认收入的实现，库存商品按照成本转账。

【例 8-15】甲公司将自产的市场价格为 90 000 元的货物作为股利分配给股东，生产成本为 60 000 元。甲公司编制会计分录如下：

借：应付股利 101 700

贷：主营业务收入 90 000

应交税费——应交增值税（销项税额） 11 700

同时结转成本

借：主营业务成本 60 000

贷：库存商品 60 000

注意将自产货物用于投资，视同销售，同时确认收入的实现并结转销售成本。

（6）期末结转增值税

在月份终了时，企业要计算并转出当月应交未交增值税或多交增值税。对转出应交未交增值税时，借记“应交税费——应交增值税（转出未交增值税）”科目，贷记“应交税费——未交增值税”科目；对转出多交增值税，借记“应交税费——未交增值税”科目，贷记“应交税费——应交增值税（转出多交增值税）”科目。结转后“应交税费——应交增值税”账户的余额，只反映企业尚未抵扣的增值税进项税额。

【例 8-16】甲公司本期销售产品 1 000 000 元（不含税），增值税账户贷方的销项税额为 130 000 元，购进各种材料 400 000 元，进项税额为 52 000 元。甲公司期末结转增值税编制的会计分录为：

应纳增值税税额 = 130 000 − 52 000 = 78 000（元）

借：应交税费——应交增值税（转出未交增值税） 78 000

贷：应交税费——未交增值税 78 000

【例 8-17】甲企业当月增值税账户贷方销项税额为 100 000 元，借方的进项税额为 80 000元，增值税纳税期限为 5 天，当月已交税金（预缴）50 000 元。甲企业期末结转增值税编制的会计分录为：

应纳增值税税额 = 100 000 − 80 000 = 20 000（元）

当月已经预缴 50 000 元，当月多交增值税 30 000 元，月末做转出处理。

借：应交税费——未交增值税 30 000

贷：应交税费——应交增值税（转出多交增值税）　　30 000

【例 8-18】甲企业当月增值税账户贷方销项税额为 100 000 元，借方的进项税额为 120 000元，增值税纳税期限为 5 天，当月已交税金（预缴）30 000 元。甲企业期末结转增值税编制的会计分录为：

应纳增值税税额＝100 000－120 000＝ －20 000（元），留下月抵扣。

当月已经预缴 30 000 元，当月多交增值税 30 000 元，月末做转出处理。

借：应交税费——未交增值税　　30 000

贷：应交税费——应交增值税（转出多交增值税）　　30 000

注意：对由于多预缴税款形成的“应交税费——应交增值税”的借方余额，才须做转出处理。进项税额大于销项税额的差额，留到下月抵扣。

【例 8-19】甲企业当月增值税账户贷方销项税额为 100 000 元，借方的进项税额为 120 000元，当月未预缴增值税额。月末不进行账务处理，因进项税额大于销项税额形成的借方余额 20 000 元留待下月抵扣即可。

（7）增值税的缴纳

增值税的纳税期限不足 1 个月时，就会发生当月缴纳当月的增值税业务，借记“应交税费——应交增值税（已交税金）”科目，贷记“银行存款”科目。若增值税的纳税期限为 1 个月时，就会发生下月缴纳上月的增值税业务，借记“应交税费——未交增值税”科目，贷记“银行存款”科目。

【例 8-20】承接【例 8-16】下月初缴纳上月增值税 102 000 元。甲公司编制会计分录如下：

借：应交税费——未交增值税　　102 000

贷：银行存款　　102 000

【例 8-21】甲企业以 15 天为一个纳税期，每月 16 日至 20 日之间需预缴一次增值税，假设预缴 20 000 元。预缴时编制的会计分录为：

借：应交税费——应交增值税（已交税金）　　20 000

贷：银行存款　　20 000

（8）出口退税

企业出口货物按规定退税的，按照应收的出口退税款，借记“其他应收款”科目，贷记“应交税费——应交增值税（出口退税）”科目。

2. 增值税小规模纳税人的核算

增值税小规模纳税人，其销售额的核算与一般纳税人相同，也是不含税销售额。小规模纳税人销售货物或提供应税劳务，只能开具普通发票，因而销售额都是含税的，计算应纳税额时要换算为不含税销售额，按照不含税销售额和规定的征收率（3%）采用简易计征方法。

小规模纳税人不享受进项税额的抵扣权，购进货物或接受应税劳务时支付的增值税额直接计入购进货物或接受应税劳务的成本。其应纳增值税额，也要通过“应交税费——应交增值税”明细科目核算，不需要设置若干专栏，可直接采用三栏式账页。“应交税费——应交增值税”科目，贷方登记应交纳的增值税，借方登记已交纳的增值税，期末贷方余额为尚未交纳的增值税，借方余额为多交纳的增值税。

小规模纳税人购进货物或接受应税劳务时支付的增值税，直接计入有关货物或接受劳务的成本，借记“材料采购”“在途物资”“原材料”等科目，贷记“银行存款”“应付账款”等科目。

【例 8-22】甲企业为小规模纳税人购入一批材料，取得的增值税专用发票上注明货款为 10 000 元，增值税税额为 11 300 元，款项已支付，材料验收入库。该企业对原材料按照实际成本核算。甲企业编制会计分录如下：

借：原材料　　11 300

　　贷：银行存款　　11 300

【例 8-23】甲企业为小规模纳税人，销售商品一批，开具普通发票中注明的货款（含税）30 900 元。甲企业编制会计分录如下：

应纳增值税 = 30 900/（1+3%）×3% = 900（元）

借：银行存款　　30 900

　　贷：主营业务收入　　30 000

　　　　应交税费——应交增值税　　900

【例 8-24】承接【例 8-23】甲企业月末以银行存款交纳增值税时，编制的会计分录如下：

借：应交税费——应交增值税　　900

　　贷：银行存款　　900

模块三　应交消费税

消费税是指对在我国境内从事生产、委托加工和进口应税消费品的单位和个人，就其应税消费品的销售额或销售数量征收的一种税。国家在对货物普遍征收增值税的基础上，选择 14 种应税消费品征收消费税，主要是为了调节消费结构、正确引导消费方向、保证国家财政收入的实现。

一、消费税税额的计算

按照不同应税消费品，采用不同的方法计算消费税税额。

1. 从价定率计征

从价定率计征是指按照应税消费品销售额的一定比例计算征收消费税。计算公式为：

应纳税额 = 销售额×适用税率

销售额为纳税人销售货物或提供应税劳务向购买方收取的全部价款和价外费用，不包括收取的销项税额。其中价外费用包括价外向购买方收取的手续费、补贴、基金、返还利润、集资费、违约金、奖励费、滞纳金、延期付款利息、赔偿金、代收款项、代垫款项、包装费、包装物租金、储备费、优质费、运输装卸费等各种价外性质的收费。

销售额为不含税销售额，若含税须换算为不含税销售额。

适用从价定率计征方法的消费品为除啤酒、黄酒、成品油、卷烟、白酒以外的应税消费品。

2. 从量定额计征

从量定额计征是指按照应税消费品的销售数量和单位税额计算征收消费税。计算公式为：

应纳税额=销售数量×单位税额

适用从量定额计征方法的消费品为：啤酒、黄酒、成品油。

3. 复合计税方法

复合计税方法是指对应税消费品同时采用从价定率和从量定额计征消费税。计算公式为：

应纳税额=销售额×适用税率+销售数量×单位税额

适用复合计征方法的消费品为：卷烟、白酒。

进口应税消费品，若采用从价定率计征的，计算公式为：

应纳税额=组成计税价格×适用税率

组成计税价格=（关税完税价+关税）/（1-消费税税率）

一般贸易下进口货物以海关审定的成交价格为基础的到岸价作为关税完税价，关税用关税完税价乘以关税税率即可计算得出。

自产自用应税消费品，用于连续生产应税消费品，移送环节不交消费税；用于其他方面（如馈赠、职工福利等）视同销售，于移送环节交纳消费税。视同销售，以同类消费品的销售价格为计税依据；没有同类消费品销售价格的，按照组成计税价格计算纳税。计算公式为：

组成计税价格=成本（1+成本利润率）/（1-消费税税率）

公式中的“成本”指应税消费品的生产成本，“成本利润率”根据应税消费品的全国平均成本利润率确定。

委托加工的应税消费品，由受托方代收代缴消费税，按照受托方同类消费品的价格计算纳税；受托方没有同类消费品价格的，按照组成计税价格计算纳税。计算公式为：

组成计税价格=（材料成本+加工费）/（1-消费税税率）

公式中的“材料成本”是指委托方发出材料的实际成本，“加工费”是指受托方收取的、包含受托方代垫的辅助材料费。

二、消费税的会计核算

企业应在“应交税费”科目下设置“应交消费税”明细科目，核算消费税的发生、缴纳情况。该科目借方登记已缴纳的消费税和待抵扣的消费税；贷方登记计提的应交消费税；期末借方余额表示多交纳或尚未抵扣的消费税，贷方余额表示尚未交纳的消费税。

1. 销售应税消费品

企业销售应税消费品按照规定交纳的消费税，应借记“税金及附加”科目，贷记“应交税费——应交消费税”科目。

【例 8-25】 甲公司销售生产的烟丝，价款为 40 000 元（不含增值税），消费税税率为 30%。甲公司编制如下会计分录：

应交消费税 = 40 000×30% = 12 000（元）

借：税金及附加　　12 000

　　贷：应交税费——应交消费税　　12 000

2. 自产自用应税消费品

企业将自产的应税消费品，用于在建工程、集体福利、捐赠，应交纳的消费税，借记“在建工程”“应付职工薪酬”“营业外支出”等科目，贷记“应交税费——应交消费税”科目。

【例 8-26】 甲公司将自产应税消费品用于建造厂房，成本为 50 000 元，应交消费税为 6 000 元。甲公司编制如下会计分录：

借：在建工程　　56 000

　　贷：库存商品　　50 000

　　　　应交税费——应交消费税　　6 000

注意将应税消费品用于在建工程，不确认收入，按照成本转账，应交纳的消费税计入在建工程成本。

【例 8-27】 甲公司将自产应税消费品用于职工食堂，账面价值为 40 000 元，市场价格 60 000元（不含增值税），消费税税率为 10%，增值税税率为 13%。甲公司编制如下会计分录：

借：管理费用　　70 200

　　贷：应付职工薪酬　　70 200

“应付职工薪酬”科目金额 = 60 000+60 000×13% = 67 800（元）

同时：

借：应付职工薪酬　　67 800

　　贷：主营业务收入　　60 000

　　　　应交税费——应交增值税（销项税额）　　7 800

借：税金及附加　　6 000

　　贷：应交税费——应交消费税　　6 000

借：主营业务成本　　40 000

　　贷：库存商品　　40 000

注意将自产应税消费品用于职工福利，确认收入，按配比原则结转成本，消费税计入“税金及附加”科目。

3. 委托加工应税消费品

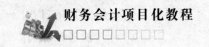

委托加工的应税消费品，由受托方代收代缴消费税。受托方借记“应收账款”“银行

存款”等科目，贷记“应交税费——应交消费税”科目。

委托方收回加工完成应税消费品后，直接用于销售（销售价格不高于受托方计税价格）的，委托方应将代收代缴消费税计入委托加工物资成本，借记“委托加工物资”等科目，贷记“应付账款”“银行存款”等科目。

委托方收回加工完成应税消费品后，用于连续生产应税消费品的，准予扣除受托方代收代缴消费税，借记“应交税费——应交消费税”科目，贷记“应付账款”“银行存款”等科目。

【例 8-28】甲公司委托乙企业加工一批应税消费品，甲公司向乙企业发出材料成本 1 000 000元，约定加工费为 200 000 元（不含增值税），乙企业代收代缴消费税 80 000 元。应税消费品已加工完成，并由甲公司验收入库，加工费尚未支付。编制会计分录如下：

委托方（甲公司）。

①收回委托加工物资用于连续生产应税消费品。

发出委托加工材料时：

借：委托加工物资　　1 000 000

　　贷：原材料　　1 000 000

支付加工费、增值税、消费税时：

借：委托加工物资　　200 000

　　应交税费——应交增值税（进项税额）　　26 000

　　应交税费——应交消费税　　80 000

　　贷：应付账款　　306 000

支付加工费时应纳增值税 = 200 000×13% = 26 000（元）

收回委托加工物资时：

借：原材料　　1 200 000

　　贷：委托加工物资　　1 200 000

委托加工物资成本 = 1 000 000+200 000 = 1 200 000（元）

②收回的委托加工物资直接用于销售。

发出委托加工材料时：

借：委托加工物资　　1 000 000

　　贷：原材料　　1 000 000

支付加工费、增值税、消费税时：

借：委托加工物资　　280 000

　　应交税费——应交增值税（进项税额）　　26 000

　　贷：应付账款　　306 000

支付加工费时应纳增值税 = 200 000×13% = 26 000（元）

收回委托加工物资时：

借：原材料　　1 280 000

　　贷：委托加工物资　　1 280 000

委托加工物资成本＝1 000 000+280 000＝1 280 000（元）

受托方（乙企业）。

应代收代缴消费税时：

借：应收账款　　80 000

　　贷：应交税费——应交消费税　　80 000

4. 进口应税消费品

企业进口应税消费品时，由海关代征消费税，应计入应税消费品的成本，根据海关完税凭证上注明的消费税税额，借记“固定资产”“材料采购”“在途物资”“库存商品”等科目；根据海关完税凭证上注明的增值税税额，借记“应交税费——应交增值税（进项税额）”科目，贷记“银行存款”“应付账款”等科目。

【例 8-29】甲公司进口一批化妆品，关税完税价为 600 000 元，关税税率为 50%，消费税税率为 30%，增值税税率为 13%，货款全部以银行存款支付。进口环节交增值税、消费税、关税。甲公司编制如下会计分录：

关税税额＝600 000×50%＝300 000（元）

组成计税价格＝（600 000+300 000）/（1−30%）＝1 285 714. 29（元）

进口应交消费税＝1 285 714. 29×30%＝385 714. 29（元）

进口应交增值税＝1 285 714. 29×13%＝167 142. 86（元）

借：库存商品　　1 971 428. 58

　　应交税费——应交增值税（进项税额）　　167 142. 86

　　贷：银行存款　　2 138 571. 44

注意进口环节交纳关税、消费税计入购进应税消费品成本。

模块四　应交所得税

企业所得税是指国家对境内企业生产经营所得和其他所得依法征收的一种税。企业所得税是国家参与企业利润分配的重要手段。

一、企业所得税的计算

企业所得税即当期应交所得税，计税依据为应纳税所得额。对同一交易或事项当企业会计制度与税法规定不同时，要以税法为依据对企业会计利润进行纳税调整，计算出应纳税所得额，计算公式如下：

应纳税所得额＝会计利润（利润总额）+纳税调整增加项目—纳税调整减少项目

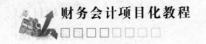

纳税调整增加项目包括税法规定不允许扣除项目的金额，而会计已计入当期损益从会计利润中扣除，如：税收滞纳金、行政机关罚款、非广告性赞助支出等，须全额调整增加；包括税法规定按标准允许扣除项目的金额，而会计计入当期损益金额超过税法规定的扣除标准部分，如：超过税法规定标准的三项经费（职工福利费 14%、职工工会经费 2%、

职工教育经费2.5%）支出、业务招待费支出、广告宣传费支出、公益救济性捐赠支出等，须差额调增。

纳税调整减少项目包括税法规定允许弥补的亏损、免税的国债利息收入、免税的居民企业之间的投资收益、三新费用的加计扣除等。

企业当期应纳所得税=应纳税所得额×所得税税率

所得税税率一般企业为25%，高新技术企业为15%，小型微利企业为20%。

税法对部分纳税调整增加项目的具体规定有以下几点：

①工资总额：企业实际发生的、合理的工资、薪金支出可以税前据实扣除。

②职工福利费、职工教育经费、职工工会经费三项经费的扣除标准：企业发生的职工福利费支出，不超过工资总额14%的部分准予税前扣除，超过部分不可扣除，当年纳税调增；企业拨缴工会经费，不超过工资总额2%的部分准予税前扣除，超过部分不可扣除，当年纳税调增；企业发生的职工教育经费支出，不超过工资总额2.5%的部分准予税前扣除，超过部分当年不可扣除，纳税调增，可结转以后纳税年度扣除。

③业务招待费：税法规定的扣除标准为实际发生额的60%与当年销售（营业）收入5‰孰低原则确定，超过部分不可扣除，当年纳税调增。

④广告宣传费：税法规定的扣除标准为当年销售（营业）收入15%的部分据实扣除，超过部分当年不可扣除，纳税调增，可结转以后纳税年度扣除。

⑤公益救济性捐赠：税法规定的扣除标准为不超过当年会计利润12%的部分可以扣除，超过部分不可扣除，当年纳税调增。

⑥2018年1月1日起，企业开展研发活动，实际发生的研发费用中，未形成无形资产计入当期损益的，在按规定据实扣除的基础上，按照本年度实际发生额的75%从应纳税所得额中加计扣除；形成无形资产的，按照无形资产成本的175%进行税前摊销。

【例8-30】甲公司20×1年度按照企业会计准则计算的利润总额为19 800 000元。甲公司20×1年度实际发放的工资总额为2 000 000元，职工福利费为300 000元，拨缴工会经费为50 000元，职工教育经费支出为100 000元。甲公司20×1年度营业外支出中包含税收滞纳金120 000元。假设甲公司20×1年度无其他纳税调整项目。计算甲公司20×1年度应交企业所得税税额。企业所得税税率为25%。

纳税调增项目：

①工资总额2 000 000元可据实扣除；

②职工福利费：税法规定扣除标准=2 000 000×14%=280 000（元），纳税调整增加300 000—280 000=20 000（元）；

③拨缴工会经费：税法规定扣除标准=2 000 000×2%=40 000（元），纳税调整增加50 000—40 000=10 000（元）；

④职工教育经费：税法规定扣除标准=2 000 000×2.5%=50 000（元），当年纳税调整增加100 000—50 000=50 000（元）；

⑤税收滞纳金：税法规定不允许扣除，全额调增，纳税调整增加120 000元。

应纳税所得额=19 800 000+20 000+10 000+50 000+120 000=20 000 000（元）

当期应纳所得税税额=20 000 000×25%=5 000 000（元）

【例 8-31】甲企业 20×1 年度全年会计利润为 10 200 000 元，包括国债利息收入 200 000元。企业所得税税率为 25%，假定无其他纳税调整项目。计算甲企业当期应纳所得税税额。

注意：依据税法规定，国债利息收入免征企业所得税。

应纳税所得额=10 200 000-200 000=10 000 000（元）

当期应纳所得税税额=10 000 000×25%=2 500 000（元）

二、所得税费用的会计核算

企业的所得税费用包括当期所得税和递延所得税两个部分，其中，当期所得税是指当期应交所得税。即所得税费用=当期所得税+递延所得税。

递延所得税包括递延所得税资产和递延所得税负债。递延所得税资产是指以未来期间很可能取得用来抵扣可抵扣暂时性差异的应纳税所得额为限确认的一项资产。递延所得税负债是指根据应纳税暂时性差异计算的未来期间应付所得税的金额。

企业应设置“所得税费用”科目，核算企业所得税费用的确认及结转情况。期末，应将“所得税费用”科目的余额转入“本年利润”科目。借记“本年利润”科目，贷记“所得税费用”科目，结转后本科目无余额。

【例 8-32】承接【例 8-30】甲公司递延所得税资产年初数为 250 000 元，年末数为 200 000元；递延所得税负债年初数为 400 000 元，年末数为 500 000 元。甲公司应编制如下会计分录：

递延所得税=（500 000—400 000）+（250 000—200 000）=150 000（元）

所得税费用=5 000 000+150 000=5 150 000（元）

借：所得税费用　　5 150 000

　贷：应交税费——应交所得税　　5 000 000

　　　递延所得税负债　　100 000

　　　递延所得税资产　　50 000

模块五　应交其他税费

应交其他税费是指除前五个模块讲到的应交税费以外的须上缴国家的各种税费，包括应交城市维护建设税、应交资源税、应交土地增值税、应交房产税、应交城镇土地使用税、应交车船税、应交个人所得税、应交教育费附加、应交矿产资源补偿费等税费。

企业应在“应交税费”科目下设置相应的明细科目进行明细核算，借方登记已交纳的有关税费，贷方登记应交纳的有关税费，期末贷方余额表示尚未交纳的有关税费。

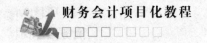

一、应交城市维护建设税

城市维护建设税开征的目的主要是为了筹集城市公用事业和公共设施的维护、建设资金，稳定建设资金的来源，加快城市开发建设的步伐。它是国家以交纳增值税、消费税、营业税的单位和个人实际缴纳的三税税额作为计税依据，与三税同时征收的一种税。税率因纳税人所在地不同适用 1%、5%、7%不等。计算公式为：

应纳税额=（应交增值税+应交消费税+应交营业税）×适用税率

企业按照规定计算出来的应交城市维护建设税，借记“税金及附加”等科目，贷记“应交税费——应交城市维护建设税”科目。交纳城市维护建设税，借记“应交税费——应交城市维护建设税”科目，贷记“银行存款”科目。

【例 8-33】甲市乙企业 20×1 年 10 月实际交纳增值税 60 000 元，交纳消费税 10 000 元，城市维护建设税税率为 7%。乙企业应编制如下会计分录：

应交城市维护建设税=（60 000+10 000）×7%=4 900（元）

①计算应交城市维护建设税时：

借：税金及附加　　4 900

　　贷：应交税费——应交城市维护建设税　　4 900

②以银行存款上交税金时：

借：应交税费——应交城市维护建设税　　4 900

　　贷：银行存款　　4 900

二、应交教育费附加

教育费附加是为了多渠道筹集教育经费、发展教育事业而向企业征收的一种专项附加费，以交纳增值税、消费税的单位和个人实际缴纳的三税税额作为计费依据，与三税同时缴纳的一种税。

教育费附加通过“应交税费”科目核算。计提教育费附加时，借记“税金及附加”等科目，贷记“应交税费——应交教育费附加”科目。交纳教育费附加，借记“应交税费——应交教育费附加”科目，贷记“银行存款”科目。

【例 8-34】甲企业 20×1 年第二季度应交教育费附加 200 000 元，款项已用银行存款支付。甲企业应编制如下会计分录：

借：税金及附加　　200 000

　　贷：应交税费——应交教育费附加　　200 000

以银行存款上交税金时：

借：应交税费——应交教育费附加　　200 000

　　贷：银行存款　　200 000

三、应交资源税

资源税是对在我国领域及管辖海域从事应税矿产品开采或生产盐的单位和个人征收的

一种税。资源税采用从价定率或从量定额的办法征收。

原油和天然气的应交资源税采用从价定率的办法征收，应纳税额的计算公式为：

应纳税额=计税销售额×适用比例税率

其他应税矿产品和盐采用从量定额的办法征收，应纳税额的计算公式为：

应纳税额=课税数量×定额税率

企业按照规定应交的资源税，在“应交税费”科目下设置“应交资源税”明细科目核算。借方登记企业已交或按照规定允许抵扣的资源税，贷方登记应交资源税；期末借方余额表示多交或尚未抵扣的资源税，期末贷方余额表示尚未交纳资源税。

对外销售应税产品应交纳资源税，借记“税金及附加”等科目，贷记“应交税费——应交资源税”科目；自产自用应税产品应交纳资源税，借记“生产成本”“制造费用”等科目，贷记“应交税费——应交资源税”科目。

收购未税矿产品时，企业应按照实际支付的收购款以及代扣代缴的资源税，作为收购矿产品的成本，将代扣代缴的资源税，计入“应交税费——应交资源税”科目。借记“在途物资”等科目，贷记“应交税费——应交资源税”“银行存款”等科目。

【例 8-35】 甲企业将自产资源税应税矿产品 800 吨用于生产产品，本期对外销售应税矿产品 3 000 吨，税法规定每吨矿产品应交资源税 5 元。甲企业应编制如下会计分录：

①计算对外销售应交资源税：

应交资源税=3 000×5=15 000（元）

借：税金及附加　　15 000

　　贷：应交税费——应交资源税　　15 000

计算自产自用应交资源税：

应交资源税=800×5=4 000（元）

借：生产成本　　4 000

　　贷：应交税费——应交资源税　　4 000

②交纳资源税时：

借：应交税费——应交资源税　　19 000

　　贷：银行存款　　19 000

四、应交土地增值税

土地增值税是对转让国有土地使用权、地上建筑物及其附着物并取得增值额的单位和个人所征收的一种税。

土地增值税按照转让房地产取得的增值额和规定的税率计算征收。增值额是转让收入减去税法规定扣除项目金额后的余额。土地增值税采用四级超率累进税率，其中最低税率30%，最高税率60%。

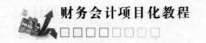

企业应设置“应交税费——应交土地增值税”科目进行明细核算。房地产企业销售房地产应交纳的土地增值税，借记“税金及附加”科目，贷记“应交税费——应交土地增值税”科目。企业转让的土地使用权连同地上建筑物一并在“固定资产”科目核算的，转让时应交纳的土地增值税，借记“固定资产清理”科目，贷记“应交税费——应交土地增值税”科目。企业转让的土地使用权在“无形资产”科目核算的，按照实际收到的金额，借记“银行存款”科目；同时冲销累计摊销额和已计提减值准备，借记“累计摊销”“无形资产减值准备”科目，贷记“无形资产”科目；按照其借贷方差额，借记“营业外支出”科目或贷记“营业外收入”科目。交纳土地增值税，借记“应交税费——应交土地增值税”科目，贷记“银行存款”科目。

【例 8-36】甲企业将一栋厂房对外转让，依据税法规定应交土地增值税 30 000 元。甲企业应编制如下会计分录：

①计算应交土地增值税时：

借：固定资产清理　　30 000

　　贷：应交税费——应交土地增值税　　30 000

②交纳土地增值税时：

借：应交税费——应交土地增值税　　30 000

　　贷：银行存款　　30 000

五、应交房产税、城镇土地使用税、车船税、矿产资源补偿费

房产税是依据房产价值或房产租金收入向房产所有人或经营人征收的一种税。仅对城市、县城、建制镇和工矿区的房产征收，不包括农村的房产。采用从价计征和从租计征的方法计算房产税。从价计征的以房产原值扣除 10%～30%后的余额，即以房产余值作为计税依据，适用 1.2%的年税率；从租计征的以房产租金收入作为计税依据，适用 12%的税率。

城镇土地使用税是以城市、县城、建制镇和工矿区范围内使用土地的单位和个人为纳税义务人，以实际占用的土地面积和规定税额计算征收。

车船税是由拥有并使用车船的单位和个人为纳税义务人，按照适用税额计算征收。

矿产资源补偿费是对在我国领域及管辖海域开采矿产资源而征收的费用。按照矿产品销售收入的一定比例计征，由采矿人交纳。

企业应交房产税、城镇土地使用税、车船税、矿产资源补偿费，借记“管理费用”科目，贷记“应交税费——应交房产税（或应交城镇土地使用税、应交车船税、应交矿产资源补偿费）”科目。

【例 8-37】甲企业按照税法规定本期应交房产税 150 000 元，车船税 37 000 元，城镇土地使用税 50 000 元。甲企业应编制如下会计分录：

①计算税金时：

借：管理费用　　237 000

　　贷：应交税费——应交房产税　　150 000

　　　　　　　　——应交城镇土地使用税　　50 000

　　　　　　　　——应交车船税　　37 000

②用银行存款支付各税金时：

借：应交税费——应交房产税　　150 000
　　　　　　——应交城镇土地使用税　　50 000
　　　　　　——应交车船税　　37 000
　贷：银行存款　　237 000

六、应交个人所得税

个人所得税是对自然人取得的各项应税所得征收的税种，通常由支付方代扣代缴。企业按照规定对工资薪金所得代扣代缴个人所得税，借记“应付职工薪酬”等科目，贷记“应交税费——代扣个人所得税”科目；企业交纳代扣代缴的个人所得税时，借记“应交税费——代扣个人所得税”科目，贷记“银行存款”科目。

【例 8-38】 甲企业结算本月应付职工工资总额 400 000 元，按照税法规定代扣代缴的职工个人所得税合计 4 000 元，实发工资 396 000 元。甲企业应编制如下会计分录：

①代扣个人所得税时：

借：应付职工薪酬　　4 000
　贷：应交税费——代扣个人所得税　　4 000

②交纳个人所得税时：

借：应交税费——代扣个人所得税　　4 000
　贷：银行存款　　4 000

内容小结

本项目主要阐述了税务核算岗岗位职能及基础工作规范；增值税一般纳税人及增值税小规模纳税人的会计核算；消费税的计算及消费税的会计核算；营业税的会计核算；企业所得税的计算及所得税费用的会计核算；应交其他税费：包括城市维护建设税、教育费附加、资源税、土地增值税、房产税、城镇土地使用税、车船税、矿产资源补偿费、个人所得税的会计核算。

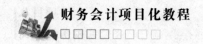

项目九　财务成果核算岗

学习目标

①了解财务成果核算岗基本工作规范。

②理解收入、费用、利润的内容。

③掌握收入、费用、利润的账务处理。

模块一　财务成果核算岗岗位基本工作规范及工作内容

一、财务成果核算岗岗位基本工作规范

①正确开具销售发票。正确使用增值税专用发票机。

②购买及保管发票，完备登记制度。购买增值税及普通发票，月末编制发票领用存报表，保管好空白发票及已开发票存根的装订。

③提供税务会计所需报表。打印销项及进项发票清单，正确填写相关报表。

④期末对账和不定期的对账。

⑤提供应收账款月度报表和季度分析。月度提供应收账款月度报表，季度提供应收账款季度分析。

二、财务成果核算岗岗位工作内容

①负责销售核算，核实销售往来。根据销货发票等有关凭证，正确计算销售收入以及提供劳务等其他各项收入，按照国家有关规定计算税金。经常核对库存商品的账面余额和实际库存数，核对销货往来明细账，做到账实相符、账账相符。

②计算与分析利润计划的完成情况，督促实现目标。

③建立投资台账，按期计算收益。

④结转收入、成本与费用，严格审查营业外支出，正确核算利润。对公司所得税有影响的项目，应注意调整应纳税所得额。

⑤按照规定计算利润和利润分配，计算应缴所得税。

⑥结账时的调整业务处理。

⑦编制利润报表，分析盈亏原因。

⑧发票记账联及发货单装订完后交与档案会计编册保管。

模块二　收入的确认及账务处理

企业在确认和计量收入时，确认收入的方式应当反映其向客户转让商品或提供服务的模式，收入的金额应当反映企业因转让商品或提供服务而预期有权收取的对价金额。通过收入确认和计量能进一步如实地反映企业生产经营成果，准确核算企业实现的损益。

本教材的收入不涉及企业对外出租资产收取的租金、进行债权投资收取的利息、进行股权投资取得的现金股利以及保费收入等。

一、收入的确认和计量

（一）收入确认的原则

企业应当在履行了合同中的履约义务，即在客户取得相关商品控制权时确认收入。

取得相关商品控制权，是指客户能够主导该商品的使用并从中获得几乎全部经济利益，也包括有能力阻止其他方主导该商品的使用并从中获得经济利益。

取得商品控制权包括三个要素：

一是客户必须拥有现时权利，能够主导该商品的使用并从中获得几乎全部经济利益。

二是客户有能力主导该商品的使用，即客户在其活动中有权使用该商品，或者能够允许或阻止其他方使用该商品。

三是客户能够获得商品几乎全部的经济利益。

（二）收入确认的前提条件

企业与客户之间的合同同时满足下列五项条件的，企业应当在客户取得相关商品控制权时确认收入：

（1）合同各方已批准该合同并承诺将履行各自义务；

（2）该合同明确了合同各方与所转让商品相关的权利和义务；

（3）该合同有明确的与所转让商品相关的支付条款；

（4）该合同具有商业实质，即履行该合同将改变企业未来现金流量的风险、时间分布或金额；

（5）企业因向客户转让商品而有权取得的对价很可能收回。

（三）收入确认和计量的步骤

收入确认和计量大致分为五步，即按照“五步法”模型进行处理：

第一步：识别与客户订立的合同

合同是指双方或多方之间订立有法律约束力的权利义务的协议。合同有书面形式、口头形式以及其他形式。合同的存在是企业确认客户合同收入的前提，企业与客户之间的合同一经签订，企业即享有从客户取得与转移商品和服务对价的权利，同时负有向客户转移商品和服务的履约义务。

第二步：识别合同中的单项履约义务

履约义务是指合同中企业向客户转让可明确区分商品或服务的承诺。

企业应当将向客户转让可明确区分商品（或者商品的组合）的承诺以及向客户转让一系列实质相同且转让模式相同的、可明确区分商品的承诺作为单项履约义务。

第三步：确定交易价格

交易价格是指企业因向客户转让商品而预期有权收取的对价金额，不包括企业代第三方收取的款项（如增值税）以及企业预期将退还给客户的款项。合同条款所承诺的对价，可能是固定金额、可变金额或两者兼有。

【例 9-1】 甲公司与客户订立一项建造定制资产的合同，该转让资产的承诺是一项在一段时间内履行的履约义务。客户已承诺的对价为 250 万元，但视资产完工的时间，该金额有可能会减少或增加。具体而言，若资产于 20×1 年 3 月 31 日仍未完工，则每推迟一天完成，已承诺的对价将减少 1 万元，若资产在 20×1 年 3 月 31 日前完工，则每提前一天

完成，已承诺的对价将增加 1 万元。此外，在资产完工后，将由第三方评估师对资产实施检查并给予评级，如果资产达到特定评级，甲公司有权获得奖励款 15 万元。

甲公司对其预期有权获取的可变对价的每一项要素单独进行估计：

①甲公司决定采用期望值法来估计与日计的罚金或奖励相关的可变对价，即在已承诺的 250 万元的基础上，加上或减去每日 1 万元。

②甲公司决定采用最可能发生的金额来估计与奖励款相关的可变对价。这是因为只存在两种可能发生的结果，即 15 万元或 0。

第四步：将交易价格分摊至各单项履约义务

当合同中包含两项或多项履约义务时，需要将交易价格分摊至各单项履约义务，分摊的方法是在合同开始日，按照各单项履约义务所承诺商品的单独售价（企业向客户单独销售商品的价格）的相对比例，将交易价格分摊至各单项履约义务。

【例 9-2】 20×1 年 3 月 1 日，甲公司与客户签订合同，向其销售 A、B 两项商品，A 商品的单独售价为 6 000 元，B 商品的单独售价为 24 000 元，合同价款为 25 000 元。合同约定，A 商品于合同开始日交付，B 商品在一个月之后交付，只有当两项商品全部交付之后，甲公司才有权收取 25 000 元的合同对价。假定 A 商品和 B 商品分别构成单项履约义务，其控制权在交付时转移给客户。上述价格均不包含增值税，且假定不考虑相关税费影响。

在本例中，分摊至 A 商品的合同价款为 5 000 元，［（6 000÷（6 000+24 000）×25000］；

分摊至 B 商品的合同价款为 20 000 元，［（24 000÷（6 000+24 000）×25 000］。

第五步：履行各单项履约义务时确认收入

当企业将商品转移给客户，客户取得了相关商品的控制权，意味着企业履行了合同履约义务，此时，企业应确认收入。企业将商品控制权转移给客户，可能是在某一时段内

(即履行履约义务的过程中)发生，也可能在某一时点(即履约义务完成时)发生。企业应当根据实际情况，首先判断履约义务是否满足在某一时段内履行的条件，如不满足，则该履约义务属于在某一时点履行的履约义务。

二、收入核算应设置的会计科目

收入核算需要设置“主营业务收入”“其他业务收入”“主营业务成本”“其他业务成本”“合同取得成本”“合同履约成本”“合同资产”“合同负债”“合同履约成本减值准备”“合同取得成本减值准备”“合同资产减值准备”等科目。

“合同取得成本”科目核算企业取得合同发生的、预计能够收回的增量成本。

该科目借方登记发生的合同取得成本，贷方登记摊销的合同取得成本，期末借方余额，反映企业尚未结转的合同取得成本。该科目可按合同进行明细核算。

“合同履约成本”科目核算企业为履行当前或预期取得的合同所发生的、不属于其他企业会计准则规范范围且按照收入准则应当确认为一项资产的成本。

该科目借方登记发生的合同履约成本，贷方登记摊销的合同履约成本，期末借方余额，反映企业尚未结转的合同履约成本。该科目可按合同分别“服务成本”“工程施工”等进行明细核算。

“合同资产”科目核算企业已向客户转让商品而有权收取对价的权利，且该权利取决于时间流逝之外的其他因素(如履行合同中的其他履约义务)。

该科目借方登记因已转让商品而有权收取的对价金额，贷方登记取得无条件收款权的金额，期末借方余额，反映企业已向客户转让商品而有权收取的对价金额。该科目按合同进行明细核算。

【例 9-3】 20×1 年 3 月 1 日，甲公司与客户签订合同，向其销售 A、B 两项商品，A 商品的单独售价为 6 000 元，B 商品的单独售价为 24 000 元，合同价款为 25 000 元。合同约定，A 商品于合同开始日交付，B 商品在一个月之后交付，只有当两项商品全部交付之后，甲公司才有权收取 25 000 元的合同对价。假定 A 商品和 B 商品分别构成单项履约义务，其控制权在交付时转移给客户。上述价格均不包含增值税，且假定不考虑相关税费影响。

在本例中，分摊至 A 商品的合同价款为 5 000 元，[(6 000÷(6 000+24 000)×250 00];

分摊至 B 商品的合同价款为 20 000 元，[(24 000÷(6 000+24 000)×25 000]。

甲公司的账务处理如下：

(1)交付 A 商品时：

借：合同资产　　5 000

　　贷：主营业务收入　　5 000

(2)交付 B 商品时：

借：应收账款　　25 000

　　贷：合同资产　　5 000

　　　　主营业务收入　　20 000

“合同负债”科目核算企业已收或应收客户对价而应向客户转让商品的义务。

该科目贷方登记企业在向客户转让商品之前，已经收到或已经取得无条件收取合同对价权利的金额；借方登记企业向客户转让商品时冲销的金额；期末贷方余额，反映企业在向客户转让商品之前，已经收到的合同对价或已经取得的无条件收取合同对价权利的金额。

该科目按合同进行明细核算。

三、履行履约义务确认收入的账务处理

（一）在某一时段内履行履约义务确认收入

对于在某一时段内履行的履约义务，企业应当在该段时间内按照履约进度确认收入，履约进度不能合理确定的除外。

满足下列条件之一的，属于在某一时段内履行的履约义务：①客户在企业履约的同时即取得并消耗企业履约所带来的经济利益。②客户能够控制企业履约过程中在建的商品。③企业履约过程中所产出的商品具有不可替代用途，且该企业在整个合同期间内有权就累计至今已完成的履约部分收取款项。

当履约进度不能合理确定时，企业已经发生的成本预计能够得到补偿的，应当按照已经发生的成本金额确认收入，直到履约进度能够合理确定为止。

1. 客户在企业履约的同时即取得并消耗企业履约所带来的经济利益。

【例 9-4】企业承诺将客户的一批货物从 A 市运送到 B 市，假定该批货物在途经 C 市时，由另外一家运输公司接替企业继续提供该运输服务。

由于 A 市到 C 市之间的运输服务是无须重新执行的，因此，表明客户在企业履约的同时即取得并消耗了企业履约所带来的经济利益，所以，企业提供的运输服务属于在某一时间段内履行的履约义务。企业在进行判断时，可以假定在企业履约的过程中更换为其他企业继续履行剩余履约义务，如果该继续履行合同的企业实质上无须重新执行企业累计至今已经完成的工作，则表明客户在企业履约的同时即取得并消耗了企业履约所带来的经济利益。

2. 客户能够控制企业履约过程中在建的商品。

企业在履约过程中创建的商品包括在产品、在建工程、尚未完成的研发项目、正在进行的服务等，如果客户在企业创建该商品的过程中就能够控制这些商品，应当认为企业提供该商品履约义务属于在某一时段内履行的履约义务。

【例 9-5】企业与客户签订合同，在客户拥有的土地上按照客户的设计要求为其建造厂房。在建造过程中客户有权修改厂房设计，并与企业重新协商设计变更后的合同价款。客户每月末按当月工程进度向企业支付工程款。如果客户终止合同，已完成建造部分的厂房归客户所有。

企业为客户建造厂房，该厂房位于客户的土地上，客户终止合同时，已建造的厂房归客户所有。这些均表明客户在该厂房建造的过程中就能够控制该在建的厂房。因此，企业

提供的该建造服务属于在某一时段内履行的履约义务，企业应当在提供该服务期间内确认收入。

3. 企业履约过程中所产出的商品具有不可替代用途，且该企业在整个合同期间内有权就累计至今已完成的履约部分收取款项。

收取款项是企业有权就累计至今已完成的履约部分收取能够补偿其已发生成本和合理利润的款项，并且该权利具有法律约束力。

【例 9-6】甲公司是一家造船企业，与乙公司签订了一份船舶建造合同，按照乙公司的具体要求设计和建造船舶。甲公司在自己的厂区内完成该船舶的建造，乙公司无法控制在建过程中的船舶。甲公司如果想把该船舶出售给其他客户，需要发生重大的改造成本。双方约定，如果乙公司单方面解约，乙公司须向甲公司支付相当于合同总价 30%的违约金，且建造中的船舶归甲公司所有。假定该合同仅包含一项履约义务，即设计和建造船舶。

船舶是按照乙公司的具体要求进行设计和建造的，甲公司需要发生重大的改造成本将该船舶改造之后才能将其出售给其他客户，因此，该船舶具有不可替代用途。

然而，如果乙公司单方面解约，仅须向甲公司支付相当于合同总价 30%的违约金，表明甲公司无法在整个合同期间内都有权就累计至今已完成的履约部分收取能够补偿其已发生成本和合理利润的款项。因此，甲公司为乙公司设计和建造船舶不属于在某一时段内履行的履约义务。

【例 9-7】甲公司与客户订立一项提供咨询服务的合同，服务的结果为甲公司向客户提供的专业意见。该专业意见与该客户的特有的事实和情况相关。如果客户基于并非甲公司未能按承诺履约之外的其他原因终止该咨询合同，合同要求客户按甲公司已发生的成本加上 15%的毛利对甲公司做出补偿。该 15%的毛利率近似于甲公司从类似合同赚取的毛利率。

在本例中，①如果甲公司未能履行其义务且客户聘请另一家咨询公司提供意见，则另一家咨询公司将需要在实质上重新执行甲公司迄今为止已完成的工作。专业意见的性质使得客户只有在收到专业意见后才能取得甲公司履约所提供的利益。因此，本例不满足在一段时间内确认收入的情形（1）。

②专业意见与客户的特定事实和情况相关，因此，甲公司轻易地将该成果用于另一客户的能力受到实际限制，即甲公司所形成的专业意见具有不可替代用途；此外，甲公司具有就迄今为止已完成的履约部分获得按已发生成本加上合理毛利率的付款的可执行权利。

因此，本例满足在一段时间内确认收入的情形（3）。

【例 9-8】甲公司为增值税一般纳税人，装修服务适用增值税税率为 9%。20×1 年 12 月 1 日，甲公司与乙公司签订一项为期 3 个月的装修合同，合同约定装修价款为 500 000 元，增值税税额为 45 000 元，装修费用每月末按完工进度支付。20×1 年 12 月 31 日，经专业测量师测量后，确定该项劳务的完工程度为 25%；乙公司按完工进度支付价款及相应的增值税款。截至 20×1 年 12 月 31 日，甲公司为完成该合同累计发生劳务成本 100 000 元（假定均为装修人员薪酬），估计还将发生劳务成本 300 000 元。假定该业务属于甲公司的主营业务，全部由其自行完成；该装修服务构成单项履约义务，并属于在某一时段内履行的履约义务；甲公司按照实际测量的完工进度确定履约进度。

甲公司应编制如下会计分录：

（1）实际发生劳务成本 100 000 元：

借：合同履约成本　　100 000

　　贷：应付职工薪酬　　100 000

（2）20×1 年 12 月 31 日确认劳务收入并结转劳务成本 20×1 年 12 月 31 日确认的劳务收入＝50 000×25%－0＝125 000（元）

借：银行存款　　136 250

　　贷：主营业务收入　　125 000

　　应交税费——应交增值税（销项税额）　　11 250

借：主营业务成本　　100 000

　　贷：合同履约成本　　100 000

20×2 年 1 月 31 日，经专业测量师测量后，确定该项劳务的完工程度为 70%；乙公司按完工进度支付价款同时支付对应的增值税款。20×2 年 1 月，为完成该合同发生劳务成本 180 000 元（假定均为装修人员薪酬），为完成该合同估计还将发生劳务成本120 000元。

甲公司应编制如下会计分录：

（1）实际发生劳务成本 180 000 元

借：合同履约成本　　180 000

　　贷：应付职工薪酬　　180 000

（2）20×2 年 1 月 31 日确认劳务收入并结转劳务成本：

20×2 年 1 月 31 日确认的劳务收入＝500 000×70%－125 000＝225 000（元）

借：银行存款　　245 250

　　贷：主营业务收入　　225 000

　　　　应交税费——应交增值税（销项税额）　　20 250

借：主营业务成本　　180 000

　　贷：合同履约成本　　180 000

20×2 年 2 月 28 日，装修完工；乙公司验收合格，按完工进度支付价款同时支付对应的增值税款。20×2 年 2 月，为完成该合同发生劳务成本 120 000 元（假定均为装修人员薪酬）。甲公司应编制如下会计分录：

（1）实际发生劳务成本 120 000 元：

借：合同履约成本　　120 000

　　贷：应付职工薪酬　　120 000

（2）20×2 年 2 月 28 日确认劳务收入并结转劳务成本：

20×2 年 2 月 28 日确认的劳务收入＝500 000－125 000－225 000＝150 000（元）

借：银行存款　　163 500

　　贷：主营业务收入　　150 000

　　　　应交税费——应交增值税（销项税额）　　13 500

借：主营业务成本　120 000
　　贷：合同履约成本　120 000

【例 9-9】甲公司经营一家健身俱乐部。20×1 年 7 月 1 日，某客户与甲公司签订合同，成为甲公司的会员，并向甲公司支付会员费 3 600 元（不含税价），可在未来的 12 个月内在该俱乐部健身，且没有次数的限制。该业务适用的增值税税率为 6%。

本例中，客户在会籍期间可随时来俱乐部健身，且没有次数限制，客户已使用俱乐部健身的次数不会影响其未来继续使用的次数，甲公司在该合同下的履约义务是承诺随时准备在客户需要时为其提供健身服务，因此，该履约义务属于在某一时段内履行的履约义务，并且该履约义务在会员的会籍期间内随时间的流逝而被履行。因此，甲公司按照直线法确认收入，每月应当确认的收入为 300 元（3 600÷12）。

甲公司应编制如下会计分录：

（1）20×1 年 7 月 1 日收到会员费时：

借：银行存款　3 600
　　贷：合同负债　3 600

本例中，客户签订合同时支付了合同对价，可在未来的 12 个月内在该俱乐部进行健身消费，且没有次数的限制。企业在向客户转让商品之前已经产生一项负债，即合同负债。

（2）20×1 年 7 月 31 日确认收入，开具增值税专用发票并收到税款时：

借：合同负债　300
　　银行存款　18
　　贷：主营业务收入　300
　　　　应交税费——应交增值税（销项税额）　18

20×1 年 8 月至 20×2 年 6 月，每月确认收入同上。

（二）在某一时点履行履约义务确认收入

对于在某一时点履行的履约义务，企业应当在客户取得相关商品控制权时点确认收入。

在判断客户是否已取得商品控制权时，企业应当考虑下列迹象：

（1）企业就该商品享有现时收款权利，即客户就该商品负有现时付款义务。如果企业就该商品享有现时的收款权利，则可能表明客户已经有能力主导该商品的使用并从中获得几乎全部的经济利益。

（2）企业已将该商品的法定所有权转移给客户，即客户已拥有该商品的法定所有权。

客户如果取得了商品的法定所有权，则可能表明其已经有能力主导该商品的使用并从中获得几乎全部的经济利益，或者能够阻止其他企业获得这些经济利益。

（3）企业已将该商品实物转移给客户，即客户已实物占有该商品，客户如果已经实物占有商品，则可能表明其有能力主导该商品的使用并从中获得其几乎全部的经济利益，或者使其他企业无法获得这些利益。

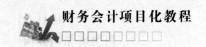

（4）企业已将该商品所有权上的主要风险和报酬转移给客户，即客户已取得该商品所

有权上的主要风险和报酬。

（5）客户已接受该商品。

（6）其他表明客户已取得商品控制权的迹象。

1. 一般销售商品业务收入的账务处理

正常的销售已满足收入确认条件的会计分录为：

借：银行存款等

贷：主营业务收入

应交税费——应交增值税（销项税额）

借：主营业务成本

贷：库存商品等

【例 9-10】 甲公司向乙公司销售商品一批，开具的增值税专用发票上注明售价为400 000元，增值税税额为52 000元；甲公司收到乙公司开出的不带息银行承兑汇票一张，票面金额为452 000元，期限为2个月；甲公司以银行存款支付代垫运费，增值税专用发票上注明运输费2 000元，增值税税额为180元，所垫运费尚未收到；该批商品成本为320 000元；乙公司收到商品并验收入库。

本例中甲公司已经收到乙公司开出的不带息银行承兑汇票，客户乙公司收到商品并验收入库，因此，销售商品为单项履约义务且属于在某一时点履行的履约义务。

甲公司应编制如下会计分录：

（1）确认收入时：

借：应收票据	452 000	
贷：主营业务收入		400 000
应交税费——应交增值税（销项税额）		52 000

（2）结转成本时：

借：主营业务成本	320 000	
贷：库存商品		320 000

（3）代垫运费时：

借：应收账款	2 180	
贷：银行存款		2 180

2. 已经发出商品但不能确认收入的账务处理

企业按合同发出商品，合同约定客户只有在商品售出取得价款后才支付货款。企业向客户转让商品的对价未达到“很可能收回”的条件。在发出商品时，企业不应确认收入。会计分录如下：

借：发出商品

贷：库存商品

发生增值税纳税义务时：

借：应收账款

贷：应交税费——应交增值税（销项税额）

待符合收入确认条件时按一般销售确认收入即可。

【例 9-11】甲公司与乙公司均为增值税一般纳税人。20×1 年 6 月 3 日，甲公司与乙公司签订委托代销合同，甲公司委托乙公司销售 W 商品 1 000 件，W 商品已经发出，每件商品成本为 70 元。合同约定乙公司应按每件 100 元对外销售，甲公司按不含增值税的销售价格的 10%向乙公司支付手续费。除非这些商品在乙公司存放期间内由于乙公司的责任发生毁损或丢失，否则在 W 商品对外销售之前，乙公司没有义务向甲公司支付货款。乙公司不承担包销责任，没有售出的 W 商品须退回给甲公司，同时，甲公司也有权要求收回 W 商品或将其销售给其他的客户。至 20×1 年 6 月 30 日，乙公司实际对外销售 100 件，开出的增值税专用发票上注明的销售价款为 100 000 元，增值税税额为 13 000 元。

甲公司将 W 商品发送至乙公司后，乙公司虽然已经承担 W 商品的实物保管责任，但仅为接受甲公司的委托销售 W 商品，并根据实际销售的数量赚取一定比例的手续费。甲公司有权要求收回 W 商品或将其销售给其他的客户，乙公司并不能主导这些商品的销售，这些商品对外销售与否、是否获利以及获利多少等不由乙公司控制，乙公司没有取得这些商品的控制权。因此，甲公司将 W 商品发送至乙公司时，不应确认收入，而应当在乙公司将 W 商品销售给最终客户时确认收入。

（1）20×1 年 6 月 10 日，甲公司按合同约定发出商品时，应编制如下会计分录：

借：发出商品——乙公司	70 000	
贷：库存商品——W 商品		70 000

（2）20×1 年 6 月 30 日，甲公司收到乙公司开具代销清单时，应编制如下会计分录：

借：应收账款	113 000	
贷：主营业务收入		100 000
应交税费——应交增值税（销项税额）		13 000
借：主营业务成本	70 000	
贷：发出商品		70 000
借：销售费用	10 000	
应交税费——应交增值税（进项税额）		600
贷：应收账款		10 600

（3）收到乙公司支付的货款时：

借：银行存款	102 400	
贷：应收账款		102 400

3. 商业折扣、现金折扣和销售退回的账务处理

（1）商业折扣

商业折扣是指企业为促进商品销售而给予的价格扣除。其本质影响的是收入“五步法”的第三步，确定交易价格。

（2）现金折扣

现金折扣是指债权人为鼓励债务人在规定的期限内付款而向债务人提供的债务扣除。

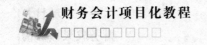

现金折扣发生在商品销售之后，是否发生以及发生多少要视客户的付款情况而定，企业在确认销售商品收入时不能确定现金折扣金额。因此，企业销售商品涉及现金折扣的，应当按照扣除现金折扣前的金额确定销售商品收入金额。现金折扣实际上是企业为了尽快回笼资金而发生的理财费用，应在实际发生时计入当期财务费用。

（3）销售退回

销售退回是指企业因售出商品在质量、规格等方面不符合销售合同规定条款的要求，客户要求企业予以退货。企业销售商品发生退货，表明企业履约义务的减少和客户商品控制权及其相关经济利益的丧失。销售退回的会计分录为：

借：主营业务收入
　　应交税费——应交增值税（销项税额）
　　贷：应收账款等
借：库存商品
　　贷：主营业务成本

【例 9-12】甲公司 20×1 年 5 月 20 日销售 A 商品一批，增值税专用发票上注明售价为 350 000 元，增值税税额为 45 500 元，该批商品成本为 182 000 元。A 商品于 20×1 年 5 月 20 日发出，客户于 5 月 27 日付款。该项业务属于在某一时点履行的履约义务并确认销售收入。20×1 年 9 月 16 日，该商品质量出现严重问题，客户将该批商品全部退回给甲公司。甲公司同意退货，于退货当日支付了退货款，并按规定向客户开具了增值税专用发票（红字）。假定不考虑其他因素。

甲公司应编制如下会计分录：

①20×1 年 5 月 20 日确认收入时：

借：应收账款	395 500	
贷：主营业务收入		350 000
应交税费——应交增值税（销项税额）		45 500
借：主营业务成本	182 000	
贷：库存商品		182 000

②20×1 年 5 月 27 日收到货款时：

借：银行存款	395 500	
贷：应收账款		395 500

③20×1 年 9 月 16 日销售退回时：

借：主营业务收入	350 000	
应交税费——应交增值税（销项税额）	45 500	
贷：银行存款		395 500
借：库存商品	182 000	
贷：主营业务成本		182 000

4. 销售材料等存货的账务处理

企业在日常活动中会发生对外销售不需用的原材料、随同商品对外销售单独计价的包装物等业务。销售材料的会计分录为：

借：银行存款等

贷：其他业务收入

应交税费——应交增值税（销项税额）

借：其他业务成本

贷：原材料等

四、合同成本

企业在与客户之间建立合同关系过程中发生的成本主要有合同取得成本和合同履约成本。

（一）合同取得成本

企业为取得合同发生的增量成本预期能够收回的，应当作为合同取得成本确认为一项资产。

增量成本，是指企业不取得合同就不会发生的成本，例如销售佣金等。企业取得合同发生的增量成本已经确认为资产的，应当采用与该资产相关的商品收入确认相同的基础进行摊销，计入当期损益。该资产摊销期限不超过一年的，可以在发生时计入当期损益。企业为取得合同发生的、除预期能够收回的增量成本之外的其他支出。例如，无论是否取得合同均会发生的差旅费，投标费、为准备投标资料发生的相关费用等，应当在发生时计入当期损益，除非这些支出明确由客户承担。

企业因现有合同续约或发生合同变更需要支付的额外佣金，也属于为取得合同发生的增量成本。

【例 9-13】甲公司是一家咨询公司，通过竞标赢得一个服务期为 5 年的客户，该客户每年末支付含税咨询费 1 908 000 元。为取得与该客户的合同，甲公司聘请外部律师进行尽职调查支付相关费用 15 000 元，为投标而发生的差旅费 10 000 元，支付销售人员佣金 50 000 元。甲公司预期这些支出未来均能够收回。此外，甲公司根据其年度销售目标、整体赢利情况及个人业绩等，向销售部门经理支付年度奖金 10 000 元。

甲公司因签订该客户合同而向销售人员支付的佣金属于取得合同发生的增量成本，应当将其作为合同取得成本确认为一项资产；甲公司聘请外部律师进行尽职调查发生的支出、为投标发生的差旅费以及向销售部门经理支付的年度奖金（不能直接归属于可识别的合同）不属于增量成本，应当于发生时直接计入当期损益。

甲公司应编制如下会计分录：

（1）支付相关费用：

借：合同取得成本	50 000	
管理费用	25 000	
销售费用	10 000	
贷：银行存款		85 000

（2）每月确认服务收入，摊销销售佣金：

服务收入＝1 908 000÷（1+6%）÷12＝150 000（元）

销售佣金摊销额＝50 000÷5÷12＝833.33（元）

借：应收账款	159 000	
销售费用	833.33	
贷：合同取得成本		833.33
主营业务收入		150 000
应交税费——应交增值税（销项税额）		9 000

（二）合同履约成本

1. 合同履约成本的确认条件

同时满足下列条件的，应当作为合同履约成本确认为一项资产：

（1）该成本与一份当前或预期取得的合同直接相关。

包括直接人工、直接材料、制造费用或类似费用（如，与组织和管理生产、施工、服务等活动发生的费用等）、明确由客户承担的成本以及仅因该合同而发生的其他成本（如，支付给分包商的成本、机械使用费、设计和技术援助费用、施工现场二次搬运费、生产工具和用具使用费、检验试验费、工程定位复测费、工程点交费用、场地清理费等）。

（2）该成本增加了企业未来用于履行（或持续履行）履约义务的资源。

（3）该成本预期能够收回。

会计分录为：

借：合同履约成本

　　贷：原材料、应付职工薪酬、银行存款等

借：主营业务成本

　　贷：合同履约成本

2. 计入当期损益的支出

企业应当在下列支出发生时，将其计入当期损益：

（1）管理费用，除非这些费用明确由客户承担；

（2）非正常消耗的直接材料、直接人工和制造费用（或类似费用），这些支出为履行合同发生，但未反映在合同价格中；

（3）与履约义务中已履行（包括已全部履行或部分履行）部分相关的支出，即该支出与企业过去的履约活动相关；

（4）无法在尚未履行的与已履行（或已部分履行）的履约义务之间区分的相关支出。

【例 9-14】甲公司经营一家酒店，该酒店是甲公司的自有资产。20×1 年 12 月甲公司计提与酒店经营直接相关的酒店、客房以及客房内的设备家具等折旧 120 000 元、酒店土地使用权摊销费用 65 000 元。经计算，当月确认房费、餐饮等服务含税收入 424 000 元，全部存入银行。

甲公司经营酒店主要是通过提供客房服务赚取收入，而客房服务的提供直接依赖酒店物业（包含土地）以及家具等相关资产，这些资产折旧和摊销属于甲公司为履行与客户的合同而发生的合同履约成本。已确认的合同履约成本在收入确认时予以摊销，计入营业成本。甲公司应编制如下会计分录：

①确认资产的折旧费、摊销费：

借：合同履约成本　　185 000
　　贷：累计折旧　　120 000
　　　　累计摊销　　65 000

②12 月确认酒店服务收入并摊销合同履约成本：

借：银行存款　　424 000
　　贷：主营业务收入　　400 000
　　　　应交税费——应交增值税（销项税额）　　24 000
借：主营业务成本　　185 000
　　贷：合同履约成本　　185 000

模块三　费　用

一、费用的概述

1. 费用的概念

费用是指企业为销售商品、提供劳务等日常活动所发生的、会导致所有者权益减少的、与向所有者分配利润无关的经济利益的总流出。

2. 费用的特点

①费用是在企业日常的活动中所产生的，而不是在偶发的交易或事项中产生的。如在工业企业制造并销售商品、咨询公司提供咨询服务、安装公司提供安装服务等活动中发生的经济利益的总流出构成费用。企业从事或发生的某些活动或事项也能导致经济利益流出企业，但如果这些活动不属于企业日常活动行为，如处置固定资产的净损失、因违约而支付的罚款、对外捐赠、因自然灾害等非常原因造成的财产毁损等，这些活动或事项形成的经济利益的流出属于企业的损失而不是费用。

②费用会最终减少企业的所有者权益。费用通常是为取得某项营业收入而发生的耗费，这些耗费可以表现为资产的减少或负债的增加，或者二者兼有，但最终会减少企业的所有者权益。

③费用和产品成本不是同一概念。费用中的产品生产费用是构成产品成本的基础，费用是按照时间归集的，而产品成本是按照产品对象归集的。

3. 费用的分类

费用可以按照不同的标准分类，其中最基本的是按照生产费用经济内容和经济用途的分类。

（1）按照经济内容分类

费用按照其经济内容分类，可分为劳动对象方面的费用、劳动手段方面的费用和活劳动方面的费用三大类。生产费用按照经济内容分类，就是在这一划分的基础上，将生产费用划分为若干要素费用。

①材料费用，指企业为进行生产而耗用的从外购入的原材料及主要材料、半成品、辅助材料、包装物、修理用备件和低值易耗品等。

②燃料费用，指企业为进行生产而耗用的从外部购入的各种燃料，包括固体燃料、液体燃料和气体燃料。

③外购动力费用，指企业为进行生产而耗用的从外部购入的各种动力，包括热力、电力和蒸汽等。

④工资费用，指企业所有应计入生产费用的职工工资。

⑤提取的职工福利费，指企业按照工资总额的一定比例计提并计入费用的职工福利费。

⑥折旧费，指企业所拥有或控制的固定资产按照使用情况计提的折旧费。

⑦其他生产费用，指不属于以上各费用要素的费用。如直接作为期间费用支付的税金、保险费、办公费、租赁费、差旅费等。

（2）按照经济用途分类

费用按照经济用途分类，可分为计入产品成本的成本费用和直接计入当期损益期间费用两类。

①成本费用。对于应计入产品成本的成本费用再继续划分为：直接费用和间接费用。其中直接费用包括直接材料、直接人工和其他直接费用；间接费用指制造费用。

- 原材料，也称直接材料。
- 工资及福利费，也称直接人工。
- 燃料及动力，也称直接燃料及动力。
- 制造费用，指企业为生产产品和提供劳务而发生的各项间接费用，包括工资和福利费、折旧费、修理费、办公费、水电费、机物料消耗、劳动保护费、季节性和修理期间的停工损失等。但不包括企业行政管理部门为组织和管理生产经营活动而发生的管理费用。

②期间费用。期间费用是指不能直接归属于某个特定产品成本的费用，主要包括销售费用、管理费用和财务费用。

期间费用在发生的当期就全部计入当期损益，而不计入产品成本，这样有助于简化成本核算工作，提高成本计算的准确性。

二、费用的核算

1. 主营业务成本

主营业务成本是指企业销售商品、产品，提供劳务或让渡资产使用权等日常活动而发生的成本，主要包括原材料、人工成本（工资）等。企业应设置“主营业务成本”账户来核算企业确认销售商品、提供劳务等主营业务收入时应结转的成本。该账户应按照主营业务的种类设置明细账，进行明细核算。期末，应将本账户的余额转入“本年利润”账户，结转后本账户应无余额。

企业一般在确定销售商品、提供劳务等主营业务收入时，或在期（月）末，将已销售商品、提供劳务等的实际成本，转入主营业务成本，借记“主营业务成本”科目，贷记“库存商品”“劳务成本”等科目。采用计划成本或售价核算库存商品的，平时的营业成本按照计划成本或售价结转，月末，还应结转本月销售商品应分摊的产品成本差异或商品进销差价。本期（月）发生的销售退回，如已结转销售成本的，借记“库存商品”等科目，贷记“主营业务成本”科目。期末，应将本科目的余额转入“本年利润”科目，借记“本年利润”科目，贷记“主营业务成本”科目，结转后本科目无余额。

2. 其他业务成本

其他业务成本是指企业在从事其他业务过程中为取得收入而发生的各项业务成本，包括销售材料的成本、出租固定资产的折旧额、出租无形资产的摊销额、出租包装物的成本或摊销额等。企业应设置“其他业务成本”账户，本科目可按照其他业务成本的种类进行明细核算。

企业发生的其他业务成本，借记“其他业务成本”科目，贷记“原材料”“累计折旧”“累计摊销”“应付职工薪酬”“银行存款”等科目。在月末时需要结转入“本年利润”科目，借记“本年利润”科目，贷记“其他业务成本”科目，结转后本科目无余额。

【例 9-15】乙企业于20×1年1月1日向甲公司转让某专利权的使用权。协议约定转让期为5年，每年年末收取使用费100 000元。20×1年该专利权计提的摊销额为60 000元，每月计提金额为5 000元。乙企业会计处理如下：

①20×1年年末确认使用费收入：

借：应收账款（或银行存款）　　100 000

　　贷：其他业务收入　　100 000

②20×1年每月计提专利权摊销额：

借：其他业务成本　　5 000

　　贷：累计摊销　　5 000

3. 税金及附加

税金及附加是指企业经营活动应负担的相关税费，包括消费税、城市维护建设税、资源税和教育费附加等。企业应通过“税金及附加”科目，核算企业经营活动相关税费的发生和结转情况。

企业按照规定计算确定的与经营活动相关的税费，借记“税金及附加”科目，贷记“应交税费”等科目。企业收到的返还的消费税等原记入本科目的各种税金，应按照实际收到的金额，借记“银行存款”科目，贷记“税金及附加”科目。在月末时需要结转入“本年利润”科目，借记“本年利润”科目，贷记“税金及附加”科目，结转后本科目无余额。

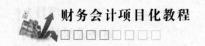

4. 管理费用

管理费用是指企业行政管理部门为组织和管理生产经营活动而发生的各种费用。包括工会经费、职工教育经费、业务招待费、技术转让费、无形资产摊销、咨询费、诉讼费、公司经费、聘请中介机构费、无形资产研究阶段费用、劳动保险费、待业保险费、董事会会费以及其他管理费用。

企业发生的管理费用，在"管理费用"科目核算，并在"管理费用"科目中按照费用项目设置明细科目、行明细核算。期末，应将本科目余额转入"本年利润"科目，结转后本科目无余额。

【例 9-16】 用现金 50 元支付办公室桶装水费。编制会计分录：

借：管理费用　　50

　　贷：库存现金　　50

【例 9-17】 某企业行政部门 10 月共发生费用 220 000 元，其中：行政人员薪酬 150 000 元，行政部门专用办公设备折旧费 43 000 元，报销行政人员差旅费 21 000 元（假定报销人均未预借差旅费），其他办公、水电费 6 000 元（均用银行存款支付）。会计分录如下：

借：管理费用　　220 000

　　贷：应付职工薪酬　　150 000

　　　　累计折旧　　43 000

　　　　银行存款　　27 000

5. 销售费用

销售费用是指企业在销售商品、自制半成品和提供劳务过程中发生的各种费用以及专设销售机构的各项经费。包括保险费、包装费、展览费和广告费、商品维修费、预计产品质量保证损失、运输费、装卸费等以及为销售本企业商品而专设的销售机构（含销售网点、售后服务网点等）的职工薪酬、业务费、折旧费等经营费用。

企业应设置"销售费用"科目核算企业销售商品和材料、提供劳务的过程中发生的各种费用，企业发生的与专设销售机构相关的固定资产修理费用等后续支出，也在本科目核算，本科目可按照费用项目进行明细核算。

企业在销售商品过程中发生的各种销售费用，借记"销售费用"科目，贷记"库存现金""银行存款""应付职工薪酬""累计折旧"等科目。期末，应将本科目余额转入"本年利润"科目，结转后本科目无余额。

【例 9-18】 乙企业为宣传新产品发生广告费 100 000 元，均用银行存款支付。会计分录如下：

借：销售费用　　100 000

　　贷：银行存款　　100 000

【例 9-19】 乙企业销售部 9 月共发生费用 200 000 元，其中：销售人员薪酬 100 000 元，销售部专用办公设备折旧费 30 000 元，业务费 70 000 元（均用银行存款支付）。会计分录如下：

借：销售费用　　200 000

贷：应付职工薪酬　　100 000
　　累计折旧　　30 000
　　银行存款　　70 000

月末，将本期发生的销售费用，全部转入“本年利润”账户：

借：本年利润　　200 000
　贷：销售费用　　200 000

6. 财务费用

财务费用是指企业筹集生产经营所需资金而发生的费用。包括利息净支出（减利息收入）、汇兑净损失（减汇兑收益）、金融机构手续费以及筹集生产经营资金发生的其他费用等。企业应设置“财务费用”科目核算企业为筹集生产经营所需资金等而发生的筹资费用，并在“财务费用”科目中按照费用项目设置明细科目、进行明细核算。为购建或生产满足资本化条件的资产发生的应予以资本化的借款费用，在“在建工程”“制造费用”等科目核算。

企业发生的财务费用，借记“财务费用”科目，贷记“银行存款”“未确认融资费用”等科目。企业发生的应冲减财务费用的利息收入、汇兑损益、现金折扣，借记“银行存款”“应付账款”等科目，贷记“财务费用”科目。期末，应将本科目余额转入“本年利润”科目，结转后本科目无余额。

【例 9-20】 乙企业以银行存款1 000 元支付办理银行承兑汇票的手续费。编制会计分录如下：

借：财务费用　　1 000
　贷：银行存款　　1 000

【例 9-21】 月末，乙企业将本月发生的财务费用借方余额 2 000 元进行结转。编制会计分录如下：

借：本年利润　　2 000
　贷：财务费用　　2 000

模块四　利　润

一、利润的概念及组成

利润是企业在一定期间的经营成果，是企业的收入减去有关成本费用的差额。如果收入大于成本费用为利润；反之为亏损。

根据我国企业会计准则的规定，企业的利润一般包括营业利润、利润总额和净利润。

1. 营业利润及组成

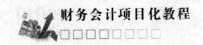

营业利润是指企业日常生产经营活动及相关活动所形成的经营成果，是企业生产经营活动的主要成果，是企业利润的主要来源。营业利润主要由主营业务利润和其他业务利润

构成。其计算公式为：

营业利润=营业收入-营业成本-税金及附加-销售费用-管理费用-财务费用-资产减值损失+公允价值变动收益（或减公允价值变动损失）+投资收益（或减投资损失）

其中，营业收入是企业在生产经营活动中，因销售产品或提供劳务而取得的各项收入，由主营业务收入和其他业务收入构成。

营业成本是指企业所销售商品或者所提供劳务的成本，包括主营业务成本和其他业务成本。

资产减值损失是指企业根据《资产减值准则》等计提各项资产减值准备时，所形成的或有损失。如计提的坏账准备、存货跌价准备和固定资产减值准备等形成的损失。

公允价值变动收益（或损失）是指由企业交易性金融资产等公允价值变动形成的应计入当期损益的利得（或损失）。

投资净收益（或投资净损失）是指企业对外投资业务所取得的收益与发生的损失之间的差额。它是企业对外投资所获得的利润、盈利和利息等投资收入，减去投资损失后的净额。企业对外投资业务是企业获得利润的重要途径。

2. 利润总额

利润总额是指税前利润，也就是企业在所得税前一定时期内全部经营活动的总成果。

利润总额=营业利润+营业外收入-营业外支出

3. 净利润

企业的净利润为利润总额减去所得税后的余额。在实际工作中也称税后利润。

净利润=利润总额-所得税费用

二、营业外收支的核算

营业外收支是指与企业的生产经营活动无直接关系的各项收支。包括营业外收入和营业外支出。

1. 营业外收入

营业外收入是指企业发生的与其生产经营活动无直接关系的各项收入。它是企业利润总额的一项重要补充内容。在会计核算上，应当严格区分营业外收入与营业收入的界限。营业外收入主要包括非货币性资产交换利得、债务重组利得、政府补助、盘盈利得、捐赠利得等。

企业应设置“营业外收入”科目来核算企业发生的各项营业外收入，本科目可按照营业外收入项目进行明细核算。企业发生营业外收入时，记入“营业外收入”账户的贷方，期末将“营业外收入”账户的贷方余额转入“本年利润”账户，结转后应无余额。

【例 9-22】乙企业应付甲公司的货款及增值税款共计 3 510 元，因该公司变更登记而无法偿还。会计分录如下：

借：应付账款——甲公司　　3 510

　　贷：营业外收入——无法偿还账款　　3 510

【例 9-23】乙企业收到甲公司因违反双方签订的购销合同而支付的违约金 1 000 元，

已存入银行。会计分录如下：

借：银行存款　　1 000

　　贷：营业外收入——罚款收入　　1 000

2. 营业外支出

营业外支出是指企业发生的与其生产经营活动无直接关系的各项支出。它是企业利润总额的减项。营业外支出主要包括非流动资产报废损失、非货币性资产交换损失、债务重组损失、公益性捐赠支出、非常损失、盘亏损失等。

企业应设置“营业外支出”科目来核算企业发生的各项营业外支出，本科目可按照支出项目进行明细核算。企业发生营业外支出时，应计入“营业外支出”账户的借方，期末应将“营业外支出”账户的借方余额转入“本年利润”账户，结转后应无余额。

【例 9-24】 乙企业因违反税收法规而以银行存款支付滞纳金、罚金共计 2 500 元。会计分录如下：

借：营业外支出——罚款支出　　2 500

　　贷：银行存款　　2 500

【例 9-25】 乙企业以银行存款向希望工程捐赠 50 000 元。会计分录如下：

借：营业外支出——公益救济性捐赠　　50 000

　　贷：银行存款　　50 000

三、所得税费用的核算

企业所得税是指对企业经营所得或其他所得征收的一种税收，它体现了国家与企业之间的分配关系。

按照所得税法，企业所得税税率一般定为 25%，对符合规定条件的小型微利企业实行 20%优惠税率，对国家需要重点扶持的高新技术企业实行 15%的优惠税率。

1. 应交所得税的计算

企业每月末应交纳所得税按一定公式计算，按月或按季预缴，年终汇算清缴，多退少补。其计算公式为：

应交所得税=应纳税所得额×所得税税率

应纳税所得额=税前会计利润+纳税调整增加额-纳税调整减少额

应纳税所得额是指按照税法规定应计算交纳所得税的企业利润总额。企业所得税的计算依据是应纳税所得额而不是企业财务会计的利润总额，利润总额只是计算应纳税所得额的基础。

从理论上讲，企业的利润总额就应该是企业的所得额。但由于财务会计与税收是经济领域中的两个不同的分支，分别遵循不同的法规、服务不同的目的，因此，按照财务会计方法计算的利润总额与按照税收法规计算的应纳税所得额，对同一企业在同一期间会产生差异。差异按照不同的性质分为永久性差异和暂时性差异。

（1）永久性差异

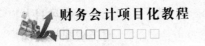

永久性差异是由于会计标准和税法在计算收益、费用或损失时的口径不同，所产生的

税前利润总额与应纳税所得额的差异，它在某一会计期间发生，不会在以后各期转回。且永久性差异不具有连续性，只对本期的调整有影响。

永久性差异主要有以下几种类型：

①可免税收入。有些项目的收入，会计上列为收入，但税法则不作为应纳税所得额。例如，企业购买国库券的利息收入，依法免税，但会计列为投资收益纳入利润总额。又如企业从国内其他单位分回的已纳税利润，若其已纳的税额是按25%的税率计算的，则分回的已纳税利润按照税法规定不再缴纳所得税，但会计将此投资收益纳入利润总额。

②不可抵减费用、损失。有些支出按照会计标准规定核算时确认为费用或损失，在计算利润总额时可以扣除，但按照税法规定在计算应纳税所得额时不允许扣除。这些项目主要有两种情况：一是范围不同，即会计上作为费用或损失的项目，在税法上不作为扣除项目处理；二是标准不同，即有些在会计上作为费用或损失的项目，税法上可作为扣除项目，但规定了计税开支的标准限额，超限额部分在会计上仍列为费用或损失，但税法不允许抵扣应税利润。

范围不同的项目主要有以下几种：

• 违法经营的罚款和被没收财物的损失。会计上做营业外支出处理，但税法上不允许扣减应税利润。

• 各项税收的滞纳金和罚款。会计上可列做营业外支出，但税法规定不得抵扣应税利润。

• 各种非救济公益性捐赠和赞助支出。会计上可列为营业外支出，但税法规定不得抵扣应税利润。

标准不同的项目主要有以下几种：

• 利息支出。会计上可在费用中据实列支，但税法规定向非金融机构借款的利息支出，高于按照金融机构同类、同期贷款利率计算的数额的部分，不准扣减应税利润。

• 工资性支出。会计上将工资、奖金全部列为成本费用，但税法规定由各省、自治区、直辖市人民政府制定计税工资标准，超过计税标准的工资性支出应缴纳所得税。

• “三项经费”。会计上根据实发工资总额计提职工工会经费、职工福利费、职工教育经费（简称“三项经费”）；而税法规定分别按照计税工资总额的2%、14%、2.5%计算扣除，超额部分不得扣减应税利润。

• 公益、救济性捐赠。会计上列为营业外支出，但税法规定在年度利润总额12%以内的部分准予扣除，超额部分不得扣除。所得税法规定，公益性捐赠只有在经过民政部门批准成立、经财税部门确认的非营利的公益性社会团体和基金会捐赠的，才准予在所得税前扣除，对受惠对象的直接捐赠是不允许在计算所得税前扣除的。

• 业务招待费。会计上列为管理费用，但超过税法规定限额部分应作为应税利润。企业发生的与生产经营活动有关的业务招待费支出，按照发生额的60%扣除，但最高不得超过当年销售（营业）收入的5‰。

• 广告费及业务宣传费。纳税人每一纳税年度发生的广告费支出不超过销售（营业）收入15%的，可据实扣除；超过部分结转以后纳税年度扣除。粮食类白酒广告费不得在税前扣除。

• 居民企业的年度技术转让所得不超过500万元的部分，免征企业所得税；超过500万元的部分，减半征收企业所得税。

• 企业购置并实际使用《环境保护专用设备企业所得税优惠目录》、《节能节水专用设备企业所得税优惠目录》和《安全生产专用设备企业所得税优惠目录》规定的环境保护、节能节水、安全生产等专用设备的，该专用设备的投资额的10%可以从企业当年的应纳税额中抵免；当年不足抵免的，可以在以后5个纳税年度结转抵免。

【例9-26】 乙企业20×1年全年销售收入为8 000万元，利润总额为810万元，其他资料如下：

①全年实际发放工资400万元，并据此计提“三费”70万元，经审核计税工资300万元；

②全年发生业务招待费40万元，已在管理费用中列支；

③国库券利息收入2万元，已列入当年“投资收益”账户；

④向有关贷款单位支付贷款利息40万元，利率为8%，列入财务费用，经查当年金融机构同类同期贷款利率为7%；

⑤营业外支出中已列支税收滞纳金3万元。

请根据上述资料，计算应纳税所得额。

分析：

①企业实际发放工资与计税工资之间的差异及“三费”之间的差异，应调增应纳税所得额：

(400−300)+(70−300×18.5%)=114.5（万元）；

②全年实际列支招待费与应列支招待费之间的差异，应调增应纳税所得额：

40−40×60%=16（万元）；

③国库券利息收入2万元，免征所得税，应调减应纳税所得额；

④实际列支利息支出与允许列支利息支出之间的差异，应调增应纳税所得额：

40−40÷8%×7%=5（万元）；

⑤企业支付滞纳金，应调增应纳税所得额3万元。

企业应纳税所得额=810+114.5+16−2+5+3=946.5（万元）

（2）暂时性差异

暂时性差异是指资产或负债的账面价值与其计税基础之间的差。如企业的某项固定资产，税法规定其使用年限为10年，按直线法计提折旧，每年提取10%的折旧；企业对该项固定资产采用加速折旧的方法规定其折旧年限为5年，按加速折旧法计算每年应提取20%的折旧。这样，从一个会计年度看，由于会计核算和税收计算所采用的固定资产折旧年限和年折旧率不同，从而使得按照会计原则计算的税前会计利润和按照税法规定计算的纳税所得产生差异，并由此导致从当期损益中扣除的所得税和当期应交所得税计算的差异。这种差异在某一时期产生以后，可以在以后一期或若干期内转回。

按照暂时性差异对未来期间应税金额的影响，分为应纳税暂时性差异和可抵扣暂时性差异。

①应纳税暂时性差异是指在确定未来收回资产或清偿负债期间的应纳税所得额时，将导致产生应税金额的时间性差异。一般地说，应纳税暂时性差异产生时常常是资产增加（或者负债的减少）、会计利润增加，但按照税法规定此项增加的利润不计入当期应税所得额，最终使资产的账面价值大于计税基础（或者负债的账面价值小于计税基础）、会计利润大于应税所得。比如，按照《企业会计准则》规定，交易性金融资产期末应以公允价值计量，公允价值的变动计入当期损益。按照税法规定，交易性金融资产在持有期间公允价值变动不计入应纳税所得额，即其计税基础保持不变，但应调整交易性金融资产的账面价值，由此便产生了交易性金融资产的账面价值与计税基础之间的差异。

如前所述，比如，某公司20×1年初以1 000万元购入一批股票，划分为交易性金融资产。此时，资产的账面价值与计税基础相等，假设20×1年末公允价值升至1 100万元，则交易性金融资产的账面价值为1 100元，计税基础仍维持1 000万元不变，产生差异100万元，则该资产账面价值与其计税基础之间的差额100万元即为应纳税暂时性差异。

②可抵扣暂时性差异是指在确定未来收回资产或清偿负债期间的应纳税所得额时，将导致产生可抵扣金额的暂时性差异。一般地说，可抵扣暂时性差异产生时，常常是资产减少（或负债增加）、会计利润减少，但按照税法规定此项减少的利润不许税前扣除，最终使资产的账面价值小于计税基础（或者使负债的账面价值大于其计税基础）、会计利润小于应税所得。比如，假设某企业持有的交易性金融资产，成本为100万元，期末公允价值为40万元，则期末交易性金融资产的账面价值应为40万元，同时，确认公允价值变动损失60万元，使会计利润减少。如果交易性金融资产的计税基础仍维持100万元不变，该计税基础与其账面价值之间的差额60万元即为可抵扣暂时性差异。

又比如某企业预计产品保修费用为30万元，一方面增加销售费用，一方面增加预计负债。按照税法规定，此项预计负债对应的销售费用是不得在当期税前扣除的，也就意味着此项预计负债的金额，按照税法规定在当期不得抵扣，只有在实际发生产品保修费用时才可以税前扣除。此时预计负债的计税基础是零，而负债的账面价值是30万元，该计税基础与其账面价值之间的差额30万元即为可抵扣暂时性差异。

企业在计算确认了应纳税暂时性差异与可抵扣暂时性差异后，应当按照所得税准则规定的原则，确认与应纳税暂时性差异相关的递延所得税负债以及与可抵扣暂时性差异相关的递延所得税资产，并在此基础上确定每一期间利润表中的所得税费用。我国2013年颁布的《企业会计准则第18号——所得税》规定，采用资产负债表债务法核算递延所得税。

递延所得税=当期递延所得税负债的增加（-减少）-当期递延所得税资产的增加（+减少）

2. 所得税费用的账务处理

（1）需要设置的会计账户

①“所得税费用”科目，核算企业确认的应从当期利润总额中扣除的所得税费用。本

科目可按“当期所得税费用”“递延所得税费用”进行明细核算。期末，应将本科目的余额转入“本年利润”科目，结转后本科目无余额。

②“递延所得税资产”科目，核算企业根据所得税准则确认的可抵扣暂时性差异产生的所得税资产。根据税法规定可用以后年度税前利润弥补的亏损产生的所得税资产，也在本科目核算。本科目应当按照可抵扣暂时性差异等项目进行明细核算。

③“递延所得税负债”科目，核算企业根据所得税准则确认的应纳税暂时性差异产生的所得税负债。本科目应当按照应纳税暂时性差异项目进行明细核算。

④“应交税费——应交所得税”科目，核算企业按照税法计算确定的当期应交所得税金额。

（2）所得税会计处理方法

我国对暂时性差异采用资产负债表债务法进行会计处理，即暂时性差异产生的所得税影响金额，递延分配到以后各期。资产负债表日，企业按照税法规定计算确定的当期应交所得税，借记“所得税费用”科目，贷记“应交税费——应交所得税”科目。根据递延所得税资产的应有余额大于“递延所得税资产”科目余额的差额，借记“递延所得税资产”科目，贷记“所得税费用”“资本公积——其他资本公积”等科目；递延所得税资产的应有余额小于“递延所得税资产”科目余额的差额做相反的会计分录。企业应予确认的递延所得税负债，应当比照上述原则调整本科目、“递延所得税负债”科目及有关科目。期末，应将本科目的余额转入“本年利润”科目，结转后本科目无余额。

【例 9-27】乙企业 20×1 年度的税前会计利润为 10 000 000 元，所得税税率为 25%。当年按照税法核定的全年计税工资为 2 000 000 元，甲公司全年实发工资为 1 800 000 元。假定甲公司全年无其他纳税调整因素。甲公司递延所得税负债年初数为 400 000 元，年末数为 500 000 元，递延所得税资产年初数为 250 000 元，年末数为 200 000 元。乙企业的会计处理如下：

乙企业所得税费用的计算如下：

递延所得税费用=（500 000-400 000）+（250 000-200 000）= 150 000（元）

所得税费用=当期所得税+递延所得税费用=2 500 000+150 000=2 650 000（元）

乙企业会计分录如下：

借：所得税费用　　2 650 000

　　贷：应交税费——应交所得税　　2 500 000

　　　　递延所得税负债　　100 000

　　　　递延所得税资产　　50 000

四、本年利润的结转

企业应设置“本年利润”账户，用来核算本年度内实现的利润（或亏损）总额。期末时，将各项收入账户的期末余额结转到“本年利润”账户的贷方，应借记“主营业务收入”“其他业务收入”“营业外收入”等账户，贷记“本年利润”账户。同时，将各项费用类账户的期末借方余额结转到“本年利润”账户的借方，应借记“本年利润”账户，贷记“主营业务成本”“其他业务成本”“税金及附加”“管理费用”“销售费用”“财务费用”“资产减值损失”“营业外支出”“所得税费用”等账户。年末，将“本年利润”账户的余额转入“利润分配——未分配利润”账户。如为净利润，借记“本年利润”账户，贷记“利润分配——未分配利润”账户。如为净亏损，借记“利润分配——未分配利润”账户，贷记“本年利润”账户。结转后，“本年利润”账户无余额。

【例 9-28】乙企业 1 月—11 月实现累计利润 34 000 元。12 月末各损益账户结转前余额见表 9-1。

表 9-1　　乙企业 12 月末各损益账户结转前余额

科目名称	余额方向	结账前余额（元）
主营业务收入	贷	500 000
税金及附加	借	30 000
主营业务成本	借	300 000
销售费用	借	10 000
管理费用	借	50 000
财务费用	借	10 000
其他业务收入	贷	50 000
其他业务成本	借	30 000
投资收益	贷	8 000
营业外收入	贷	20 000
营业外支出	借	18 000
所得税费用	借	80 000

编制会计分录如下：

①结转各项收入、利得类账户余额：

借：主营业务收入　　500 000
　　其他业务收入　　50 000
　　投资收益　　8 000
　　营业外收入　　20 000
　　贷：本年利润　　578 000

②结转各项费用、损失类账户余额：

借：本年利润　　528 000
　　贷：主营业务成本　　300 000
　　　　税金及附加　　30 000
　　　　销售费用　　10 000

管理费用	50 000
财务费用	10 000
其他业务成本	30 000
营业外支出	18 000
所得税费用	80 000

③计算 1 月—12 月累计利润：

该企业本月实现利润：578 000-528 000=50 000（元）

该企业 1 月—12 月累计实现利润：340 000+50 000=390 000（元）

五、利润分配

（一）利润分配的概述

利润分配是将企业实现的净利润，按照国家财务制度规定的分配形式和分配顺序，在国家、企业和投资者之间进行的分配。利润分配的过程与结果，不仅关系所有者的合法权益是否得到保护，还关系企业能否长期、稳定和健康地发展。为此，企业必须加强利润分配的管理和核算。企业当年实现的利润总额在交完所得税后，其净利润可按照以下顺序进行分配：

①弥补企业以前的年度亏损。企业发生的年度亏损，可以用下一年度的税前利润等弥补。下一年度利润不足弥补的，可以在 5 年内延续弥补。

②提取法定盈余公积金。根据《中华人民共和国公司法》（以下简称《公司法》）的规定，法定盈余公积按照本年实现净利润（弥补亏损后）的 10%提取。盈余公积金已达注册资金 50%时可不再提取。提取的法定盈余公积金用于弥补以前年度亏损或转增资本金。但转增资本金后留存的法定盈余公积金不得低于注册资本的 25%。

③提取任意盈余公积金。根据《公司法》的规定，公司从税后利润中提取法定公积金后，经股东会或股东大会决议，还可以从税后利润中提取任意盈余公积金。

④向股东（投资者）分配股利（利润）。企业以前年度未分配的利润，可以并入本年度分配。

（二）利润分配的核算

1. 利润分配的账户设置

企业设置“利润分配”账户，核算企业净利润的分配（或亏损的弥补）和历年分配（或亏损）后的结存余额。在该账户下面分别设置“提取法定盈余公积”“提取任意公积金”“应付现金股利或利润”“转作股本的股利”“盈余公积补亏”“未分配利润”等明细账户进行明细核算。

2. 利润分配的账务处理

（1）提取盈余公积

企业按照规定提取盈余公积时，借记“利润分配”科目，贷记“盈余公积”科目。

【例 9-29】乙企业全年实现净利润 100 万元，按 10%提取法定盈余公积金，按 5%提取任意盈余公积金。编制会计分录如下：

①提取法定盈余公积金：

提取法定盈余公积金 = 1 000 000×10% = 100 000（元）

借：利润分配——提取法定盈余公积　　100 000
　　贷：盈余公积——法定盈余公积　　100 000

②提取任意盈余公积金：

提取任意盈余公积金 = 1 000 000×5% = 50 000（元）

借：利润分配——提取任意盈余公积　　50 000
　　贷：盈余公积——任意盈余公积　　50 000

（2）向股东（投资者）分配股利（利润）

企业在年度内实现的利润总额，在缴纳所得税、提取盈余公积金，或加上以前年度未分配利润，得知可供分配的利润之后，才能向投资者分配利润。对于可供分配的利润，如何分配、分配多少，应由投资者或董事会做出具体规定。按照规定计算出应分给投资者的利润时，借记“利润分配”科目，贷记“应付股利”“应付利润”等科目。

【例 9-30】甲股份有限公司计算出应支付给股东的利润共计 60 000 元。编制会计分录如下：

借：利润分配——应付现金股利　　60 000
　　贷：应付股利　　60 000

（3）净利润的年终结转

净利润的年终结转也称未分配利润的年终结转。为了正确考核各年度的净利润实现和净利润分配情况，在每个会计年度结束时，企业都应对净利润进行年终结转，即对“本年利润”和“利润分配”账户进行结转。

年度终了，企业应将本年实现的净利润，自“本年利润”科目转入“利润分配”科目，借记“本年利润”科目，贷记“利润分配”科目，若为净亏损的做相反的会计分录。同时，应将“利润分配”科目所属其他明细科目的余额转入“利润分配——未分配利润”明细科目。

结转后，除“利润分配——未分配利润”明细科目外，其他明细科目应无余额。“利润分配——未分配利润”年末余额，反映企业的累积未分配利润（或未弥补亏损）。

【例 9-31】企业年初未分配利润 500 000 元，本年度有关账户年终结转前余额见表 9-2。

表 9-2　该企业有关账户年终结转前余额

科目名称	余额方向	结账前余额（元）
本年利润	贷	1 000 000
利润分配——提取法定盈余公积	借	150 000
利润分配——应付现金股利	借	200 000

根据上述资料，进行净利润的年终结转。编制会计分录如下：

①当年实现的净利润转账：

借：本年利润　　1 000 000

　　贷：利润分配——未分配利润　　1 000 000

②利润分配中的各明细账（除未分配利润）转账：

借：利润分配——未分配利润　　350 000

　　贷：利润分配——提取法定盈余公积　　150 000

　　　　　　　　——应付现金股利　　200 000

企业当年的未分配利润＝1 000 000－350 000＝650 000（元）

企业年末累计未分配利润＝500 000+650 000＝1 150 000（元）

企业净利润年终结转后，“本年利润”账户、“利润分配”各有关明细账户（除未分配利润明细账）余额均为零。“利润分配——未分配利润”明细账中有贷方余额。

内容小结

本项目我们重点介绍了收入、费用和利润的核算方法。收入核算的关键是判断收入是否符合确认的条件，企业应在销售商品并同时满足五个条件时，以公允价值计入“主营业务收入”或“其他业务收入”的贷方；提供劳务的收入，如果在资产负债表日能对劳务交易的结果做出可靠的估计，用完工百分比法确认。在确认收入的同时，应按配比原则确认与收入相关的费用。一定会计期间的收入减去费用，加上计入本期损益的利得，减去计入本期损益的损失，即为本期的会计利润。在会计利润的基础上按所得税法规定进行纳税调整，计算出应税所得额乘以适用的税率等于本期应缴的所得税，也就是当期所得税费用；如果存在暂时性差异，应采用资产负债表债务法进行会计处理。企业利润的结算和分配通过“本年利润”和“利润分配”两个账户进行核算。

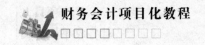

项目十　总账报表岗

学习目标

①了解会计报表的意义、种类和编制要求；了解现金流量表的概念、作用、结构、内容和编制原理。

②理解资产负债表的概念、结构和编制基础；理解利润表的概念、结构和编制基础。

③掌握资产负债表、利润表的编制方法，能够根据相关资料熟练、准确地编制资产负债表和利润表。

模块一　总账报表岗岗位基本工作规范及工作内容

一、总账报表岗岗位基本工作规范

总账报表岗的基本职责是：管理本单位总账，编制会计报表。总账报表岗是单位会计体系中的核心岗位或综合岗位，要保证会计资料的真实性、完整性和及时性，保证财产物资的安全完整性，在办理业务时要执行以下几点工作规范：

①熟练掌握我国财经政策、法规、财务会计制度，认真执行我国《会计法》的相关规定，严格遵守国家财经纪律。

②按照国家财务会计制度和会计工作基础规范要求，设置会计账册，按照规定记账、算账、报账。采用会计电算化及时对输入的会计数据（记账凭证和原始凭证等）进行严格审核，对会计报表认真进行核对。

二、总账报表岗岗位工作内容

①定期核对各项固定资产，及时处理增减变动事项，做到账账、账实相符。

②及时清理应收应付等往来款项。

③在审核原始凭证的基础上编制记账凭证，将一定时期的记账凭证汇总编制科目汇总表，再依据科目汇总表登记总分类账，并与现金账、银行账、各明细分类账核对一致，定期编制会计报表。做到数字真实准确、内容完整、报送及时。

④对各部门财务收支、财产保管工作，进行严密监督、检查。

⑤分清资金渠道，合理使用资金，严格掌握各项费用开支范围和开支标准。

⑥会计凭证、会计账簿、会计报表等会计资料要定期装订、建立会计档案、妥善保管，非经批准，不得擅自销毁。

⑦掌握单位财务状况、现金流量和经营成果的情况，并进行综合分析和研究，提出改进意见和建议，当好领导的“参谋”。

⑧总账会计调动或离职时，办理好移交手续，将经管的会计资料及未了事项向接手人交接清楚才可离任，并由单位负责人监交。

⑨有关部门了解和检查工作时，应积极配合提供相关会计资料。

模块二　资产负债表的编制

一、财务会计报告的含义

财务会计报告是指企业对外提供的反映企业某一特定日期财务状况和某一会计期间的经营成果、现金流量等会计信息的文件。

财务会计报告是企业根据日常会计核算资料归集、加工和汇总后形成的。编制财务会计报告是会计核算的又一种专门方法，也是会计工作的一项重要内容。财务会计报告的主要作用是向财务报告使用者提供与企业财务状况、经营成果和现金流量等有关的会计信息，考核和评价企业的经营管理水平与经营业绩，并为信息使用者的预测和决策提供信息服务。

二、财务会计报告的构成

财务会计报告包括会计报表、会计报表附注、财务情况说明书。

①会计报表是财务会计报告的主体部分。会计报表至少包括资产负债表、利润表、现金流量表、所有者权益变动表。

②会计报表附注是对资产负债表、利润表、现金流量表、所有者权益变动表等报表中列示项目的文字描述或明细资料，以及未能在这些报表中列示项目的补充说明。

③财务情况说明书是对企业在一定会计期间内生产经营以及财务、成本进行分析说明的书面文字报告。

三、会计报表的分类

①按照财务会计报表所反映的经济内容的不同，可分为静态报表和动态报表。

• 静态报表是指反映企业某一特定日资产、负债和所有者权益状况的会计报表，如资产负债表。

• 动态会计报表是指反映企业在一定时期内的经营成果或现金流量情况的会计报表，如利润表或现金流量表。

②按照编报会计主体的不同，会计报表可分为个别会计报表和合并会计报表。

• 个别会计报表是指只反映企业本身的财务状况、经营成果和现金流量的会计报表。

• 合并会计报表是以母公司和子公司组成的企业集团为会计主体，根据母公司和子公司编制的个别会计报表为基础，由母公司编制的反映整个企业集团财务状况、经营成果和现金流量的会计报表。

③按照会计报表编报期间的不同，可分为中期会计报表和年度会计报表。

• 中期会计报表。是指以短于一个完整的会计年度的报告期间为基础编制的会计报表，包括月报、季报和半年报。中期会计报表至少应包括资产负债表、利润表、现金流量表和附注。其中中期资产负债表、利润表和现金流量表应当是完整的报表，中期会计报表的附注相对于年报来说可以适当简化。

• 年度会计报表简称年报，是以一个完整的会计年度为报告期总括反映企业年终财务状况和经营成果的报表。年报应当是完整的财务报表，包括资产负债表、利润表、现金流表、所有者权益变动表和附注。

四、财务会计报告的编制要求

为了使财务会计报告能够最大限度地满足各有关方面的需要，实现财务会计报告的基本目的，充分发挥会计报表的作用，在编制会计报表时，必须严格遵循以下几条基本原则：

1. 真实可靠

企业财务会计报告各项的数据必须建立在真实可靠的基础之上，使企业财务会计报告能够如实地反映企业的财务状况、经营成果和现金流量等情况。因此，财务会计报告必须根据核实无误的账簿及相关资料编制，不得以任何方式弄虚作假。如果财务会计报告所提供的资料不真实或可靠性很差，则不仅不能发挥财务会计报告的应有作用，而且还会由于错误的信息，导致财务会计报告使用者对单位的财务状况、经营成果和现金流量情况做出错误的评价与判断，致使报告使用者做出错误的决策。

2. 相关可比

企业财务会计报告所提供的会计信息必须满足报表使用者决策的需要，会计报表各项目的数据应当口径一致、相互可比，以便报表使用者在不同企业之间及同一企业的前后各期之间进行比较。

3. 全面完整

企业财务会计报告应当全面地披露企业的财务状况、经营成果和现金流量情况，完整地反映企业财务活动的过程和结果，以满足各有关方面对财务会计信息资料的需要。因此，在编制财务会计报告时，必须按规定编写：会计报表中的项目不得漏填或少填，应报的会计报表不得缺报，对会计报表项目需要说明的事项要有附注，以及报送会计报表时附送财务情况说明书等。

4. 便于理解

企业对外提供的财务会计报告是会计信息使用者进行正确决策的重要依据。因此，财务会计报告的可理解性是信息使用者做出准确判断，以及发挥会计服务于经济建设这一重要作用的根本保证。因此，编制的财务会计报告应当清晰明了，便于理解和使用。如果提供的财务会计报告晦涩难懂、不可理解，使用者就不能做出准确的判断，所提供的财务会计报告的作用也会大大减少。当然，财务会计报告的可理解性是建立在信息使用者具有一定的会计基础知识和财务报表阅读能力的基础上的。

5. 编报及时

企业财务会计报告披露的信息具有很强的时效性，因此，对于需要报送的会计报表应按照规定的期限及时编报、及时报送。这就要求企业应做好日常会计核算工作，做好编报前的各项准备事项。否则即使最真实、最可靠的会计报告也会因编报不及时，而失去其应有的价值。

五、资产负债表的概念

资产负债表是反映企业某一特定日期（如月末、季末、年末等）财务状况的会计报表。它是根据“资产=负债+所有者权益”这一会计等式，依照一定的分类标准和顺序，将企业在一定日期的全部资产、负债和所有者权益项目进行适当分类、汇总、排列后编制而成的。资产负债表是企业基本会计报表之一。

通过资产负债表，可以反映企业资产的构成及其状况，分析企业在某一日期所拥有的经济资源及其分布情况；可以反映企业某一日期的负债总额及其结构，分析企业目前与未来的需要支付的债务数额；可以反映企业所有者权益的情况，了解企业现有的投资者在企业资产总额中所占的份额。帮助报表使用者全面地了解企业的资产状况、变现能力、赢利能力，分析企业的债务偿还能力及资金周转能力，从而为未来的经营决策提供有用信息。

六、资产负债表的结构

资产负债表主要反映资产、负债、所有者权益三方面内容。资产负债表在形式上由表首和正表两部分组成。表首包括资产负债表的名称、编制单位、编制日期和金额单位；正表是资产负债表的主要部分，包括资产、负债和所有者权益各项金额。

资产负债表的格式主要有报告式和账户式两种。

报告式资产负债表格式如下，见表 10-1：

表 10-1　　资产负债表（报告式）

资产	
流动资产	××××
长期股权投资	××××
固定资产	××××
无形资产	××××
其他资产	××××
资产合计	××××
负　债	
流动负债	××××
长期负债	××××
负债合计	××××
所有者权益	
实收资本	××××
资本公积	××××
盈余公积	××××
未分配利润	××××
所有者权益合计	××××

【提示】报告式又称垂直式，表中资产、负债、所有者权益项目自上而下排列。上部分按照一定顺序列示资产项目，其次列示负债项目；下部分列示所有者权益项目。其优点是便于编制比较资产负债表。

账户式资产负债表格式见表 10-2。

表 10-2　　资产负债表　　会企 01 表

编制单位：　　年　月　日　　单位：元

资产	期末余额	年初余额	负债和所有者权益（或股东权益）	期末余额	年初余额
流动资产：			流动负债：		
货币资金			短期借款		
交易性金融资产			交易性金融负债		
应收票据			应付票据		
应收账款			应付账款		
预付款项			预收款项		
应收利息			应付职工薪酬		

续表 10-2

资产	期末余额	年初余额	负债和所有者权益（或股东权益）	期末余额	年初余额
应收股利			应交税费		
其他应收款			应付利息		
存货			应付股利		
一年内到期的非流动资产			其他应付款		
其他流动资产			一年内到期的非流动负债		
流动资产合计			其他流动负债		
非流动资产：			流动负债合计		
债权投资			非流动负债：		
其他权益工具投资			长期借款		
长期应收款			应付债券		
长期股权股资			长期应付款		
投资性房地产			专项应付款		
固定资产			预计负债		
在建工程			递延所得税负债		
工程物资			其他非流动负债		
固定资产清理			非流动负债合计		
生产性生物资产			负债合计		
油气资产			所有者权益（或股东权益）：		
无形资产			实收资本		
开发支出			资本公积		
商誉			减：库存股		
长期待摊费用			盈余公积		
递延所得税资产			未分配利润		
其他非流动资产			所有者权益（或股东权益）合计		
非流动资产合计					
资产总计			负债和所有者权益总计		

【提示】账户式又称水平式，资产负债表分为左右两方：左方为资产项目，右方为负债和所有者权益项目。左右两方内部项目的排列，严格区分为流动项目与非流动项目。左方资产内部各个项目按照各项资产的流动性大小或变现能力强弱来排列。流动性越大、变现能力越强的资产项目越往前排；反之，则往后排。右方的权益项目包括负债和所有者权益两项，是按照权益的顺序排列的。负债具有优先偿还的特性，列示于所有者权益之前。负债内部各项目按照偿还期长短的顺序排列，流动负债的偿还期短排在前面，偿还期越短

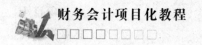

的流动负债越往前排，偿还期越长的非流动负债项目越往后排。所有者权益属于剩余权益，列于负债之后。其内部各个项目按照其稳定性程度排列，稳定性程度越好的项目越往前排，反之，则往后排。

资产负债表各项目的排列顺序，实质上是提供企业偿债能力的资料。左方资产项目按照变现能力顺序排列，越往上层的项目，其变现速度越快，所以左方是反映企业可以用于偿还债务的资产；右方权益项目的排列顺序是：需要偿还的权益（负债）放于上层，需要立即偿还的负债放在最上层，而不需要清偿的所有者权益排在下层。这样，将左右双方对比，就能揭示企业的偿债能力信息。

账户式结构的资产负债表，其优点是可以直观地反映资产、负债、所有者权益之间的内在关系，即“资产=负债+所有者权益”能够一目了然。

【特别提示】我国《企业会计准则》规定，企业的资产负债表采用账户式结构。

七、资产负债表的编制方法

1. 编制依据

资产负债表编制依据是：资产=负债+所有者权益 。资产负债表的编制过程就是通过对账户资料的有关数据进行归类、整理和汇总，加工成报表项目数据的过程。

2. 年初余额栏的填列方法

资产负债表“年初余额”栏内的各项数字，应根据上年末资产负债表“期末余额”栏内所列的数字填列。如果上年度资产负债表规定的各个项目的名称和数字按照本年度的规定进行调整，填入表中“年初余额”栏内。

3. 期末余额栏的填列方法

资产负债表“期末余额”栏内的各项数字，一般应根据资产、负债和所有者权益类账户的期末余额填列。具体填列方法归纳为以下几种：

（1）根据总账账户的期末余额直接填列

报表指标名称与总账账户的名称相同时，可根据总账余额直接填列。例如；“交易性金融资产”“固定资产清理”“长期待摊费用”“递延所得税资产”“短期借款”“应付票据”“应付职工薪酬”“应交税费”“应付股利”“应付利息”“递延所得税负债”“其他应付款”“长期借款”“实收资本”“资本公积”“盈余公积”等项目。

（2）根据若干个总账账户的期末余额分析计算后填列

资产负债表某一些项目需要根据若干个总账账户的期末余额计算填列，例如：

①“货币资金”项目=“库存现金”+“银行存款”+“其他货币资金”；

②“存货”项目=“物资采购”+“原材料”+“低值易耗品”+“库存商品”+“包装物”+“委托加工物资”+“生产成本”+“商品进销差价”+“委托代销商品”-“存货跌价准备”等。

【例 10-1】某企业年末库存现金总账余额为 6 万元，银行存款总账余额为 55 万元，其他货币资金总账余额为 39 万元，则年末资产负债表中货币资金项目应填列多少？

【提示】年末资产负债表中货币资金项目应填列 100 万元。

【例 10-2】某企业年末原材料总账借方余额 110 万元，低值易耗品 10 万元，库存商品 190 万元，生产成本 45 万元。所有存货均未计提存货跌价准备，则年末资产负债表中，存货项目应填列多少？

【提示】年末资产负债表中：存货项目应填列 355 万元（110 万元+10 万元+190 万元+45 万元）。

（3）根据有关明细账账户的期末余额分析填列

“应收账款”“预收账款”“应付账款”“预付账款”等项目应根据明细账余额资料按以下方法计算填列：

①“应收账款”项目=“应收账款”明细账借方余额+“预收账款”明细账借方余额—“坏账准备”科目中有关应收账款计提的坏账准备余额；

②“预收账款”项目=“应收账款”明细账贷方余额+“预收账款”明细账贷方余额；

③“应付账款”项目=“应付账款”明细账贷方余额+“预付账款”明细账贷方余额；

④“预付账款”项目=“应付账款”明细账借方余额+“预付账款”明细账借方余额—“坏账准备”科目中有关预付款项计提的坏账准备余额。

【例 10-3】某企业 20×1 年 12 月 31 日结账后有关科目余额如表 10-3 所示。

表 10-3　　应收、预收明细表

金额单位：万元

总账科目	明细科目	借方余额		贷方余额	
		总账余额	明细科目余额	总账余额	明细科目余额
应收账款		800			
	—A 公司		1 000		
	—B 公司				200
预收账款				5 000	
	—C 公司				7 000
	—D 公司		2 000		
坏账准备				100	

“应收账款”项目金额=1 000+2 000−100=2 900（万元）

“预收款项”项目金额=200+7 000=7 200（万元）

【例 10-4】某企业 20×1 年 12 月 31 日结账后有关科目余额如表 10-4 所示。

表 10-4　　应付、预付款明细表

金额单位：万元

总账科目	明细科目	借方余额		贷方余额	
		总账余额	明细科目余额	总账余额	明细科目余额
应付账款				6 000	
	—A 公司				8 000
	—B 公司		2 000		
预付账款		3 000			
	—C 公司		4 000		
	—D 公司				1 000
坏账准备				1 000	

“预付款项”项目金额＝2 000+4 000−1 000＝5 000（万元）

“应付账款”项目金额＝8 000+1 000＝9 000（万元）

（4）根据总账科目和明细账科目余额分析计算填列

如“长期借款”项目，需要根据“长期借款”总账账户期末余额扣除“长期借款”明细账户中将在一年内到期且企业不能自主地将清偿义务展期的长期借款后的金额计算填列；“应付债券”项目，需要根据“应付债券”总账账户期末余额扣除“应付债券”明细账户中将在一年内到期的金额计算填列；“长期待摊费用”项目，需要根据“长期待摊费用”总账账户期末余额扣除将于一年内（含一年）摊销的数额后的金额填列，对于一年内摊销完毕的金额，填列在流动资产下“一年内到期的非流动资产”项目中。

（5）根据有关科目余额减去其备抵科目余额后的净额填列

如资产负债表中的“应收票据”“应收账款”“长期股权投资”“在建工程”等项目，应根据总账账户的期末余额减去“坏账准备”“长期股权投资减值准备”“在建工程减值准备”等备抵账户余额后的净额填列。“固定资产”项目，应当根据“固定资产”总账账户的期末余额减去“累计折旧”“固定资产减值准备”备抵账户余额后的净额填列；“无形资产”项目，应当根据“无形资产”总账账户的期末余额减去“累计摊销”“无形资产减值准备”备抵账户余额后的净额填列。

【例 10-5】某企业 20×1 年 12 月 31 日结账后的固定资产账户余额为 200 000 元，累计折旧账户余额为 18 000 元，固定资产减值准备账户余额为 40 000 元，该企业年末资产负债表中的固定资产项目应填列多少？

【提示】年末资产负债表中：固定资产项目应填列 142 000（200 000－18 000－40 000）元。

（6）表中合计与总计的填列

报表中的合计、总计应根据报表项目之间的关系计算填列，例如：

①“流动资产合计”＋“非流动资产合计”＝“资产总计”

②“流动负债合计”+“非流动负债合计”=“负债合计”

③“所有者权益合计”+“负债合计”=“负债和所有者权益总计”

最后，全部资产总额=负债+所有者权益总额。

【例 10-6】 万科公司20×1年12月31日有关总账账户的余额如表10-5和表10-6所示。

表 10-5　　总账账户余额表　　单位：元

科目名称	借方余额	科目名称	贷方余额
银行存款	600 000	短期借款	160 000
库存现金	2 400	应付票据	96 000
其他货币资金	280 000	应付账款	280 000
应收票据	68 000	其他应付款	1 600
应收账款	560 000	应付职工薪酬	14 400
坏账准备	−2 800	应交税费	81 600
预付账款	80 000	长期借款	1 600 000
其他应收款	4 000	股本	4 000 000
原材料	760 000	盈余公积	400 000
包装物	120 000	未分配利润	229 200
低值易耗品	80 000		
库存商品	359 200		
固定资产	4 640 000		
累计折旧	−928 000		
无形资产	200 000		
长期待摊费用	40 000		
合 计	6 862 800	合 计	6 862 800

表 10-6　　损益类账户情况表　　单位：元

账户名称	借或贷	本年数	上年数
主营业务收入	贷	330 300	198 210
主营业务成本	借	231 000	134 298
其他业务收入	贷	5 340	8 310
其他业务成本	借	4 140	6 522
税金及附加	借	16 500	9 900

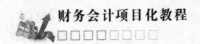

续表 10-6

账户名称	借或贷	本年数	上年数
销售费用	借	10 920	5 370
管理费用	借	22 500	13 500
财务费用	借	4 920	3 912
投资收益	贷	720	720
营业外收入	贷	240	150
营业外支出	借	360	300
所得税费用	借	15 420	10 500

长期借款明细账资料：长期借款——中国银行 300 000 元，还有 5 个月到期；长期借款——中国银行 200 000 元，还有 7 个月到期。

如果你是该单位的会计人员，如何编制该公司 20×1 年 12 月 31 日的资产负债表？

【操作步骤】

第一步：资产负债表中有关项目的分析、计算。

①货币资金项目=库存现金总账期末余额+银行存款总账期末余额+其他货币资金总账期末余额=600 000+2 400+280 000=882 400（元）。

②应收票据项目=应收票据总账期末余额-坏账准备账户余额中有关应收票据计提坏账准备金额=68 000-0=68 000（元）。

③应收账款项目=应收账款明细账借方余额+预收账款明细账借方余额-坏账准备账户余额中有关应收账款计提坏账准备金额=560 000+0-2 800=557 200（元）。

④预付款项项目=预付账款明细账贷方余额+应付账款明细账贷方余额-坏账准备账户中有关预付账款计提的金额=80 000+0-0=80 000（元）。

⑤其他应收款项目=其他应收款总账期末余额-坏账准备账户中有关其他应收款计提的金额=4 000+0=4 000（元）。

⑥存货项目=（包装物+低值易耗品+原材料+库存商品）总账期末余额-存货跌价准备账户期末余额 =760 000+120 000+80 000+359 200-0=1 319 200（元）。

⑦流动资产合计=882 400+68 000+557 200+80 000+4 000+1 319 200=2 910 800（元）。

⑧固定资产项目=固定资产总账期末余额-（累计折旧+固定资产减值准备）账户的期末余额=4 640 000-928 000=3 712 000（元）。

⑨无形资产项目=无形资产总账期末余额-（累计摊销+无形资产减值准备）账户的期末余额=200 000-0=200 000（元）。

⑩长期待摊费用项目=长期待摊费用总账期末余额-将于 1 年内（含 1 年）摊销的数额=40 000-0=40 000（元）。

⑪非流动资产合计=3 712 000+200 000+40 000=3 952 000（元）。

⑫资产总计=2 910 800+3 952 000=6 862 800（元）。

⑬短期借款项目＝短期借款总账期末余额＝160 000（元）。

⑭应付票据项目＝应付票据总账的期末余额＝96 000（元）。

⑮应付账款项目＝预付账款明细账贷方余额+应付账款明细账贷方余额＝280 000+0＝280 000（元）。

⑯应付职工薪酬项目＝应付职工薪酬总账期末余额＝14 400（元）。

⑰其他应付款项目＝其他应付款总账期末余额＝1 600（元）。

⑱应交税费项目＝应交税费总账的期末余额（如为借方余额，以“－”号填列）＝81 600（元）。

⑲一年内到期非流动负债项目＝一年内到期的（长期借款+长期应付款+应付债券）＝300 000+200 000＝500 000（元）。

⑳流动负债合计＝160 000+96 000+280 000+14 400+1 600+81 600+500 000＝1 133 600（元）。

㉑长期借款项目＝长期借款总账期末余额－一年内到期长期借款＝1 600 000－500 000＝1 100 000（元）。

㉒非流动负债合计＝1 100 000（元）。

㉓负债合计＝流动负债合计+非流动负债合计＝1 133 600+1 100 000＝2 233 600（元）。

㉔股本项目＝股本总账期末余额＝4 000 000（元）。

㉕盈余公积项目＝盈余公积总账期末余额＝400 000（元）。

㉖未分配利润项目＝229 200（元）。

㉗所有者权益合计＝4 000 000+400 000+229 200＝4 629 200（元）。

㉘负债及所有者权益和总计＝2 233 600+4 629 200＝6 862 800（元）。

第二步：编制资产负债表，如表10-7所示。

表10-7　　资产负债表

编制单位：万科公司　　20×1年12月31日　　单位：元

资产	期末余额	年初余额	负债和所有者权益（或股东权益）	期末余额	年初余额
流动资产：		（略）	流动负债：		（略）
货币资金	882 400		短期借款	160 000	
交易性金融资产			交易性金融负债		
应收票据	68 000		应付票据	96 000	
应收账款	557 200		应付账款	280 000	
预付款项	80 000		预收款项		
应收利息			应付职工薪酬	14 400	
应收股利			应交税费	81 600	
其他应收款	4 000		应付利息		

续表 10-7

资产	期末余额	年初余额	负债和所有者权益（或股东权益）	期末余额	年初余额
存货	1 319 200		应付股利		
一年内到期的非流动资产			其他应付款	1 600	
其他流动资产			一年内到期的非流动负债	500 000	
流动资产合计	2 910 800		其他流动负债		
非流动资产：			流动负债合计	1 133 600	
债权投资			非流动负债		
其他权益工具投资			长期借款	1 600 000	
长期应收款			应付债券		
长期股权股资			长期应付款		
投资性房产			专项应付款		
固定资产	3 712 000		预计负债		
在建工程			递延所得税负债		
工程物资			其他非流动负债		
固定资产清理			非流动负债合计	1 600 000	
生产性生物资产			负债合计	2 233 600	
油气资产			所有者权益（或股东权益）：		
无形资产	200 000		实收资本（股本）	4 000 000	
开发支出			资本公积		
商誉			减：库存股		
长期待摊费用	40 000		盈余公积	400 000	
递延所得税资产			未分配利润	229 200	
其他非流动资产			所有者权益（或股东权益）合计	4 629 200	
非流动资产合计	3 952 000				
资产总计	6 862 800		负债和所有者权益总计	6 862 800	

模块三　利润表的编制

一、利润表概念

利润表是反映企业在一定会计期间经营成果的会计报表。利润表是根据会计核算的配比原则，根据“收入-费用=利润”这一会计等式，把一定时期内的收入和相对应的成本费用配比，从而计算出企业经营业绩的综合体现；也是企业进行利润分配的主要依据。利润表的特点：一是利润表反映的是会计报告期间的动态数据，是一张动态报表；二是利润表中所列数据是会计报告期间相关业务项目的累计数。

【提示】通过利润表可以从总体上了解企业收入、成本和费用、净利润（或亏损）的实现和构成情况；同时，通过利润表提供的不同时期的比较数字（本月数、本年累计数、上年数），可以分析企业的获利能力及利润的未来发展趋势，了解投资者投入资本的保值增值情况。

二、利润表的结构

利润表在形式上分为表首和正表两个部分。表首主要反映利润表名称、编制单位、编制日期和金额单位；正表反应报告期间的各项收支及利润指标，是利润表的主体。

利润表的格式主要有多步式和单步式利润表两种。

1. 单步式利润表

单步式利润表的基本特点是；集中列示收入要素项目、费用要素项目，根据收入总额与费用总额直接计算列示利润总额。这种格式比较简单、便于编制，但是缺少利润构成情况的详细资料，不利于企业不同时期的利润表与行业之间的利润表的纵向和横向的比较、分析。

2. 多步式利润表

多步式利润表的基本特点是：将收入项目与费用项目按照不同性质归类后，分步计算主营业务利润、营业利润、利润总额和税后净利润。这种格式注重了收入与成本费用配比的层次性，从而得出一些中间性的利润信息，与单步式利润表相比，能够提供更加丰富的信息。采用多步式利润表的格式，有利于报表使用者的纵向和横向的比较。

多步式利润表，按照利润形成中的利润指标，即营业利润、利润总额和净利润分步计算列示。

【特别提示】在我国，企业利润表采用的是多步式结构。其基本格式如表 10-8 所示。

表 10-8　　利润表

会企 02 表

编制单位：　　年　月　　单位：元

项目	本期金额	上期金额
一、营业收入		
减：营业成本		
税金及附加		
销售费用		
管理费用		
财务费用		
资产减值损失		
加：公允价值变动收益（损失以“-”号填列）		
投资收益（损失以“-”号填列）		
其中：对联营企业和合营企业的投资收益		
资产处置收益（损失以“-”号填列）		
二、营业利润（损失以“-”号填列）		
加：营业外收入		
减：营业外支出		
其中：非流动资产处置损失		
三、利润总额（亏损总额以“-”号填列）		
减：所得税费用		
四、净利润（净亏损总额以“-”号填列）		
五、其他综合收益税后净额		
六、综合收益总额		
七、每股收益：		
（一）基本每股收益		
（二）稀释每股收益		

三、利润表的编制方法

1. 利润表的编制步骤

多步式利润表的主要编制步骤和具体内容如下所示：

第一步，计算营业利润：

营业利润=营业收入（主营业务收入+其他业务收入）-营业成本（主营业务成本+其

他业务成本）-税金及附加-销售费用-管理费用-财务费用-资产减值损失+公允价值变动收益+投资收益。

第二步，计算利润总额：

利润总额 = 营业利润 + 营业外收入 - 营业外支出。

第三步，计算净利润：

利润净额 = 利润总额 - 所得税费用。

第四步，计算每股收益：

普通股或潜在股过程中的企业，还应当在利润表中列示每股收益信息，包括基本每股收益和稀释每股收益两项指标。基本每股收益 = 净利润/普通股份数。

2. 利润表各项目的内容及填列方法

利润表各项目均需填列“本期金额”和“上期金额”两栏。其中“上期金额”栏内各项数字，应根据上年该期利润表的“本期金额”栏内所列数字填列。

“本期金额”栏内各期数字，除“基本每股收益”和“稀释每股收益”项目外，应当按照相关损益类科目的发生额分析填列。具体填列方法归纳为以下几种。

（1）根据有关账户发生额直接填列

表中的税金及附加、销售费用、管理费用、财务费用、投资收益、资产减值损失、营业外收入、营业外支出等项目应根据各账户本期发生额填列。

（2）根据有关账户发生额计算填列

表中“营业收入”项目，应根据“主营业务收入”“其他业务收入”科目的发生额分析计算填列；“营业成本”项目，根据“主营业务成本”“其他业务成本”科目的发生额分析计算填列。

【例 10-7】某企业 20×1 年度“主营业务收入”科目的贷方发生额为 5 500 000 元，借方发生额为 300 000 元（系 12 月发生的购货方退货），“其他业务收入”科目的贷方发生额为 890 000 元。请问企业编制利润表时，营业收入项目应填列金额是多少？

【提示】“主营业务收入”科目，反映企业经营主要业务所取得的收入总额。应根据“主营业务收入”科目的发生额填列。如果该科目借方记录有销售退回等，应抵减本期的销售收入，按照其销售收入净额填列。

（3）“营业利润”“利润总额”“净利润”项目按照上述计算公式填列

【例 10-8】承接【例 10-6】资料，要求：编制该公司 20×1 年 12 月利润表。

【操作步骤】

第一步：计算利润表中各项目金额。

①营业收入项目＝330 300+5 340＝335 640（元）。

②营业成本项目＝231 000+4 140＝235 140（元）。

③税金及附加项目＝16 500（元）。

④销售费用项目＝10 920（元）。

⑤管理费用项目＝22 500（元）。

⑥财务费用项目＝4 920（元）。

⑦投资收益项目＝720（元）。

⑧营业利润＝335 640－235 140－16 500－10 920－22 500－4 920+720＝46 380（元）。

⑨营业外收入项目＝240（元）。

⑩营业外支出项目＝360（元）。

⑪利润总额＝46 380+240－360＝46 260（元）。

⑫所得税费用项目＝15 420（元）。

⑬净利润＝46 260－15 420＝30 840（元）。

第二步：编制利润表。见表 10-9。

表 10-9　　利 润 表

会企 02 表

编制单位：万科公司　　20×1 年 12 月　　单位：元

项 目	本期金额	上期金额
一、营业收入	335 640	206 520
减：营业成本	235 140	140 820
税金及附加	16 500	9 900
销售费用	10 920	5 370
管理费用	22 500	13 500
财务费用	4 920	3 912
资产减值损失		
加：公允价值变动收益（损失以“－”号填列）		
投资收益（损失以“－”号填列）	720	720
其中：对联营企业和合营企业的投资收益		
资产处置收益（损失以“－”号填列）		
二、营业利润（损失以“－”号填列）	46 380	33 738
加：营业外收入	240	150
减：营业外支出	360	300
其中：非流动资产处置损失		
三、利润总额（亏损总额以“－”号填列）	46 260	33 588
减：所得税费用	15 420	10 500
四、净利润（净亏损总额以“－”号填列）	30 840	23 088
五、其他综合收益税后净额		
六、综合收益总额		
七、每股收益：		
（一）基本每股收益		
（二）稀释每股收益		

【思考】资产负债表与利润表之间的关系是什么?

【提示】

①资产负债表是按照“资产=负债+所有者权益”编制的，它反映的是某一特定时点会计主体的财务状况。

②利润表是按照“收入-费用=利润”编制的，它反映的是一个会计期间会计主体经营活动成果的变动情况。

③由于会计等式“收入-费用=利润”的结果既会在利润表中反映，也会在资产负债表中反映。基于这个联系，会计等式可以变形为“资产=负债+所有者权益+收入-费用”。

④资产负债表的“未分配利润”期末数=资产负债表的“未分配利润”年初数+利润表的“净利润”期末数。

模块四　现金流量表的编制

一、现金流量表概述

1. 现金流量的含义

现金是指企业库存现金以及可以随时用于支付的存款，包括库存现金、银行存款和其他货币资金。不能随时用于支付的存款不属于现金。

现金流量是指某一时期内企业现金流入和现金流出的数量。企业通过销售商品、提供劳务、出售固定资产、向银行借款等方式取得现金，形成现金流入。企业购买原材料、接受劳务、购建固定资产、偿还债务等的支付形成现金流出。

现金流量信息能够表明企业的经营状况是否良好、资金是否紧缺和企业偿付能力的大小，从而为投资者、债权人、企业管理者提供相关信息。

2. 现金流量表的概念

现金流量表是反映企业一定时期内现金的流入和流出情况的财务报表，实际上是以现金为基础编制的财务状况变动表。企业对外提供的财务报表除了资产负债表、利润表外，还应包括现金流量表，这三张表分别从不同的角度反映企业的财务状况、经营成果和现金流量。

现金流量表从现金的流入和流出反映企业在一定时期内的经营活动、投资活动和筹资活动的动态情况，反映企业现金流入和流出的全貌。现金流量表的数字为时期数，因此，现金流量表是动态报表。

【提示】现金流量表的主要作用是能够说明企业在一定会计期间内现金流入和流出的多少及原因；能够说明企业的偿债能力和支付股利的能力；能够分析企业未来获取现金的能力；能够分析企业投资和理财活动对经营成果和财务状况的影响。

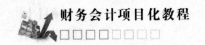

我国企业现金流量表采用报告式结构，分类反映经营活动产生的现金流量、投资活动产生的现金流量和筹资活动产生的现金流量，最后汇总反映企业在某一期间内现金及现金

等价物的净增加额。

现金等价物，是指企业持有的期限短、流动性强、易于转换为已知金额现金、价值变动风险很小的投资。如三个月内到期的债券投资等。

【注意】权益性投资变现的金额通常不确定，因而不属于现金等价物。企业应当根据具体情况，确定现金等价物的范围，一经确定，不得随意变更。

【小思考 1】现金流量表中的“现金”与“现金等价物”有什么区别？

【小思考 2】企业现金形式的转换是否会产生现金流入和现金流出？例如，企业从银行提取现金。

【小思考 3】现金与现金等价物之间的转换是否属于现金流量？例如，企业用现金购买 3 个月内到期的国库券。

二、现金流量表的结构及内容

1. 现金流量表的基本结构

我国企业现金流量表采用报告式结构，包括主表和补充资料两部分，其格式见表 10-10和表 10-11。

表 10-10 **现金流量表**

会企 03 表

编制单位： 年 月 单位：元

项 目	本期金额	上期金额
一、经营活动产生的现金流量：		
销售商品、提供劳务收到的现金		
收到的税费返还		
收到其他与经营活动有关的现金		
经营活动现金流入小计		
购买商品、接受劳务支付的现金		
支付给职工以及为职工支付的现金		
支付的各项税费		
支付其他与经营活动有关的现金		
经营活动现金流出小计		
经营活动产生的现金流量净额		
二、投资活动产生的现金流量：		

续表 10-10

项　目	本期金额	上期金额
收回投资收到的现金		
取得投资收益收到的现金		
处置固定资产、无形资产和其他长期资产收回的现金净额		
处置子公司及其他营业单位收到的现金净额		
收到其他与投资活动有关的现金		
投资活动现金流入小计		
购建固定资产、无形资产和其他长期资产支付的现金		
投资支付的现金		
取得子公司及其他营业单位支付的现金净额		
支付其他与投资活动有关的现金		
投资活动现金流出小计		
投资活动产生的现金流量净额		
三、筹资活动产生的现金流量：		
吸收投资收到的现金		
取得借款收到的现金		
收到其他与筹资活动有关的现金		
筹资活动现金流入小计		
偿还债务支付的现金		
分配股利、利润或偿付利息支付的现金		
支付其他与筹资活动有关的现金		
筹资活动现金流出小计		
筹资活动产生的现金流量净额		
四、汇率变动对现金及现金等价物的影响		
五、现金及现金等价物净增加额		
加：期初现金及现金等价物余额		
六、期末现金及现金等价物余额		

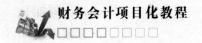

表 10-11 **现金流量表补充资料**

编制单位： 年 月 单位：元

补充资料	本期金额	上期金额
1. 将净利润调节为经营活动现金流量：		
净利润		
加：资产减值准备		
固定资产折旧、油气资产折耗、生产性生物资产折旧		
无形资产摊销		
长期待摊费用摊销		
处置固定资产、无形资产和其他长期资产的损失（收益以“-”号填列）		
固定资产报废损失（收益以“-”号填列）		
公允价值变动损失（收益以“-”号填列）		
财务费用（收益以“-”号填列）		
投资损失（收益以“-”号填列）		
递延所得税资产减少（增加以“-”号填列）		
递延所得税负债增加（减少以“-”号填列）		
存货的减少（增加以“-”号填列）		
经营性应收项目的减少（增加以“-”号填列）		
经营性应付项目的增加（减少以“-”号填列）		
其他		
经营活动产生的现金流量净额		
2. 不涉及现金收支的重大投资和筹资活动：		
债务转为资本		
一年内到期的可转换公司债券		
融资租入固定资产		
3. 现金及现金等价物净变动情况：		
现金的期末余额		
减：现金的期初余额		
加：现金等价物的期末余额		
减：现金等价物的期初余额		
现金及现金等价物净增加额		

2. 现金流量表的基本内容

现金流量表的基本内容包括三方面：一是经营活动产生的现金流量；二是投资活动产生的现金流量；三是筹资活动产生的现金流量。

（1）经营活动产生的现金流量

经营活动产生的现金流量是指直接与利润表中本期利润相关的交易及其他事项所产生的现金流入与流出。具体构成项目主要有以下几点：

①经营活动的现金流入。包括：销售商品、提供劳务收到的现金；收到的税费返还；收到的其他与经营有关的现金。

②经营活动的现金流出。包括：购买商品、接受劳务支付的现金；支付给职工以及为职工支付的现金；支付的各种税费；支付的其他与经营活动相关的现金。

（2）投资活动产生的现金流量

投资活动产生的现金流量通常是指购置与处置非流动资产交易所产生的现金流入与流出。具体构成项目主要有以下几点：

①投资活动的现金流入。包括：收回投资所收到的现金；取得投资收益所收到的现金；处置固定资产、无形资产和其他长期资产所收回的现金净额；处置子公司及其他营业单位收到的现金净额；收到其他与投资活动有关的现金。

②投资活动的现金流出。包括：购建固定资产、无形资产和其他长期资产所支付的现金；投资所支付的现金；取得子公司及其他营业单位支付的现金净额；支付其他与投资活动相关的现金。

（3）筹资活动产生的现金流量

筹资活动产生的现金流量通常是指与所有者、债权人有关的筹资活动而产生的现金流入与流出。具体构成项目主要有以下几点：

①筹资活动的现金流入。包括：吸收投资所收到的现金；借款所收到的现金；收到其他与筹资活动有关的现金。

②筹资活动的现金流出。包括：偿还债务所支付的现金；分配股利、利润或偿付利息所支付的现金；支付其他与筹资活动有关的现金。

三、现金流量表的编制方法

现金流量表的编制基础是收付实现制。

现金流量表编制方法有两种，一种称为直接法，另一种称为间接法。这两种方法对投资活动的现金流量和筹资活动的现金流量的编制方法是一样的，仅仅是经营活动的现金流量的编制方法不同。

现金流量表的正表部分，一般采用直接法计算列示。所谓直接法，是指通过现金收入和现金支出的主要类别列示现金流量，以利润表中的营业收入为起点，调整有关项目的增减变动，计算现金流量。

经营活动现金净流量=营业收入收现-营业成本付现+其他收入收现-销售费用付现-销售税金付现-管理费用付现-所得税付现。

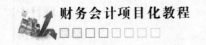

【提示】采用直接法填列现金流量表，具体可以采用工作底稿法或T型账户法，也可以根据有关账户记录分析填列。

（一）现金流量表主表的编制方法

1. 采用工作底稿法编制现金流量表

采用工作底稿法编制现金流量表，是以工作底稿为手段，以资产负债表和利润表数据为基础，对每一项目进行分析并编制调整分录，从而编制现金流量表。工作底稿法的程序如下所示：

第一步，将资产负债表的期初数和期末数过入工作底稿的期初数栏和期末数栏。

第二步，对当期业务进行分析并编制调整分录。编制调整分录时，要以利润表项目为基础，从“营业收入”开始，结合资产负债表项目逐一进行分析。在调整分录中，有关现金和现金等价物的事项，并不直接借记或贷记现金，而是分别计入“经营活动产生的现金流量”“投资活动产生的现金流量”“筹资活动产生的现金流量”有关项目，借记表示现金流入、贷记表示现金流出。

第三步，将调整分录过入工作底稿中的相应部分。

第四步，核对调整分录，借方、贷方合计数均已经相等，资产负债表项目期初数加减调整分录中的借贷金额以后，也等于期末数。

第五步，根据工作底稿中的现金流量表项目部分编制正式的现金流量表。

2. 采用T型账户法编制现金流量表

采用T型账户法编制现金流量表，是以T型账户为手段，以资产负债表和利润表数据为基础，对每一项目进行分析并编制调整分录，从而编制现金流量表。T型账户法的程序如下所示：

第一步，为所有的非现金项目（包括资产负债表项目和利润表项目）分别开设T型账户，并将各自的期末期初变动数过入各相关账户。如果项目的期末数大于期初数，则将差额过入和项目余额相同的方向；反之，过入相反的方向。

第二步，开设一个大的“现金及现金等价物”T型账户，每边分为经营活动、投资活动和筹资活动三个部分，左边记现金流入、右边记现金流出。与其他账户一样，过入期末期初变动数。

第三步，以利润表项目为基础，结合资产负债表分析每一个非现金项目的增减变动，并据此编制调整分录。

第四步，将调整分录过入各T型账户，并进行核对，该账户借贷相抵后的余额与原先过入的期末期初变动数应当一致。

第五步，根据大的“现金及现金等价物”T型账户编制正式的现金流量表。

（二）现金流量表补充资料的编制方法

现金流量表补充资料用间接法进行编制。所谓间接法是以净利润为起点，调整不涉及现金的收入、费用、营业外收支以及投资和筹资活动所产生的现金流量等有关项目，据此计算出经营活动产生的现金流量。其原理："净利润"是以权责发生制为基础确认的，包括企业经营活动、投资活动、筹资活动取得的全部净收益，并不考虑收益是否已收到或费用已支付；而"经营活动的现金流量"是以收付实现制为基础确认的，且只包括企业经营活动中以现金形式收到或支付的项目。所以，从"净利润"出发，扣除投资和筹资活动损益，求得经营活动损益，再调整没有实际收付现金的收益和费用及经营性应收应付项目即可得到"经营活动现金流量净额"。

采用间接法列报经营活动产生的现金流量时，需要对四大类项目进行调整：没有实际支付现金的费用、没有实际收到现金的收益、不属于经营活动的损益、经营性应收应付项目的增减变动。具体调整项目如下：

1. 将净利润调节为经营活动现金流量净额

（1）资产减值准备

该项目反映企业本期提取的坏账准备、存货跌价准备、各项资产减值准备。这些准备列入"资产减值损失"，减少了利润，但没有实际支付现金，所以应予以加回。本项目可以根据"坏账准备""存货跌价准备""其他权益工具投资减值准备""长期股权投资减值准备""固定资产减值准备""无形资产减值准备""在建工程减值准备""投资性房地产减值准备"等科目的记录分析填列。

（2）固定资产折旧、油气资产折旧、生产性生物资产折旧

该项目反映企业本期累计提取的各种资产折旧数额。提取折旧减少了当期利润，但并没有发生现金支出，所以应该加回来。本项目根据"累计折旧"科目的贷方发生额分析填列。

（3）无形资产摊销和长期待摊费用摊销

无形资产摊销和长期待摊费用摊销，减少了当期利润，但并没有实际发生现金支出，所以应该加回来。本项目应该根据"累计摊销"和"长期待摊费用"科目贷方发生额分析填列。

（4）处置固定资产、无形资产和其他长期资产的损失

该项目影响了当期净利润，但该项目产生的损益不属于经营活动，属于投资活动。处置净损失应该加回来；处置净收益应该予以扣除。本项目根据"营业外收入""营业外支出"科目本期发生额分析填列。

（5）公允价值变动损失

该项目影响了当期净利润，但没有实际发生现金收支。所以，公允价值损失应该加回来，公允价值变动收益应该减去。本项目根据"公允价值变动损益"科目本期发生额分析填列。

（6）财务费用

该项反映企业本期发生的应该属于投资或筹资活动的财务费用。财务费用减少了当期利润，应该予以加回。本项目根据"财务费用"科目的本期借方发生额分析填列；如为收益，则应该减去，以"-"号填列。

【例 10-9】某企业 20×1 年度共发生财务费用 20 000 元，其中：19 000 元为短期借款利息，1 000 元为票据利息。则现金流量表补充资料中的“财务费用”项目应填列的金额为（19 000）元。

（7）投资损失

该项目反映企业本期因投资所发生的净损失。投资损益不属于经营活动。在将净利润调整为经营活动现金流量时，应将这部分损益予以调整，加回投资损失或减去投资收益。本项目根据利润表“投资收益”项目的数字填列。

（8）递延所得税资产减少（减：增加）

该项目反映公司资产负债表“递延所得税资产”项目的期初余额与期末余额的差额。

递延所得税资产减少使计入所得税费用的金额大于当期应交的所得税金额，其差额没有发生现金流出，但在计算净利润时已经扣除，应当加回。递延所得税资产增加使计入所得税费用的金额小于当期应交的所得税金额，差额并没有发生现金流入，但在计算净利润时已经包括在内，应当减去。

（9）递延所得税负债增加（减：减少）

该项目反映公司资产负债表“递延所得税负债”项目的期初余额与期末余额的差额。

递延所得税负债增加使计入所得税费用的金额大于当期应交的所得税金额，其差额没有发生现金流出，但在计算净利润时已经扣除，应当加回。递延所得税负债减少使计入所得税费用的金额小于当期应交的所得税金额，差额并没有发生现金流入，但在计算净利润时已经包括在内，应当减去。

（10）存货的减少（减：增加）

本项目根据资产负债表中“存货”项目的期初数与期末数的差额填列；期末数大于期初数的差额，以“-”号填列。

存货的增减变动多数属于经营活动。在不存在赊销的情况下，期末存货比期初增加，说明当期购入的存货除耗用外，还剩余了一部分，这部分存货也发生了现金流出，但计算净利润时没有包括在内，故应当减去。

期末存货比期初减少，说明本期生产经营过程耗用的存货有一部分是期初的存货，这部分存货并没有发生现金流出，但计算净利润时已经扣除，故应当加回。

注意：存货的增减变化涉及的应付项目，在“经营性应付项目的增加”项目考虑，这里不用考虑。而且不用考虑存货跌价准备，因为这一因素在“资产减值准备”项目已经调整了。用于投资活动的存货应予以剔除。

【例 10-10】某企业期初存货 50 万元，本期购进存货 50 万元，销售 30 万元，期末存货余额为 70 万元。期末存货比期初增加了 20 万元，在现金流量表补充资料中应填列“-20 万元”。

其中本期购入 50 万元存货均已用现金支付，但只有已销售的 30 万元存货作为“主营业务成本”列入利润表减少净利润，还有 20 万元形成存货增加，但未从净利润中扣除，因此，存货的减少=-20万元。

（11）经营性应收项目的减少（减：增加）

经营性应收项目包括应收票据、应收账款、预付账款、长期应收款和其他应收款中，与经营活动有关的部分，以及应收的增值税销项税额等。经营性应收项目期末余额小于期初余额，说明本期收回的现金大于利润表中所确认的销售收入，所以，应该调整增加。相反，则应该调整减少。本项目根据有关科目的期初、期末余额分析填列。增加以“-”号填列。

【例10-11】 20×1年，甲企业期初数据：应收账款52万元，应收票据8万元；期末数据：应收账款88万元，应收票据12万元。则

“经营性应收项目的减少”＝（52-88）＋（8-12）＝-40（万元）

（12）经营性应付项目的增加（减：减少）

经营性应付项目包括应付票据、应付账款、预收账款、应付职工薪酬、应交税费、应付利息、长期应付款和其他应付款中，与经营活动有关的部分，以及应付的增值税进项税额等。经营性应付项目期末余额大于期初余额，说明本期购入的存货中有一部分没有支付现金，但在计算净利润时通过销售成本包括在内，所以，应该调整增加。相反，说明本期支付的现金大于利润表所确认的销售成本，则应该调整减少。本项目根据有关科目的期初、期末余额分析填列。减少以“-”号填列。

（8）-（12）项可以概括为：资产类项目：增加要调减，调减要调增；负债类项目：增加要调增；减少要调减。

2. 不涉及现金收支的投资和筹资活动

不涉及现金收支的投资和筹资活动反映企业一定期间内影响资产或负债但不形成该期现金收支的所有投资和筹资活动的信息，发挥补充基本部分的作用。

（1）“债务转为资本”项目，反映企业本期转为资本的债务金额。

（2）“一年内到期的可转换公司债券”项目，反映企业一年内到期的可转换公司债券的本息。

（3）“融资租入固定资产”项目，反映企业本期融资租入固定资产的最低租赁付款额扣除应分期计入利息费用的未确认融资费用的净额。

3. 现金及现金等价物净变动情况

“现金及现金等价物净增加额”项目，反映企业一定会计期间现金及现金等价物的期末余额减去期初余额的净增加额（或净减少额），与主表中的最后一项“现金及现金等价物净增加额”核对相符。

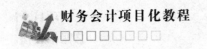

模块五　所有者权益变动表的编制

一、所有者权益变动表的概念

所有者权益变动表是反映构成所有者权益的各组成部分当期的增减变动情况的报表。所有者权益变动表全面反映一定时期所有者权益变动的情况，包括为报表使用者提供所有者权益总量的增减变动信息和所有者权益增减变动的重要结构性信息，还可以让报表使用者理解所有者权益增减变动的根源。

二、所有者权益变动表的列报格式

所有者权益变动表以矩阵的形式列示。所有者权益变动表的各列项目，列示导致所有者权益变动的交易或事项；所有者权益变动表的各行项目，按照所有者权益各组成部分（包括实收资本、资本公积、盈余公积、未分配利润和库存股）列示交易或事项对所有者权益各部分的影响。

我国企业所有者权益变动表的格式如表 10-12 所示。

表 10-12　　所有者权益变动表

会企 04 表

编制单位：　　年度　　单位：元

项　目	本年金额						上年金额					
	实收资本（或股本）	资本公积	减：库存股	盈余公积	未分配利润	所有者权益合计	实收资本（或股本）	资本公积	减：库存股	盈余公积	未分配利润	所有者权益合计
一、上年年末余额												
加：会计政策变更												
前期差错更正												
二、本年年初余额												
三、本年增减变动金额（减少以“-”号填列）												
（一）净利润												
（二）其他综合收益												
上述（一）和（二）小计												
（三）所有者投入和减少资本												

续表 10-12

项　目	本年金额						上年金额					
	实收资本（或股本）	资本公积	减：库存股	盈余公积	未分配利润	所有者权益合计	实收资本（或股本）	资本公积	减：库存股	盈余公积	未分配利润	所有者权益合计
1. 所有者投入资本												
2. 股份支付计入所有者权益的金额												
3. 其他												
（四）利润分配												
1. 提取盈余公积												
2. 对所有者（或股东）的分配												
3. 其他												
（五）所有者权益内部结转												
1. 资本公积转增资本（或股本）												
2. 盈余公积转增资本（或股本）												
3. 盈余公积弥补亏损												
4. 其他												
四、本年年末余额												

三、所有者权益变动表的列报方法

1. 所有者权益变动表项目的填列方法

所有者权益变动表各项目均须填列“本年金额”和“上年金额”两栏。

所有者权益变动表“上年金额”栏内各项数字，应根据上年所有者权益变动表“本年金额”栏内所列数字填列。上年度所有者权益变动表规定的各个项目的名称和内容与本年度不一致的，应对上年度所有者权益变动表规定的各个项目的名称和内容按照本年度的规定进行调整，填入所有者权益变动表“上年金额”栏内。

所有者权益变动表“本年金额”栏内各项数字，应根据“实收资本（或股本）”“资本公积”“盈余公积”“利润分配”“库存股”“以前年度损益调整”科目的发生额分析填列。

企业的净利润及其分配情况作为所有者权益变动的组成部分，不需要单独编制利润分配表列示。

2. 所有者权益变动表主要项目说明

（1）“上年年末余额”项目

反映企业上年资产负债表中“实收资本（或股本）”“资本公积”“盈余公积”“未分配利润”“库存股”的年末余额。

（2）“会计政策变更”“前期差错更正”项目

各自反映企业采用追溯调整法处理的会计政策变更的累计影响金额和采用追溯重述法处理的会计差错更正的累积影响金额。

（3）“本年增减变动金额”项目

①净利润项目：反映企业当年实现的净利润（或净亏损）金额，并对应列在“未分配利润”栏。

②“其他综合收益”项目：反映企业当年发生的其他综合收益的增减变动金额。

③“所有者投入和减少”项目：反映企业当年所有者投入的资本和减少的资本。

“所有者投入的资本”项目，反映企业接受投资者投入形成的“实收资本（或股本）”和“资本公积（或股本溢价）”，并对应列在“实收资本”和“资本公积”栏。

“股份支付计入所有者权益的金额”项目，反映企业处于等待期的权益结算的股份支付当年计入资本公积的金额，并对应列在“资本公积”栏。

④“利润分配”项目：反映企业当年对所有者（或股东）分配的利润（或股利）金额。

⑤“所有者权益内部结转”项目：反映不影响当年所有者权益总额的所有者权益各组成部分之间当年的增减变动情况，包括资本公积转增资本（或股本）项目、盈余公积转增资本（或股本）项目、盈余公积弥补亏损项目。

模块六　会计报表的报送

一、会计报表的对外报送对象

企业一般要向上级主管部门、开户银行、财政、税务和审计机关报送会计报表。同时应向投资者、债权人以及其他与企业有关的报表使用者提供会计报表。股份有限公司还应向证券交易和证券监督管理机构提供会计报表。根据法律和国家有关规定，对会计报表必须进行审计的单位应先委托会计师事务所进行审计，并将注册会计师出具的审计报告，随同财务会计报告按照规定期限报送有关部门。

企业会计报表主要的报送对象是股东和税务部门。

【小知识】根据《中华人民共和国税收征管法》等有关法律、法规的规定，企业应向有关部门提供财务会计报告。有关部门或者机构依照法律、法规或国务院的规定，要求企业提供部分或者全部财务会计报告及其有关数据的，应向企业出示依据，并不得要求企业改变财务会计报告有关数据的会计口径。

除依照法律、法规或国务院的规定外，任何组织和个人不得要求企业提供部分或者全部财务会计报告及其有关数据。

二、会计报表对外报送的要求

1. 会计报表的复核

企业会计报表编制完成后，在报送之前，必须由单位会计主管人和单位负责人进行复核。复核是保证会计报表质量的一项重要措施。会计报表复核的内容主要包括以下几点：

①报表所列金额与账簿记录是否一致；

②报表的项目是否填列齐全；

③报表的各项数字计算是否正确；

④内容是否完整，相关报表之间的有关数字的勾稽关系是否正确与衔接一致；

⑤会计报表的附注是否符合有关要求。

经审查无误后，对会计报表应依次编定页数、加具封面、装订成册、加盖公章。封面应注明企业的名称、地址、主管部门、开业年份、报表所属年度和月份、送出日期等。

2. 会计报表报送的要求

（1）签章

企业的会计报表必须由企业负责人、总会计师、会计机构负责人（会计主管人员）和制表人员签名并盖章后才能报出。设置总会计师的企业，还应当由总会计师签名并盖章。单位负责人对会计报表的合法性、真实性负最终法律责任。

（2）报送及时

及时性是信息的重要特征，会计报表信息只有及时地传递给信息使用者，才能为使用者的决策提供依据。否则，即使是真实可靠和内容完整的会计报表，由于编制和报送不及时，对报告使用者来说，也会大大降低会计信息的使用价值。

企业应根据有关规定，按月、按季、按半年、按年及时对外报送会计报表。

（3）报送期限

会计报表的报送期限，由国家统一规定：

①月报应于月度终了后6天内（节假日顺延，下同）报出；

②季报应于季度终了后15天内报出；

③半年度报应于年度中期结束后60天内（相当于两个连续的月份）报出；

④年报应于年度终了后4个月内报出。

【提示】企业依照《企业会计准则》规定向有关各方提供的会计报表，其编制基础、编制依据、编制原则和方法应当一致，不得提供编制基础、编制依据、编制原则和方法不同的会计报表。会计报表须经注册会计师审计的，企业应将注册会计师及其会计师事务所出具的审计报告随同会计报表一并对外提供。接受企业会计报表的组织或者个人，在会计报表正式对外披露前，应当对其内容保密。

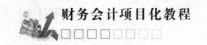

【小知识】《公司法》规定公司应当在每一会计年度终了时编制财务会计报告，并依法经会计师事务所审计。还规定有限责任公司应当依照公司章程规定的期限将财务会计报

告送交各股东。股份有限公司的财务会计报告应当在召开股东大会年会的20日前置备于本公司，供股东查阅；公开发行股票的股份有限公司必须公告其财务会计报告。

模块七　附　注

一、附注的概述

附注是会计报表的重要组成部分，是对资产负债表、利润表、现金流量表、所有者权益变动表等报表中列示项目的文字描述或明细资料，以及对未能在这些报表中列示项目的说明等。通过附注可以使报表使用者更加全面地了解企业的财务状况、经营成果和现金流量。

二、附注披露的主要内容

1. 企业的基本情况

①企业注册地、组织形式和总部地址；

②企业的业务性质和主要经营活动；

③母公司以及集团最终母公司的名称；

④财务报告的批准报出者和财务报告批准报出日。

2. 财务报表的编制基础

企业一般在持续经营基础上编制财务报表；破产清算属于非持续经营。

3. 遵循《企业会计准则》的声明

企业应当声明编制的财务报表符合《企业会计准则》的要求，真实、完整地反映了企业的财务状况、经营成果和现金流量等有关信息，以此明确企业编制财务报表所依据的制度基础。如果企业编制的财务报表只是部分地遵循了《企业会计准则》，附注中不得做出这种表述。

4. 重要会计政策和重要会计估计的说明

包括财务报表项目的计量基础和会计政策的确定依据，下一会计期间内很可能导致资产、负债账面价值重大调整的会计估计的确定依据等。

5. 会计政策和会计估计变更以及差错更正的说明

企业应当根据会计政策和会计估计变更以及差错更正会计准则的规定，披露会计政策和会计估计变更以及差错更正的有关情况。

6. 报表重要项目的说明

企业应当尽可能地以列表的形式披露重要报表项目的构成或当期增减变动情况。

对重要报表项目的明细说明，应当按照资产负债表、利润表、现金流量表、所有者权益变动表的顺序以及报表项目列示的顺序进行披露，采用文字和数字描述相结合的方式进行披露，并与报表项目相互参照。

7. 其他需要说明的重要事项

这些重要事项主要包括资产负债表日后非调整事项、关联关系及交易等。

内容小结

本项目阐述了总账报表岗岗位基本工作规范及工作内容；讲解了会计报表的意义、种类和编制要求；讲解了资产负债表的概念、结构、编制基础和编制方法；讲解了利润表的概念、结构、编制基础和编制方法；讲解了现金流量表的概念、作用、结构、内容和编制原理。

项目十一　非货币性资产交换

学习目标

①了解非货币资产的认定。
②掌握非货币资产的确认和计量。

模块一　非货币性资产交换的认定

企业在生产经营过程中，有时会出现这种状况，即甲企业、乙企业双方可能通过互相交换设备达成交易，这就是一种非货币性资产交换行为。通过这种交换，企业一方面满足了各自生产经营的需要；另一方面也在一定程度上减少了货币性资产的流出。

一、非货币性资产交换的概念

非货币性资产交换是一种非经常性的特殊交易行为，是交易双方主要以、固定资产、无形资产和长期股权投资等非货币资产进行的交换。这里的非货币性资产是相对于货币性资产而言的。所谓货币性资产，是指企业持有的货币资金和将以固定或可确定的金额收取的资产，包括现金、银行存款、应收账款和应收票据以及准备持有至到期的债权投资等；所谓非货币性资产，是指货币性资产以外的资产，该类资产在将来为企业带来的经济利益不固定或不可确定，包括长期股权投资、投资性房地产、固定资产、在建工程、无形资产等。

这里所说的非货币性资产交换，仅包括企业之间主要以非货币性资产形式进行的互惠转让，即企业取得一项非货币性资产，必须以付出自己拥有的非货币性资产作为代价。企业与所有者或所有者以外方面的非货币性资产非互惠转让，如以非货币性资产作为股利发放给股东，或政府无偿提供非货币性资产给企业等，或在企业合并、债务重组中取得的非货币性资产，或企业以发行股票形式取得的非货币性资产等，均不属于本项目所讲的非货币性资产交换的范围。

二、非货币性资产交换的认定

从非货币性资产交换的概念可以看出，非货币性资产交换的交易对象主要是非货币性资产，交易中一般不涉及货币性资产，或只涉及少量货币性资产即补价。一般认为，如果补价占整个资产交换金额的比例低于25%，则认定所涉及的补价为“少量”，该交换为非货币性资产交换；如果该比例等于或高于25%，则视为货币性资产交换。例如，对于公允价值能够可靠确定的非货币性资产，非货币性资产交换的认定条件可以用下面的公式表示：

支付的货币性资产<25%，

换入资产公允价值（或换出资产公允价值+支付的货币性资产）；

或者：收到的货币性资产<25%，

换出资产公允价值（或换入资产公允价值+收到的货币性资金）。

模块二　非货币性资产交换的确认和计量

一、非货币性资产交换的确认和计量原则

非货币性资产交换，应当以公允价值和应支付的相关税费作为换入资产的成本，公允价值与换出资产账面金额的差额计入当期损益。但有下列情形之一时，应当以换出资产的账面金额和应支付的相关税费作为换入资产的成本，不确认换出资产的当期损益：

①该项交换不具有商业实质；

②换入资产和换出资产的公允价值都无法可靠计量。

因此，在确定换入资产成本的计量基础和交换所产生损益的确认原则时，需要判断该项交换是否具有商业实质，以及换入资产或换出资产的公允价值能否可靠地计量。

二、商业实质的判断

1. 判断的条件

认定某项非货币性资产交换具有商业实质，必须满足下列条件之一：

①换入资产的未来现金流量在风险、时间和金额方面与换出资产显著不同；

②换入资产与换出资产的预计未来现金流量现值不同，且其差额与换入资产和换出资产的公允价值相比是重大的。

企业如果难以判断某项非货币性资产交换是否满足第一项条件，则应当考虑第二项条件。

资产的预计未来现金流量现值，应当按照资产在持续使用过程和最终处置时预计产生的税后未来现金流量（因为交易双方适用的所得税税率可能不同），根据企业自身而不是市场参与者对资产特定风险的评价，选择恰当的折现率对预计未来现金流量折现后的金额加以确定。强调企业自身，是由于考虑到换入资产的性质和换入企业经营活动的特征，换入资产与换入企业其他现有资产相结合，可能比换出资产产生更大的作用，即换入资产与

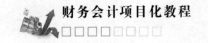

换出资产对换入企业的使用价值明显不同，使换入资产的预计未来现金流量现值与换出资产相比产生明显差异，表明该两项资产的交换具有商业实质。

例如，某企业以一项专利权换入另一企业拥有的长期股权投资。假定从市场参与者角度看，该项专利权与该项长期股权投资的公允价值相同，同时假定两项资产未来现金流量的风险、时间和金额亦相同，但是对换入企业来讲，换入该项长期股权投资使该企业与被投资方的投资关系由重大影响变为控制，另一企业换入的专利权能够解决生产中的技术难题，两企业换入资产的预计未来现金流量现值与换出资产相比均有明显差异，可以判断两项资产的交换具有商业实质。

2. 关联方之间交换资产与商业实质的关系

在确定非货币性资金交换是否具有商业实质时，企业应当关注交易各方之间是否存在关联方关系。关联方关系的存在可能导致发生的非货币性资产交换不具有商业实质。

三、公允价值能否可靠计量的判断

属于以下三种情形之一的，换入资产或换出资产的公允价值视为能够可靠计量：

①换入资产或换出资产存在活跃市场，以市场价格为基础确定公允价值。

②换入资产或换出资产不存在活跃市场，但同类或类似资产存在活跃市场，以同类或类似资产市场价格为基础确定公允价值。

③换入资产或换出资产不存在同类或类似资产可比的市场交易，采用估值技术确定公允价值。采用估值技术确定公允价值时，要求采用该估值技术确定的公允价值估计数的变动区间很小，或者在公允价值估计数变动区间内，各种用于确定公允价值估计数的概率能够合理确定。

四、非货币性资产交换的会计处理

1. 以公允价值计量的非货币性资产交换的会计处理

非货币性资产交换同时满足下列两个条件的，应当以公允价值和应支付的相关税费作为换入资产的成本，公允价值与换出资产账面价值的差额计入当期损益：

①该项交换具有商业实质；

②换入资产或换出资产的公允价值能够可靠地计量。

换入资产和换出资产公允价值均能够可靠计量的，应当以换出资产公允价值作为确定换入资产成本的基础。一般来说，取得资产的成本应当按照所放弃资产的对价来确定，在非货币性资产交换中，换出资产的价值就是放弃的对价，如果其公允价值能够可靠确定，应当优先考虑按照换出资产的公允价值作为确定换入资产成本的基础；如果有确凿证据表明换入资产的公允价值更加可靠的，应当以换入资产公允价值为基础确定换入资产的成本。

在以公允价值计量的情况下，不论是否涉及补价，只要换出资产的公允价值与其账面价值不相同，就通常会涉及损益的确认，因为非货币性资产交换损益通常是由换出资产公允价值与换出资产账面价值的差额通过非货币性资产交换予以实现的。

非货币性资产交换的会计处理，视换出资产的类别不同而有所区别：

①换出资产为存货的，应当视同存货销售处理，按照公允价值确认销售收入，同时结转销售成本，销售收入与销售成本之间的差额即换出资产公允价值与换出资产账面价值的差额，在利润表中作为营业利润的构成部分予以列示。

②换出资产为固定资产、无形资产的，应当视同固定资产、无形资产处置处理，换出资产公允价值与换出资产账面价值的差额计入营业外收入或营业外支出。

③换出资产为长期股权投资的，应当视同长期股权投资处置处理，换出资产公允价值与换出资产账面价值的差额计入投资收益。

非货币性资产交换涉及相关税费的，如换出存货视同销售计算的增值税销项税额，换入资产作为存货、固定资产应当确认的增值税进项税额，以及换出固定资产、无形资产视同转让应缴纳的增值税、营业税等，按照相关税收规定计算确定。

（1）不涉及补价情况下的会计处理

【例 11-1】甲公司与乙公司签订了一项资产置换合同，甲公司以其持有的一项对联营企业的长期股权投资换入乙公司的一项交易性金融资产。甲公司持有长期股权投资的持股比例为 40%，初始投资成本为 500 万元，投资时被投资单位可辨认净资产的公允价值（等于账面价值）为 1 500 万元，在持有期间，被投资单位所有者权益变动 500 万元（其中实现净利润 400 万元，实现其他综合收益 100 万元）；交换时，该项股权的公允价值为 900 万元，被投资单位可辨认净资产的公允价值为 2 500 万元。乙公司换出的交易性金融资产的账面价值为 800 万元（其中成本 700 万元，公允价值变动 100 万元），公允价值为 900 万元。假设该项交换具有商业实质，不考虑其他影响因素。

【解析】甲公司应确认的处置损益 = 900 –［500 +（1500×40% – 500）+ 500×40%］+ 100×40% = 140（万元）；乙公司换入长期股权投资的成本为 900 万元，占被投资单位可辨认净资产公允价值的份额 = 2 500×40% = 1 000（万元），初始投资成本小于占被投资单位可辨认净资产公允价值的份额，所以应以 1 000 万元作为入账价值；乙公司应确认的处置损益 = 900 – 800 = 100（万元），甲公司换入交易性金融资产的入账价值为 900 万元。

（2）涉及补价情况下的会计处理

在以公允价值确定换入资产成本的情况下，发生补价的，支付补价方和收到补价方应当分别情况处理。

①支付补价方：应当以换出资产的公允价值加上支付的补价（或换入资产的公允价值）和应支付的相关税费作为换入资产的成本；换入资产成本与换出资产账面价值加支付的补价、应支付的相关税费之和的差额，应当计入当期损益。其计算公式为：

换入资产成本 = 换出资产公允价值 + 支付的补价 + 应支付的相关税费

计入当期损益的金额 = 换入资产成本 – 换出资产账面价值 + 支付的补价 + 应支付的相关税费 = 换出资产公允价值 – 换出资产账面价值

②收到补价方：应当以换入资产的公允价值（或换出资产的公允价值减去补价）和应支付的相关税费作为换入资产的成本；换入资产成本加收到的补价之和与换出资产账面价

值加应支付的相关税费之和的差额，应当计入当期损益。其计算公式为：

换入资产成本=换出资产公允价值-收取的补价+应支付的相关税费

计入当期损益的金额=换出资产成本+收到的补价-换出资产账面价值+应支付的相关税费=换出资产公允价值-换出资产账面价值

在涉及补价的情况下，对支付补价方而言，作为补价的货币性资产构成换入资产所放弃对价的一部分；对收到补价方而言，作为补价的货币性资产构成换入资产的一部分。

【例 11-2】甲公司经协商以其拥有的一幢自用写字楼与乙公司持有的对丙公司长期股权投资交换。在交换日，该幢写字楼的账面原价为 6 000 000 元，已提折旧 1 200 000 元，未计提减值准备。在交换日的公允价值为 6 750 000 元，按照销售不动产增值税率 9%计算应交增税税额 607 500 元；乙公司持有的对丙公司长期股权投资账面价值为 4 500 000 元，没有计提减值准备。在交换日的公允价值为 6 000 000 元，乙公司支付 750 000 元给甲公司。乙公司换入写字楼后用于经营出租目的，并拟采用成本计量模式。甲公司换入对丙公司投资仍然作为长期股权投资，并采用成本法核算。不考虑增值税以外的其他税费。

本例中，该项资产交换涉及收付货币性资产，即补价 750 000 元。对甲公司而言，收到的补价 750 000 元÷换出资产的公允价值 6 750 000 元（或换入长期股权投资公允价值 6 000 000 元+收到的补价 750 000 元）= 11. 11%<25%，属于非货币性资产交换。

对乙公司而言，支付的补价 750 000 元÷换入资产的公允价值 6 750 000 元（或换出长期股权投资公允价值 6 000 000 元+支付的补价 750 000 元）= 11. 11%<25%，属于非货币性资产交换。

本例属于以固定资产交换长期股权投资。由于两项资产的交换具有商业实质，且长期股权投资和固定资产的公允价值均能够可靠地计量，因此，甲、乙公司均应当以公允价值为基础确定换入资产的成本，并确认产生的损益。

甲公司的账务处理如下：

借：固定资产清理	4 800 000	
累计折旧	1 200 000	
贷：固定资产——办公楼		6 000 000
借：长期股权投资——丙公司	6 607 500	
银行存款	750 000	
贷：固定资产清理		6 750 000
应交税费——应交增值税（销项税额）		607 500
借：固定资产清理	1 950 000	
贷：资产处置损益——处置非流动资产利得		1 950 000

其中，资产处置损益金额为甲公司换出固定资产的公允价值 6 750 000 元与账面价值 4 800 000 元之间的差额，即 1 950 000 元。

乙公司的账务处理如下：

借：投资性房地产	6 750 000	
应交税费——应交增值税（进项税额）	607 500	

贷：长期股权投资——丙公司　　4 500 000

　　银行存款　　750 000

　　投资收益　　2 107 500

其中，投资收益金额为乙公司换出长期股权投资的公允价值 6 000 000 元加上增值税进项税额 607 500 元减去账面价值 4 500 000 元之间的差额，即 2 107 500 元。

2. 以账面价值计量的非货币性资产交换的会计处理

非货币性资产交换不具有商业实质，或者虽然具有商业实质但换入资产和换出资产的公允价值均不能可靠计量，应当以换出资产的账面价值和应付的相关税费作为换入资产的成本，无论是否支付补价，均不确认损益。

（1）不涉及补价情况下的会计处理

【例 11-3】甲公司以其持有的对丙公司的长期股权投资交换乙公司拥有的商标权。在交换日，甲公司持有的长期股权投资账面余额为 5 000 000 元，已计提长期股权投资减值准备余额为 1 400 000 元，该长期股权投资在市场上没有公开报价，公允价值也不能可靠计量；乙公司商标权的账面原值为 4 200 000 元，累计已摊销金额为 600 000 元，其公允价值也不能可靠计量，乙公司没有为该项商标权计提减值准备，税务机关核定乙公司为交换该商标权需要缴纳增值税 180 000 元。乙公司将换入的对丙公司的投资仍作为长期股权投资，并采用成本法核算。

本例中，该项资产交换没有涉及收付货币性资产，因此属于非货币性资产交换。本例属于以长期股权投资交换无形资产。由于换出资产和换入资产的公允价值都无法可靠计量，因此，甲、乙公司换入资产的成本均应当按照换出资产的账面价值确定，不确认损益。

甲公司的账务处理如下：

借：无形资产——商标权　　3 600 000

　　长期股权投资减值准备——丙公司股权投资　　1 400 000

　　应交税费——应交增值税（进项税额）　　180 000

　　贷：长期股权投资——丙公司　　5 000 000

　　　　投资收益　　180 000

乙公司的账务处理如下：

借：长期股权投资——丙公司　　3 600 000

　　累计摊销　　600 000

　　营业外支出——处置非流动资产损失　　180 000

　　贷：无形资产——专利权　　4 200 000

　　　　应交税费——应交增值税（销项税额）　　180 000

（2）涉及补价情况下的会计处理

发生补价的，支付补价方和收到补价方应当分别情况处理。

①支付补价方：应当以换出资产的账面价值，加上支付的补价和应支付的相关税费，

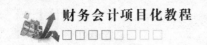

作为换入资产的成本，不确认损益。其计算公式为：

换入资产成本＝换出资产账面价值+支付的补价+应支付的相关税费

②收到补价方：应当以换出资产的账面价值，减去收到的补价，加上应支付的相关税费，作为换入资产的成本，不确认损益。其计算公式为：

换入资产成本＝换出资产账面价值-收到的补价+应支付的相关税费

【例 11-4】 甲公司拥有一个距离生产基地较远的仓库，该仓库账面原价 3 500 000 元，已计提折旧 2 350 000 元；乙公司拥有一项长期股权投资，账面价值 1 050 000 元，两项资产均未计提资产减值准备。由于仓库离市区较远，公允价值不能可靠计量。双方商定，乙公司以两项资产账面价值的差额为基础，支付甲公司 100 000 元补价，以长期股权投资换取甲公司拥有的仓库。税务机关核定甲公司需要为交换仓库支付增值税 57 500 元，但尚未支付。假定除增值税外，交易中没有涉及其他相关税费。

本例中，该项资产交换涉及收付货币性资产，即补价 100 000 元。对甲公司而言，收到的补价 100 000 元÷换出资产账面价值 1 150 000 元＝8.7%<25%，因此，该项交换属于非货币性资产交换，乙公司的情况也类似。由于两项资产的公允价值不能可靠计量，因此，甲、乙公司换入资产的成本均应当以换出资产的账面价值为基础确定，不确认损益。

甲公司的账务处理如下：

借：固定资产清理	1 150 000	
累计折旧	2 350 000	
贷：固定资产——仓库		3 500 000
借：长期股权投资——××公司	1 107 500	
银行存款	100 000	
贷：固定资产清理		1 150 000
应交税费——应交增值税（销项税额）		57 500

乙公司的账务处理如下：

借：固定资产——仓库	1 150 000	
应交税费——应交增值税（进项税额）	57 500	
贷：长期股权投资——××公司		1 050 000
银行存款		100 000
投资收益		57 500

3. 涉及多项非货币性资产交换的会计处理

非货币性资产交换有时涉及多项资产，例如，企业以一项非货币性资产同时换入另一企业的多项非货币性资产，或同时以多项非货币性资产换入另一企业的一项非货币性资产，或以多项非货币性资产同时换入多项非货币性资产，在此过程中，还可能涉及补价。与单项非货币性资产交换一样，涉及多项非货币性资产交换的成本总额。在确定各项换入资产的成本时，则应当分别不同情况处理。

（1）具有商业实质且换入资产公允价值能够可靠计量的会计处理

非货币性资产交换具有商业实质，且换入资产的公允价值能够可靠计量的，应当按照换入各项资产的公允价值占换入资产公允价值总额的比例，对换入资产的成本总额进行分配，确定各项换入资产的成本。

（2）不具有商业实质或者虽具有商业实质但换入资产和换出资产的公允价值不能可靠计量的会计处理

非货币性资产交换不具有商业实质，或者虽具有商业实质但换入资产的公允价值不能可靠计量的，应当按照换入各项资产的原账面价值占换入资产原账面价值总额的比例，对换入资产的成本总额进行分配，确定各项换入资产的成本。

【例 11-5】甲公司因经营战略发生较大转变，产品结构发生较大调整，原生产厂房、专利技术等已不符合生产新产品的需要。经与乙公司协商，20×1 年 1 月 1 日，甲公司将其生产厂房连同专利技术与乙公司正在建造过程中的一幢建筑物、乙公司对丙公司的长期股权投资（采用成本法核算）进行交换。

甲公司换出生产厂房的账面原价为 2 000 000 元，已提折旧 1 250 000 元；专利技术账面原价为 750 000 元，已摊销金额为 375 000 元。

乙公司在建工程截至交换日的成本为 875 000 元，对丙公司的长期股权投资成本为 250 000 元。

甲公司的厂房公允价值难以取得，专利技术市场上并不多见，公允价值也不能可靠计量。乙公司的在建工程因完工程度难以合理确定，其公允价值不能可靠计量；由于丙公司不是上市公司，乙公司对丙公司长期股权投资的公允价值也不能可靠计量。假定甲、乙公司均未对上述资产计提减值准备。经税务机关核定，因此项交易甲公司和乙公司分别需要缴纳增值税 56 250 元和 43 750 元。

本例中，交换不涉及收付货币性资产，属于非货币性资产交换。由于换入资产、换出资产的公允价值均不能可靠计量，甲、乙公司均应当以换出资产账面价值总额作为换入资产的总成本，各项换入资产的成本，应当按照各项换入资产的账面价值占换入资产账面价值总额的比例分配后确定。

甲公司的账务处理如下：

①计算换入资产、换出资产账面价值总额：

换入资产账面价值总额＝875 000+250 000＝1 125 000（元）

换出资产账面价值总额＝（2 000 000−1 250 000）+（750 000−375 000）＝1 125 000（元）

②确定换入资产总成本：

换入资产总成本＝换出资产账面价值＝1 125 000（元）

③确定各项换入资产成本：

在建工程成本＝1 125 000×（875 000÷1 125 000×100%）＝875 000（元）

长期股权投资成本＝1 125 000×（250 000÷1 125 000×100%）＝25 0000（元）

④会计分录：

借：固定资产清理	750 000
累计折旧	1 250 000
贷：固定资产——厂房	2 000 000

借：在建工程——××工程　875 000
　　长期股权投资　250 000
　　累计摊销　375 000
　　应交税费——应交增值税（进项税额）　43 750
　　贷：固定资产清理　793 750
　　　　无形资产——专利技术　750 000
借：固定资产清理　56 250
　　贷：应交税费——应交增值税（销项税额）　56 250
借：营业外支出——处置非流动资产损失　12 500
　　贷：固定资产清理　12 500

乙公司的账务处理如下：

①计算换入资产、换出资产账面价值总额：

换入资产账面价值总额=（2 000 000-1 250 000）+（750 000-375 000）= 1 125 000（元）

换出资产账面价值总额=875 000+250 000=1 125 000（元）

②确定换入资产总成本：

换入资产总成本=换出资产账面价值+应支付的相关税费=1 125 000（元）

③确定各项换入资产成本：

厂房成本=1 125 000×（750 000÷1 125 000×100%）= 750 000（元）

专利技术成本=1 125 000×（375 000÷1 125 000×100%）= 375 000（元）

④会计分录：

借：固定资产清理　875 000
　　贷：在建工程——××工程　875 000
借：固定资产清理　43 750
　　贷：应交税费——应交增值税（销项税额）　43 750
借：固定资产——厂房　750 000
　　无形资产——专利技术　375 000
　　应交税费——应交增值税（进项税额）　56 250
　　贷：固定资产清理　931 250
　　　　长期股权投资　250 000
借：固定资产清理　12 500
　　贷：资产处置损益——处置非流动资产利得　12 500

内容小结

非货币性资产交换是一种非经常性的特殊交易行为，是交易双方主要以存货、固定资产、无形资产和长期股权投资等非货币资产进行的交换。本项目所说的非货币性资产交换，仅包括企业之间主要以非货币性资产形式进行的互惠转让，即企业取得一项非货币性资产，必须以付出自己拥有的非货币性资产作为代价。

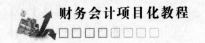

项目十二　债务重组

学习目标

①了解债务重组方式。

②掌握债务重组会计处理。

模块一　债务重组概述

一、债务重组含义

债务重组，是指在不改变交易对手方的情况下，经债权人和债务人协定或法院裁定，就清偿债务的时间、金额或方式等重新达成协议的交易。

债务重组涉及的债权和债务是指《企业会计准则第 22 号——金融工具确认和计量》规范的金融工具。

1. 关于交易对手方，债务重组是在不改变交易对手方的情况下进行的交易，实务中经常出现第三方参与相关交易的情形。例如某公司以不同于原合同条款的方式代债务人向债权人偿债，又如新组建的公司承接原债务人的债务与债权人进行债务重组，再如，资产管理公司从债权人处购得债权与债务人进行债务重组。

企业首先考虑债权和债务是否发生终止确认，适用于《企业会计准则第 22 号——金融工具确认和计量》和《企业会计准则第 23 号——金融资产转移》准则，再就债务重组交易适用《企业会计准则第 12 号——债务重组》。

2. 债务重组不强调在债务人发生财务困难的背景下进行，也不论债权人是否做出让步，也就是说，无论何种原因导致债务人未按原定条件偿还债务，也无论双方是否同意债务人以低于债务的金额偿还债务，只要债权人和债务人就债务条款重新达成了协议，就符合债务重组定义，例如，债权人在减免债务人部分债务本金的同时提高剩余债务的利息，或者债权人同意债务人用等值库存商品抵偿到期债务等均属于债务重组。

二、债务重组适用范围

准则适用于所有债务重组，但下列各项适用其他相关会计准则：

(1) 债务重组中涉及的债权、重组债权、债务、重组债务和其他金融工具的确认、计量和列报，分别适用《企业会计准则第 22 号——金融工具确认和计量》和《企业会计准则第 37 号——金融工具列报》。不包括合同资产、合同负债、预计负债，但包括租赁应收款和租赁应付款。

(2) 通过债务重组形成企业合并的，适用《企业会计准则第 20 号——企业合并》。

债务人以股权投资清偿债务或者将债务转为权益工具，可能对应导致债权人取得被投资单位或债务人控制权，在合并财务报表层面，债权人取得资产和负债的确认和计量适用《企业会计准则第 20 号——企业合并》的有关规定。

(3) 债权人或债务人中的一方直接或间接对另一方持股且以股东身份进行债务重组的，或者债权人与债务人在债务重组前后均受同一方或相同的多方最终控制，且该债务重组的交易实质是债权人或债务人进行了权益性分配或接受了权益性投入的，适用权益性交易的有关会计处理规定。

债务重组构成权益性交易的情形包括：①债权人直接或间接对债务人持股，或者债务人直接或间接对债权人持股，且持股方以股东身份进行债务重组；②债权人与债务人在债务重组前后均受同一方或相同的多方最终控制，且该债务重组的交易实质是债权人或债务人进行了权益性分配或接受了权益性投入。

【例 12-1】 甲公司是乙公司股东，为了弥补乙公司临时性经营现金流短缺，甲公司向乙公司提供5 000万元无息借款，并约定于 1 年后收回。借款期满时，尽管乙公司具有充足的现金流，甲公司仍然决定免除乙公司部分本金还款义务，仅收回1 000万元借款。甲公司和乙公司是否确认债务重组相关损益。

甲公司和乙公司应当将该交易作为权益性交易，不确认债务重组相关损益。理由：在此项交易中，如果甲公司不以股东身份而是以市场交易者身份参与交易，在乙公司具有足够偿债能力的情况下不会免除其部分本金。

【例 12-2】 假设前例中债务人乙公司确实出现财务困难，其他债权人对其债务普遍进行了减半的豁免，甲公司作为股东比其他债务人多豁免1 500万元的债务。甲公司是否确认债务重组相关损益。

甲公司作为股东比其他债务人多豁免1 500万元的债务的交易应当作为权益性交易，正常豁免2 500万元债务的交易应当确认债务重组相关损益。理由：债务重组中不属于权益性交易的部分仍然应当确认债务重组相关损益。

业在判断债务重组是否构成权益性交易时，应当遵循实质重于形式原则。例如，假设债权人对债务人的权益性投资通过其他人代持，债权人不具有股东身份，但实质上以股东身份进行债务重组，债权人和债务人应当认为该债务重组构成权益性交易。

三、债务重组的方式

(1) 债务人以资产清偿债务。

(2) 债务人将债务转为权益工具（会计处理体现为股本、实收资本、资本公积等科目）。

实务中，有些债务重组名义上采用“债转股”的方式，但同时附加相关条款，如约定债务人在未来某个时点有义务以某一金额回购股权，或债权人持有的股份享有强制分红等，对债务人，这些“股权”可能并不是根据《会计准则第37号——金融工具列报》分类为权益工具的金融工具，从而不属于债务人将债务转为权益工具的债务重组方式。债权人和债务人还能协商以一项同时包含金融负债成分和权益工具成分的复合金融工具替换原债权债务，这类交易也不属于债务人将债务转为权益工具的债务重组方式。

（3）修改其他条款。除（1）和（2）以外，采用调整债务本金、改变债务利息、变更还款期限等方式修改债权和债务的其他条款，形成重组债权和重组债务。

（4）组合方式。组合方式，是采用债务人以资产清偿债务、债务人将债务转为权益工具、修改其他条款三种方式中一种以上方式的组合清偿债务的债务重组方式。例如，债权人和债务人约定，由债务人以机器设备清偿部分债务，将另一部分债务转为权益工具，调减剩余债务的本金，但利率和还款期限不变；再如，债务人以现金清偿部分债务，同时将剩余债务展期等。

四、债权和债务的终止确认

债务重组中涉及的债权和债务的终止确认，应当遵循《企业会计准则第22——金融工具确认和计量》和《企业会计准则第23号——金融资产转移》有关金融资产和金融负债终止确认的规定。债权人在收取债权现金流量的合同权利终止时终止确认债权，债务人在债务的现时义务解除时终止确认债务。

对于在报告期间已经开始协商、但在报告期资产负债表日后的债务重组，不属于资产负债表日后调整事项。

对于终止确认的债权，债权人应当结转已计提的减值准备中对应该债权终止确认部分的金额。对于终止确认的分类为以公允价值计量且其变动计入其他综合收益的债权，之前计入其他综合收益的累计利得或损失应当从其他综合收益中转出，记入“投资收益”科目。

模块二　债务重组的会计处理

一、以资产清偿债务方式进行债务重组

（一）以金融资产清偿债务

债务人以单项或多项金融资产清偿债务的，债务的账面价值与偿债金融资产账面价值的差额，记入“投资收益”科目。偿债金融资产已计提减值准备的，应结转计提的减值准备。

债权人受让包括现金在内的单项或多项金融资产的，应当按照金融工具确认和计量准则的规定进行确认和计量。金融资产初始确认时应当以公允价值计量，金融资产确认金额

与债权终止确认日账面价值之间的差额记入“投资收益”科目。

【例 12-3】20×1 年 6 月 6 日，甲公司向乙公司销售商品一批，应收乙公司款项的入账金额为 100 万元。甲公司将该应收款项分类为以摊余成本计量的金融资产。乙公司将该应付账款分类为以摊余成本计量的金融负债。20×1 年 8 月 8 日，双方签订债务重组合同，乙公司以一项作为交易性金融资产核算的股权工具偿还该欠款。交易性金融资产的账面价值 90 万元（其中成本 80 万元，公允价值变动 10 万元），公允价值为 80 万元，双方办理完成股权转让手续。甲公司支付交易费用 4 万元。当日甲公司应收款项的公允价值为 80 万元，已计提坏账准备 10 万元，乙公司应付款项的账面价值仍为 100 万元。假设不考虑相关税费。

债务人的会计处理：

借：应付账款　　100

　　贷：交易性金融资产　　90

　　　　投资收益　　10

（债务的账面价值 100-偿债金融资产账面价值 90）

债权人的会计处理：

借：交易性金融资产　　80

　　坏账准备　　10

　　投资收益　　14

（金融资产确认金额 80-债权账面价值 90-交易费用 4）

　　贷：应收账款　　100

　　　　银行存款　　4

（二）以非金融资产清偿债务

1. 债务以非金融资产清偿债务分以下几种情况进行处理

（1）债务人以单项或多项非金融资产清偿债务，或者以包含金融资产和非金融资产在内的多项资产清偿债务的，不需要区分资产处置损益和债务重组损益，也不需要区分不同资产的处置损益，而将所清偿债务账面价值与转让资产账面价值之间的差额记入“其他收益——债务重组收益”科目。偿债资产已计提减值准备的应结转已计提的减值准备。

（2）债务人以包含非金融资产的处置组清偿债务的，应当将所清偿债务和处置组中负债的账面价值之和与处置组资产的账面价值之间的差额记入“其他收益——债务重组收益”科目。处置组所属的资产组或资产组合，按照资产减值准则分摊了企业合并中取得的商誉的，该处置组应包含分摊至处置组的商誉。处置组中的资产已计提减值准备的应结转已计提的减值准备。

（3）债务人以日常活动产出的商品或服务清偿债务的，应当将所清偿债务账面价值与存货等相关资产账面价值之间的差额，记入“其他收益——债务重组收益”科目。

2. 债权人初始确认受让的金融资产以外的资产时，应当按照下列原则以成本计量

（1）存货的成本，包括放弃债权的公允价值和使该资产达到当前位置和状态所发生的可直接归属于该资产的税金、运输费、装卸费、保险费等其他成本。

(2) 对联营企业或合营企业投资的成本，包括放弃债权的公允价值和可直接归属于该资产的税金等其他成本。

(3) 投资性房地产的成本，包括放弃债权的公允价值和可直接归属于该资产的税金等其他成本。

(4) 固定资产的成本，包括放弃债权的公允价值和使该资产达到预定可使用状态前所发生的可直接归属于该资产的税金、运输费、装卸费、安装费、专业人员服务费等其他成本。

(5) 无形资产的成本，包括放弃债权的公允价值和可直接归属于使该资产达到预定用途所发生的税金等其他成本。

放弃债权的公允价值与账面价值之间的差额，应当记入当期“投资收益”科目。

【例 12-4】 20×1 年 3 月 18 日，甲公司向乙公司销售商品一批，应收乙公司款项的入账金额为3 660万元。甲公司将该应收款项分类为以摊余成本计量的金融资产。乙公司将该应付账款分类为以摊余成本计量的金融负债。9 月 18 日，甲公司应收乙公司账款3 660万元已逾期，经协商决定进行债务重组。乙公司以一项固定资产（设备）抵偿上述债务，该项设备的成本为2 850万元，已计提折旧 50 万元。甲公司该项应收账款在重组日的公允价值为3 390万元。甲公司已对该债权计提坏账准备 20 万元。甲公司支付评估费用 6 万元。

甲公司的账务处理

借：固定资产（3 390+6）　　3 396
　　坏账准备　　20
　　投资收益　　250（3 390−3 640）
　　贷：应收账款　　3 660
　　　　银行存款　　6

乙公司的账务处理

借：固定资产清理　　2 800
　　累计折旧　　50
　　贷：固定资产　　2 850
借：应付账款　　3 660
　　贷：固定资产清理　　2 800
　　　　其他收益——债务重组收益　　860

假设甲公司管理层决议，受让该固定资产后将在半年内将其出售，当日固定资产的公允价值为3 390

万元，预计未来出售该固定资产时将发生 2 万元的出售费用，该固定资产满足持有待售资产确认条件。

甲公司对该固定资产进行初始确认时，按照固定资产入账3 396万元与公允价值减出售费用3 390−2＝3 388（万元）孰低计量。债权人甲公司的账务处理如下：

借：持有待售资产——固定资产　　3 388
　　坏账准备　　20
　　资产减值损失　　258

贷：应收账款 3 660

银行存款 6

（三）以多项资产清偿债务

债务人以多项资产清偿务的，账务处理与“以非金融资产清偿债务”相同。

债权人受让多项非金融资产，或者包括金融资产、非金融资产在内的多项资产的，应当按照《企业会计准则第 22 号——金融工具确认和计量》的规定确认和计量受让的金融资产；按照受让的金融资产以外的各项资产在债务重组合同生效日的公允价值比例，对放弃债权在合同生效日的公允价值扣除受让金融资产当日公允价值后的净额进行分配，并以此为基础分别确定各项资产的成本。放弃债权的公允价值与账面价值之间的差额记入“投资收益”科目。

【例 12-5】20×1 年 3 月 18 日，甲公司向乙公司销售商品一批，应收乙公司款项的入账金额为3 660万元。甲公司将该应收款项分类为以摊余成本计量的金融资产。乙公司将该应付账款分类为以摊余成本计量的金融负债。9 月 18 日，甲公司应收乙公司账款3 660万元已逾期，经协商决定进行债务重组，合同生效日乙公司抵偿资料如下：

（1）以一项交易性金融资产（股权）抵偿上述部分债务，该项股权投资的成本为1 000万元，公允价值变动 200 万元，当日公允价值为1 390万元。

（2）以一项固定资产（设备）抵偿上述部分债务，该项设备的成本为 650 万元，已计提折旧 50 万元，当日公允价值为 700 万元。

（3）以一项库存商品抵偿上述部分债务，该存货的成本为1 200万元，当日公允价值为1 300万元。

甲公司该项应收账款在 9 月 18 日的公允价值为3 390万元。甲公司已对该债权计提坏账准备 20 万元。

20×1 年 10 月 18 日双方办理完成抵债资产转让手续，甲公司将该股权投资分类为交易性金融资产，当日该股权的公允价值为1 400万元。

甲公司的账务处理

（1）合同生效日 20×1 年 9 月 18 日

固定资产的成本 =（放弃债权在合同生效日的公允价值3 390-受让金融资产当日公允价值1 390）×700/（700+1 300）= 700（万元）

库存商品的成本 =（3 390-1 390）×1 300/（700+1 300）= 1 300（万元）

（2）20×1 年 10 月 18 日债务重组的会计分录。

借：交易性金融资产 1 400

固定资产 700

库存商品 1 300

坏账准备 20

投资收益（3 390-3 640+10）240

贷：应收账款 3 660

乙公司的账务处理：

20×1 年 10 月 18 日债务重组的会计分录。

借：固定资产清理　　600
　　累计折旧　　50
　　贷：固定资产　　650

借：应付账款　　3 660
　　贷：交易性金融资产　　1 200
　　　　固定资产清理　　600
　　　　库存商品　　1 200
　　　　其他收益——债务重组收益　　660

（四）债权人受让处置组

债务人以处置组清偿债务的，债权人应当分别按照《企业会计准则第 22 号——金融工具确认和计量》和其他相关准则的规定，对处置组中的金融资产和负债进行初始计量，然后按照金融资产以外的各项资产在债务重组合同生效日的公允价值比例，对放弃债权在合同生效日的公允价值以及承担的处置组中负债的确认金额之和，扣除受让金融资产当日公允价值后的净额进行分配，并以此为基础分别确定各项资产的成本。放弃债权的公允价值与账面价值之间的差额，记入“投资收益”科目。

（五）债权人将受让的资产或处置组划分为持有待售类别

债务人以资产或处置组清偿债务，且债权人在取得日未将受让的相关资产或处置组作为非流动资产和非流动负债核算，而是将其划分为持有待售类别的，债权人应当在初始计量时，比较假定其不划分为持有待售类别情况下的初始计量金额和公允价值减去出售费用后的净额，以两者孰低计量。

二、将债务转为权益工具方式进行债务重组

债务重组采用将债务转为权益工具方式进行的，债务人初始确认权益工具时，应当按照权益工具的公允价值计量，权益工具的公允价值不能可靠计量的，应当按照所清偿债务的公允价值计量。所清偿债务账面价值与权益工具确认金额之间的差额，记入“投资收益”科目。债务人因发行权益工具而支出的相关税费等，应当依次冲减资本公积（资本或股本溢价）、盈余公积、未分配利润等。

将债务转为权益工具方式进行债务重组导致债权人将债权转为对联营企业或合营企业的权益性投资的，债权人应当按照前述以资产清偿债务方式进行债务重组的规定计量其初始投资成本。

放弃债权的公允价值与账面价值之间的差额，应当计入当期损益。

【例 12-6】乙公司（债权人）和甲公司（债务人）债务重组资料如下：

（1）20×1 年 3 月 6 日，甲公司从乙公司购买一批材料，约定 6 个月后甲公司应结清款项5 000万元（假定无重大融资成分）。乙公司将该应收款项分类为以公允价值计量且其变动计入当期损益的金融资产；甲公司将该应付款项分类为以摊余成本计量的金融负债。

（2）20×1 年 6 月 30 日，应收款项和应付款项的公允价值均为4 250万元。

(3) 20×1 年 9 月 6 日，甲公司因无法支付货款与乙公司协商进行债务重组，双方商定乙公司将该债权转为对甲公司的股权投资。当日应收款项和应付款项的公允价值均为 3 800万元。

(4) 20×1 年 10 月 8 日，乙公司办理了对甲公司的增资手续，甲公司和乙公司分别支付手续费等相关费用 75 万元和 60 万元。债转股后甲公司总股本为6 250万元，乙公司持有的抵债股权占甲公司总股本的 20%，对甲公司具有重大影响，甲公司股权公允价值不能可靠计量。甲公司应付款项的账面价值仍为5 000万元。应收款项和应付款项的公允价值仍为3 800万元。

甲公司（债务人）的会计处理：

①3 月 6 日

借：原材料　5 000

　　贷：应付账款　5 000

②10 月 8 日，由于甲公司股权的公允价值不能可靠计量，初始确认权益工具公允价值应当按照所清偿债务的公允价值3 800万元计量，并扣除因发行权益工具支出的相关税费 75 万元。

借：应付账款　5 000

　　贷：实收资本　（6 250×20%）1 250

　　　　资本公积——资本溢价　（3 800−1 250−75）2 475

　　　　银行存款　75

　　　　投资收益　（5 000−3 800）1 200

乙公司（债权人）的会计处理：

①3 月 6 日

借：交易性金融资产——成本　5 000

　　贷：主营业务收入　5 000

②6 月 30 日

借：公允价值变动损益　750（5 000−4 250）

　　贷：交易性金融资产——公允价值变动　750

③9 月 6 日

借：公允价值变动损益　450（4 250−3 800）

　　贷：交易性金融资产——公允价值变动　450

④10 月 8 日

长期股权投资初始投资成本=应收款项公允价值3 800+相关税费 60=3 860（万元）

借：长期股权投资——甲公司　3 860

　　交易性金融资产—公允价值变动　1 200（750+450）

　　贷：交易性金融资产——成本　5 000

　　　　银行存款　60

二、采用修改其他条款方式进行债务重组

（一）原则

对于债务人，如果对债务或部分债务的合同条款做出“实质性修改”形成重组债务，或者债权人与债务人之间签订协议，以承担“实质上不同”的重组债务方式替换债务，债务人应当终止确认原债务，同时按照修改后的条款确认一项新金融负债。其中，如果重组债务未来现金流量（包括支付和收取的某些费用）现值与原债务的剩余期间现金流量现值之间的差异超过 10%，则意味着新的合同条款进行了“实质性修改”或者重组债务是“实质上不同”的，有关现值的计算均采用原债务的实际利率。

对于债权人，债务重组通过调整债务本金、改变债务利息、变更还款期限等修改合同条款方式进行的，合同修改前后的交易对手方没有发生改变，合同涉及的本金、利息等现金流量很难在本息之间及债务重组前后做出明确分割，即很难单独识别合同的特定可辨认现金流量。因此通常情况下，应当整体考虑是否对全部债权的合同条款做出了实质性修改。如果做出实质性修改，或者债权人与债务人之间签订协议，以获取实质上不同的新金融资产方式替换债权，应当终止确认原债权，并按照修改后的条款或新协议确认新金融资产。

（二）会计处理方法

（1）债务重组采用修改其他条款方式进行的，如果修改其他条款导致债务终止确认，债务人应当按照公允价值计量重组债务，终止确认的债务账面价值与重组债务确认金额之间的差额，记入“投资收益”科目。债权人应当按照修改后的条款以公允价值初始计量新的金融资产，新金融资产的确认金额与债权终止确认日账面价值之间的差额，记入“投资收益”科目。

（2）如果修改其他条款未导致债务终止确认，或者仅导致部分债务终止确认，对于未终止确认的部分债务，债务人应当根据其分类，继续以摊余成本、以公允价值计量且其变动计入当期损益或其他适当方法进行后续计量。对于以摊余成本计量的债务，债务人应当根据重新议定合同的现金流量变化情况，重新计算该重组债务的账面价值，并将相关利得或损失记入“投资收益”科目。重新计算的该重组债务的账面价值，应当根据将重新议定或修改的合同现金流量按债务的原实际利率对于修改或重新议定合同所产生的成本或费用，债务人应当调整修改后的重组债务的账面价值，并在修改后重组债务的剩余期限内摊销。

债权人应当根据其分类，继续以摊余成本、以公允价值计量且其变动计入其他综合收益，或者以公允价值计量且其变动计入当期损益进行后续计量。对于以摊余成本计量的债权，债权人应当根据重新议定合同的现金流量变化情况，重新计算该重组债权的账面余额，并将相关利得或损失记入“投资收益”科目。重新计算的该重组债权的账面余额，应当根据将重新议定或修改的合同现金流量按债权原实际利率折现的现值确定，购买或源生的已发生信用减值的重组债权，应按经信用调整的实际利率折现。对于修改或重新议定合同所产生的成本或费用，债权人应当调整修改后的重组债权的账面价值，并在修改后重组

债权的剩余期限内摊销。

【例 12-7】 20×1年 1 月 1 日，甲公司取得乙银行贷款10 000万元，约定贷款期限为 4 年（即20×5年 12 月 31 日到期），年利率 6%，按年付息，甲公司已按时支付所有利息。20×5年 12 月 31 日，甲公司出现严重资金周转问题，多项债务违约，信用风险增加，无法偿还贷款本金。

（1）20×5 年 1 月 10 日，乙银行同意与甲公司就该项贷款重新达成协议，新协议约定：

①甲公司将一项作为固定资产核算的房产转让给乙银行，用于抵偿债务本金2 000万元，该房产账面原值2 400万元，累计折旧 800 万元，未计提减值准备；合同生效日

②甲公司向乙银行增发股票1 000万股，面值 1 元/股，占甲公司股份总额的 1%，用于抵偿债务本金4 000万元，甲公司股票于 20×5 年 1 月 10 日的收盘价为 4 元/股。

③在甲公司履行上述偿债义务后，乙银行免除甲公司1 000万元债务本金，并将尚未偿还的债务本金3 000万元展期至 20×5 年 12 月 31 日，年利率 8%；如果甲公司未能履行①②所述偿债义务，乙银行有权终止债务重组协议，尚未履行的债权调整承诺随之失效。

（2）乙银行该贷款于 20×5 年 1 月 10 日的公允价值为9 200万元，予以展期的贷款的公允价值为3 000万元。乙银行以摊余成本计量该贷款，已计提贷款损失准备 600 万元。甲公司以摊余成本计量该贷款，截至 20×5 年 1 月 10 日，该贷款的账面价值为10 000万元。不考虑相关税费。

（3）20×5 年 3 月 2 日，双方办理完成房产转让手续，乙银行将该房产作为投资性房地产核算。

（4）20×5 年 3 月 31 日，乙银行为该笔贷款补提了 200 万元的损失准备。

（5）20×5 年 5 月 9 日，双方办理完成股权转让手续，乙银行将该股权投资分类为以公允价值计量且其变动计入当期损益的金融资产，甲公司股票当日收盘价为 4.02 元/股。

甲公司与乙银行以组合方式进行债务重组，同时涉及以资产清偿债务、将债务转为权益工具、包括债务豁免的修改其他条款等方式，可以认为对全部债权的合同条款做出了实质性修改，债权人在收取债权现金流量的合同权利终止时应当终止确认全部债权，即在 20×5 年 5 月 9 日该债务重组协议的执行过程和结果不确定性消除时，可以确认全部债务重组相关损益，并按照修改后的条款确认新金融资产。

该债务重组协议的执行过程和结果不确定性于 20×5 年 5 月 9 日该债务重组协议的执行过程和结果不确定性消除时，债务人清偿该部分债务的现时义务已经解除，可以确认债务重组相关损益，并按照修改后的条款确认新金融负债。

甲公司的账务处理：

①3 月 2 日：

借：固定资产清理	1 600	
累计折旧	800	
贷：固定资产		2 400
借：长期借款——本金	1 600	
贷：固定资产清理		1 600

②5 月 9 日：

借款的新现金流量=3 000×（1+8%）/（1+6%）1=3 057（万元）

现金流变化=（3 057-3 000）/3 000=1.9%<10%

因此针对3 000万元本金部分的合同条款的修改不构成实质性修改，不终止确认该部分负债。

借：长期借款——本金　　（10 000-1 600）8 400
　　贷：股本　　1 000
　　　　资本公积　　3 020（1 000×3.02）
　　　　长期借款——本金　　3 057
　　　　其他收益——债务重组收益　　1 323

乙银行的账务处理：

①3 月 2 日：

投资性房地产成本=放弃债权公允价值9 200-受让股权公允价值4 000-重组债权公允价值3 000=2 200（万元）

借：投资性房地产　　2 200
　　贷：贷款——本金　　2 200

②3 月 31 日：

借：信用减值损失　　200
　　贷：贷款损失准备　　200

③5 月 9 日：

受让股权的公允价值=4.02×1 000=4 020（万元）

投资收益=新金融资产的确认金额（4 020+3 000）-债权终止确认日账面价值（7 800-800）=20（万元）

借：交易性金融资产　　4 020
　　贷款——本金　　3 000
　　贷款损失准备　　（600+200）800
　　贷：贷款——本金　　（10 000-2 200）7 800
　　　　投资收益　　（4 020+3 000-7 800+800）20

三、以组合方式进行债务重组

以组合方式进行债务重组的，债权人应当首先按照《企业会计准则第 22 号——金融工具确认和计量》的规定确认和计量受让的金融资产和重组债权，然后按照受让的金融资产以外的各项资产的公允价值比例，对放弃债权的公允价值扣除受让金融资产和重组债权确认金额后的净额进行分配，并以此为基础按照前述规定分别确定各项资产的成本。放弃债权的公允价值与账面价值之间的差额，应当计入当期损益。

债务重组采用组合方式进行的，一般可以认为对全部债权的合同条款做出了实质性修改，债权人应当按照修改后的条款，以公允价值初始计量新的金融资产和受让的新金融资产，按照受让的金融资产以外的各项资产在债务重组合同生效日的公允价值比例，对放弃债权在合同生效日的公允价值扣除受让金融资产和重组债权当日公允价值后的净额进行分配，并以此为基础分别确定各项资产的成本。放弃债权的公允价值与账面价值之间的差额，记入"投资收益"科目。

，债务人应当按照前述的规定确认和计量权益工具和重组债务，所清偿债务的账面价值与转让资产的账面价值以及权益工具和重组债务的确认金额之和的差额，应当记入"其他收益——债务重组收益"或"投资收益"（仅涉及金融工具时）科目。

【例 12-8】 甲、乙公司均为增值税一般纳税人，适用增值税率为 13%，有关债务重组资料如下：

（1）20×1年 11 月 5 日，甲公司向乙公司赊购一批材料，含税价为1 170万元。乙公司以摊余成本计量该项债权，甲公司以摊余成本计量该项债务。

（2）20×2 年 9 月 10 日，甲公司因发生财务困难，无法按合同约定偿还债务，双方协商进行债务重组。乙公司同意甲公司用其生产的商品、作为固定资产管理的机器设备和一项债券投资抵偿欠款。甲公司用于抵债的资料如下：

①库存商品：成本为 350 万元；不含税市价为 450 万元（等于计税价格）；

②固定资产：原价为 750 万元，累计折旧为 200 万元，已计提减值准备 90 万元；不含税公允价值为 375 万元（等于计税价格）；

③债权投资：账面价值总额为 75 万元；市价为 117. 75 万元。票面利率与实际利率一致，按年付息；当日，该项债务的账面价值仍为1 170万元。

抵债资产于 20×2 年 9 月 20 日转让完毕，甲公司发生设备运输费用 3. 25 万元。

（3）乙公司将受让的商品、设备和债券投资分别作为低值易耗品、固定资产和以公允价值计量且其变动计入当期损益的金融资产核算，乙公司发生设备安装费用 7. 5 万元。

20×2 年 9 月 20 日，乙公司对该债权已计提坏账准备 95 万元，债券投资市价为 105 万元。当日，该债权的公允价值为1 050万元（一定等于收到资产的含税的公允价值 = 450 ×1. 13+375×1. 13+117. 75）。

甲公司 9 月 20 日的账务处理如下：

借：固定资产清理	460	
累计折旧	200	
固定资产减值准备	90	
贷：固定资产		750
借：固定资产清理	3. 25	
贷：银行存款		3. 25
借：应付账款	1 170	
贷：固定资产清理		463. 25
库存商品		350
应交税费——应交增值税（销项税额）		107. 25
债权投资——成本		75
其他收益——债务重组收益		174. 5

20×2 年 9 月 20 日，乙公司的账务处理如下：

低值易耗品和设备可抵扣增值税 =（450+375）×13% = 107.25（万元）

低值易耗品和固定资产的成本应当以其公允价值比例（450：375）对放弃债权公允价值扣除受让金融资产公允价值后的净额进行分配后的金额为基础确定。

低值易耗品的成本 =（1 050−117.75−107.25）×450/（450+375）= 450（万元）

固定资产的成本 =（1 050−117.75−107.25）×375/（450+375）= 375（万元）

①结转债务重组相关损益：

借：低值易耗品	450	
在建工程	375	
应交税费——应交增值税（进项税额）	107.25	
交易性金融资产	105	
坏账准备	95	
投资收益	37.75［1 050−（1 170−95）+（105−117.75）］	
贷：应收账款——甲公司		1 170

②支付安装成本：

借：在建工程	7.5	
贷：银行存款		7.5

③安装完毕达到可使用状态：

借：固定资产	（375+7.5）382.5	
贷：在建工程		382.5

内容小结

本项目主要讲述在持续经营条件下债权人做出让步的债务重组的会计处理。债务重组的方式主要有以资产清偿债务、将债务转为资本、修改其他债务条件三种方式以及以上三种方式的组合。

参考文献

[1] 财政部会计资格评价中心．初级会计实务［M］．北京：经济科学出版社，2020.

[2] 财政部会计资格评价中心．中级会计实务［M］．北京：经济科学出版社，2020.

[3] 中华人民共和国财政部．企业会计准则［M］．北京：经济科学出版社，2019.

[4] 刘永泽，陈立军．中级财务会计［M］．大连：东北财经大学出版社，2007.

[5] 吴鑫奇，王艳云．财务会计［M］．北京：中国轻工业出版社，2008.

[6] 赵瑞婷，马晶．财务会计实务项目化实训［M］．北京：中国人民大学出版社，2018.

[7] 全国会计专业技术资格考试辅导教材编委会．初级会计实务［M］．北京：中国原子能出版社，2020.